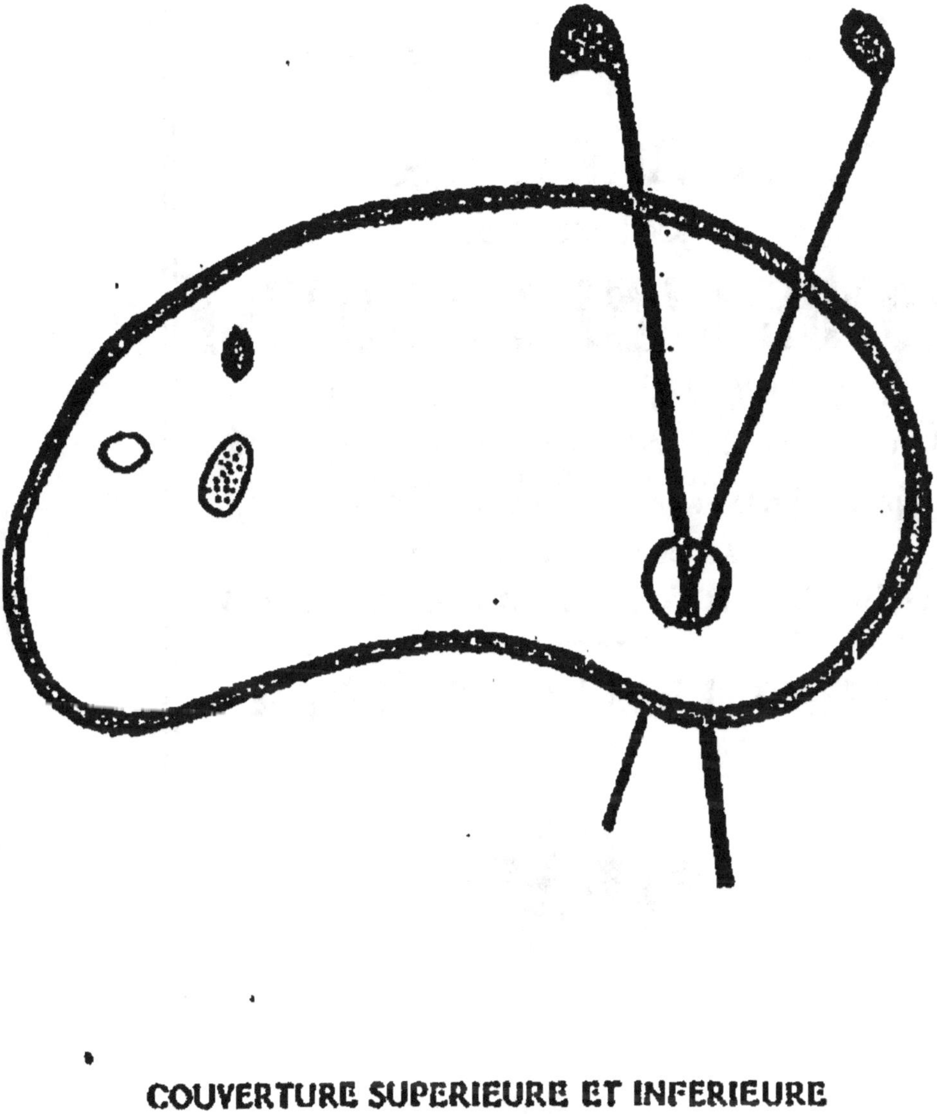

COUVERTURE SUPERIEURE ET INFERIEURE EN COULEUR

J. M. J. ☦ A. M. D. G.

NOTICE
SUR L'ÉGLISE DE
NOTRE-DAME DE DOZULÉ
CI-DEVANT LE PLESSIS-ESMANGARD

Ville ancienne de l'ancien diocèse de Lisieux, brûlée
par Edouard III, roi d'Angleterre,
après la prise et pillage de Caen, le 13 août 1346 :

AU TRIPLE POINT DE VUE
DE L'HISTOIRE, DE L'ART ET DE LA FOI.

AU PROFIT DE L'ACHÈVEMENT DE L'ÉGLISE.

CAEN
IMPRIMERIE RELIGIEUSE DE PAGNY
Rue Froide, 27.

—

1868.

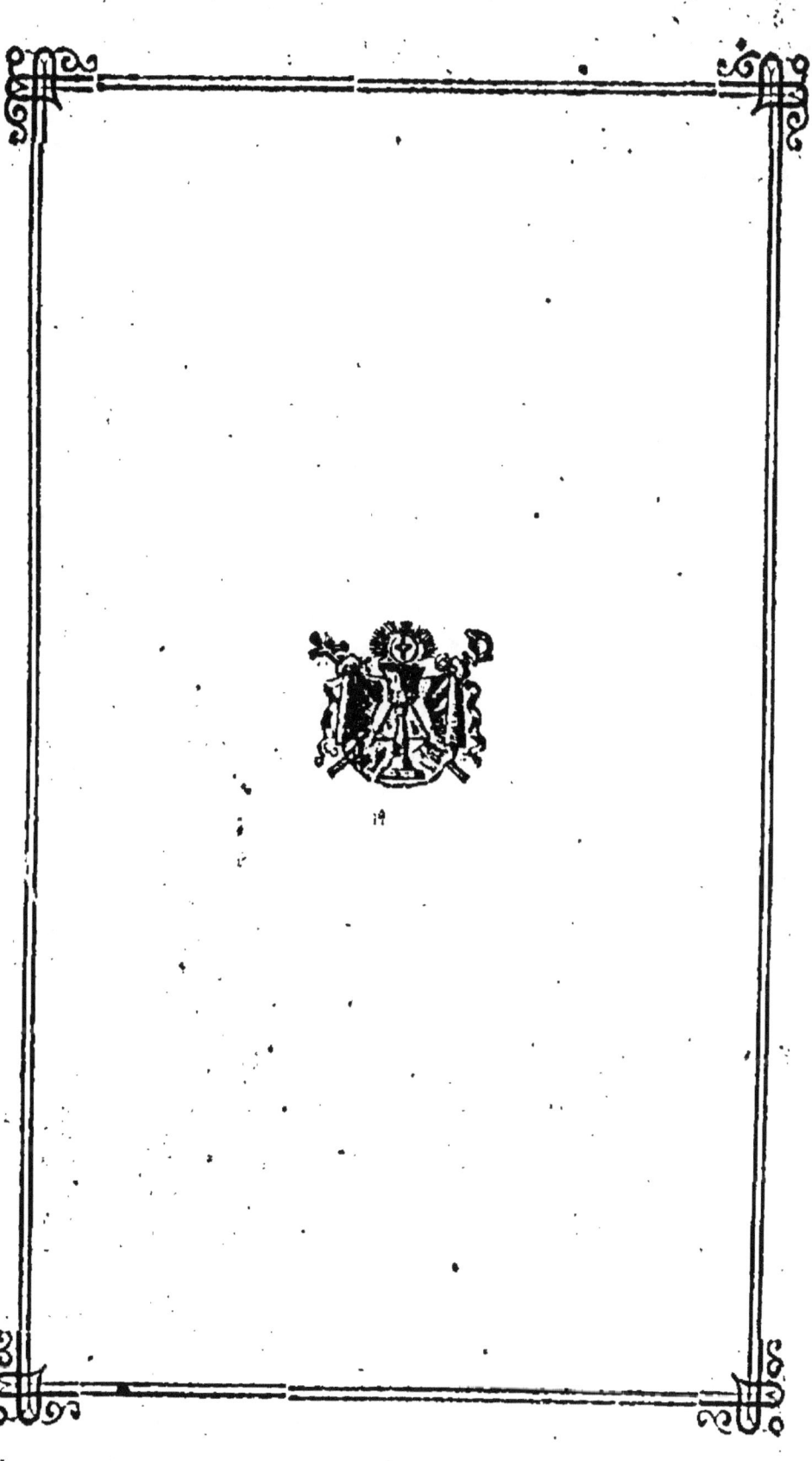

AD MULTOS ANNO

A SA GRANDEUR

MONSEIGNEUR FLAVIEN-ABEL-ANTOINE HUGONIN

Evêque de Bayeux et Lisieux (1).

Fleur nouvelle, image toute gracieuse du sacerdoce éternel, et déjà l'une des éblouissantes merveilles du parterre mystérieux de l'Eglise de Dieu ; — Cette Eglise de Dieu, JEUNE ÉTERNELLEMENT *de son éternelle jeunesse* ; — fleur éclose sur la tombe d'un Prélat comblé de grâces dans sa belle et si sainte vie, mort plein de vertus et de mérites devant Dieu... Tel nous apparaît Monseigneur Hugonin! « *Il nous sourit comme une fleur*, » disait-on tout haut dans Lisieux, sa seconde ville épiscopale, qui eut l'honneur de sa première apparition (2). Cette

(1) L'ouvrage était sous presse dès le mois de mars 1866 avant la mort de Mgr Didiot (v. p. 19.)

(2) Comme plus tard, dans tout le vaste diocèse, la réception fut splendide, et, on peut le dire, enthousiaste et féerique. Le surnom mérité de *Bienvenu* en est resté et restera à Monseigneur Hugonin, comme à l'un de ses saints et illustres prédécesseurs, Saint Gerbold, qui conserve encore aujourd'hui, dans Bayeux même, sa *rue du Bienvenu*. (V. la *Semaine religieuse* et tous les journaux de l'époque et du département).

I

fleur nous promet des fruits : elle tiendra à ses engagements. Le passé nous est un sûr garant de l'avenir.

Si, d'un fécond et glorieux pontificat, une seule chose, — sa trop courte durée, — nous lègue des regrets, l'âge moins avancé du *Désiré* et si *Bienvenu* Successeur, avec nos vœux ardents, mieux secondés par *la vertu d'en haut,* pour le nouvel élu du Seigneur, qui nous vient avec les qualités de l'esprit et du cœur, cultivées dans un passé brillant, exercées dans les plus honorables fonctions de *l'enseignement catholique supérieur,* sous l'inspiration et la haute direction du plus magnifique talent et du plus noble caractère des temps modernes, l'honneur de notre Episcopat français (1), si renommé dans le monde religieux !... oui, tout cela, tant et de si honorables antécédents promettent à l'heureux Diocèse des jours encore meilleurs, un pontificat plus fécond, plus glorieux encore pour la double couronne des évêques de Bayeux et Lisieux, pour la France et pour la catholicité ! *Ad multos annos ! Duplici nec erit impar coronæ !* Rome et Paris ne pouvaient mieux choisir pour Bayeux et Lisieux : *Doctrine et vertu ! science et piété !* — Merci de ce bon choix, de ce don magnifique de Pie IX et de Napoléon, choix qui honore autant les Gouvernements que l'élu.

(1) Mgr Dupanloup, Evêque d'Orléans, l'un des premiers maîtres et amis de Monseigneur Hugonin, dont il fut le prélat consécrateur.

MONSEIGNEUR!

Quand, il y a quarante années, mes deux mains dans la main du Pontife consécrateur, je promettais *Révérence et Obéissance*, c'était à vous, jeune prélat, que le vieux prêtre d'aujourd'hui, c'était envers vous, alors jeune enfant, petit ange de trois années, que s'engageait le jeune prêtre de vingt-trois ans!... *Promitto...* et SUCCESSORIBUS... Et ne craignez pas, Monseigneur, que cette distance de 20 années entre le supérieur et l'inférieur ôte jamais rien du respect ou de l'obéissance voués à votre paternité!—Est-ce que les 40 jours de Jésus enfant présenté dans le temple infirmèrent, en quoi que ce soit, le respect du vieillard octogénaire?.. Oui, maintenant, je veux mourir en paix!

Et quand, sans compter le prélat consécrateur, je compte déjà six Evêques qu'il me fut donné de vénérer sous la couronne d'Exupère et des 14 Saints Evêques, vos prédécesseurs, il me sera permis de présumer que Monseigneur Hugonin recevra mon *Nunc dimittis*.

Acte d'obéissance d'un imperceptible Pasteur, entre mille Prêtres plus méritants, d'un Pasteur qui n'a d'autre prétention, d'autre valeur que celle, peu enviée, d'être un vétéran du Sacerdoce, dans votre vaste et magnifique Diocèse; acte d'obéissance aux *ordres positifs* d'un vraiment digne et saint Evêque, cet opuscule veut être le premier hommage déposé aux pieds de votre indulgente Grandeur.

Si vous daignez l'accueillir avec quelque bonté, il obtiendra cette *double fortune*, Monseigneur, d'avoir été commandé par un saint et digne Pontife ; puis, autorisé et béni par un Pontife non moins digne et non moins pieux.

Malgré les graves préoccupations d'une prise de possession et de travaux plus sérieux, j'ai la plus douce confiance que, dans l'intérêt de la foi et de la piété, pour une religieuse localité, votre paternité voudra l'encourager et le bénir.

Elaboré sous les ordres de Monseigneur Didiot, j'entends qu'il ne verra le jour que sur le commandement de Monseigneur Hugonin, que je conjure de ne pas me refuser *le bénéfice de l'obéissance* (1) *: prêt à en faire justice par les flammes,*

---

(1) « J'AI TOUJOURS OBÉI, depuis mes 60 ans de cure, « depuis mes 70 ans de sacerdoce ; Monseigneur ! commandez-moi de MOURIR PAR OBÉISSANCE ; alors, je suis « sûr de mourir en paix !.. » disait à son Evêque un vétéran de l'armée du Seigneur des armées, arrivé à sa 94ᵉ année !.. L'Evêque commanda ; et, l'année suivante, le Prêtre mourait *par obéissance* dans les sentiments de la plus douce paix... Et moi je dis à Monseigneur Hugonin: *En travaillant,* J'AI OBÉI à votre illustre prédécesseur ;

*si cet Essai contenait un mot qui ne fût pas conforme
à l'esprit de la Sainte Église Catholique-Romaine!*

et en éditant, J'ENTENDS OBÉIR à son bien-aimé successeur.

Et si c'est une grande et féconde pensée d'un nombre déjà considérable de Prélats français d'avoir établi dans les Séminaires un *cours d'Archéologie sacrée,* partie intégrante de la science ecclésiastique; c'en est une autre non moins intelligente de réclamer près des Pasteurs ces évocations du passé, qui déchirent les voiles, souvent épais, sur l'histoire locale, histoire quelquefois aussi des plus instructives, des plus utiles: moyen de compléter partout la grande histoire de l'Eglise qui porte de si vives lumières sur nos dogmes ainsi que sur les mœurs publiques et privées.

De toute l'énergie de mon âme, croyez-le, Monseigneur, en obéissant à votre Grandeur comme à votre saint Prédécesseur, ma pensée fut toujours de m'associer à ces grandes et utiles pensées.

Heureux si cette goutte d'eau dans l'Océan, si ce grain de sable dans la structure de l'édifice, catholique, représente le contingent de ma part afférente dans la grande œuvre de l'Eglise de Jésus-Christ, cette œuvre, hélas! trop incomprise, œuvre de la bonté du Tout-Puissant pour le rachat et le bonheur du genre humain!

Alors le Sauveur, pour sa crèche, avec Saint-Pierre de Rome, avec les Cathédrales de Cologne et de Milan, aura, non pas seulement N.-D. d'Amiens, N.-D. de Rheims, N.-D. de Rouen, N.-D. de Chartres, N.-D. de Paris, N.-D. de Bayeux mais aussi le modeste sanctuaire de N.-D. du Plessis-Esmangard (Dozulé.) *Humilia respicit Deus.* (Ps. 112. 5.)

Puisqu'il aime tant *les petits,* il devra bien se plaire parmi nous.

INTRODUCTION.

Sacramentum regis abscondere bonum est ; opera autem Dei revelare et confiteri honorificum est. (Tobie, 12-7.)

Longtemps ma pensée, bien arrêtée, fut de *ne donner qu'après moi* au public cet opuscule. Monseigneur Hugonin en a jugé différemment. J'avais obéi au prédécesseur en travaillant ; j'obéis au successeur en éditant.

Et je conjure le lecteur de ne jamais perdre de vue que si, quelquefois, il nous faut bien citer, dans l'intérêt du vrai, certains faits heureux, tout *l'honneur* en revient *à Dieu seul :* ce qui, d'ailleurs, reste parfaitement démontré, quand, vingt fois, par A plus B, je prouve, *in decursu operis,* que, le plus souvent, le bien s'est fait *à mon insu*, et même parfois, *malgré moi...* Donc, *je raconte et bénis l'œuvre de Dieu*, non pas la mienne : *opera autem Dei revelare et confiteri honorificum est.*

Machine entre les mains de Dieu, que n'ai-je été plus docile instrument ! J'eusse cent fois mieux réussi. Et je l'affirme, *fort de l'expérience,* et sur l'honneur le plus sacré !

En cherchant à me rendre compte de cette presque insurmontable répugnance que j'éprouvais à paraître au jour de mon vivant, je me suis souvent demandé : est-ce amour-propre ou modestie ?

Et pour répondre, en vérité, ami lecteur, il me paraît bien qu'à me taire, *l'amour-propre*, chez moi, *gagnerait beaucoup...* ; car, voyez-vous, *ambitionner l'honneur de certains mépris*, n'est pas d'une vertu commune.

Je vous confesse néanmoins qu'il est des critiques qui gênent peu. Dans tous les cas :

A ceux qui s'imagineraient que l'on bâtit des églises en dormant, sans travaux très-dispendieux, sans contradictions, sans tribulations, sans persécutions, sans pénibles voyages, et sans mille misères ; très-simplement nous répondrons : c'est que, d'apparence, *vous n'avez rien bâti...*

A d'autres, qui croiraient que l'on fait des livres consciencieux, voire même de très-simples et assez informes *Notices*, sans recherches laborieuses, persistantes, et sans de longues veilles, nous dirons : Vous êtes plus prudent, mieux avisé que moi : *vous n'avez rien écrit.*

A tous ceux-là qui paraissent contents d'eux-mêmes et s'applaudissent du très-aisé *farc niente*, parce que, croient-ils, ne faisant rien, ils échapperont ainsi à la *critique* maligne, et aussi *facile que l'art est difficile*, nous leur poserons cette question : *N'êtes vous point quelque peu paresseux ?..*

Moi, j'ai peur de ces trois mots évangéliques : *Servum inutilem projicite...*

Et si tout le monde vous ressemblait, que deviendraient, nous ne dirons pas les beaux livres et les superbes cathédrales, que bien des gens, ainsi que vous et moi, ne sont point tenus de faire, ni de bâtir, attendu que les hautes capacités et le génie ne sont le partage que de quelques-uns; mais, je vous le demande, qui nous donnerait les modestes églises et les petits livres, à la portée du plus grand nombre, et dans lesquels on apprend à aimer Dieu, comme dans les plus beaux-livres et dans les plus splendides basiliques? Car il faut aussi, n'est-ce pas, des ombres aux plus beaux tableaux?

A cela se bornent nos prétentions; heureux, trois fois heureux, alors qu'ombres légères, mais ombres utiles, nous ferons ressortir les incomparables splendeurs de l'Eglise de Dieu.

Non : on n'arrive point à certains résultats, comme la construction d'une église, sans contrecarrer bien des *intérêts privés*, qui doivent néanmoins céder aux *intérêts généraux*, on n'arrive point là sans froisser bien des amour-propres...

Et savez-vous ce que l'on pardonne le moins? — *Le succès...* Oui, *certains esprits mal faits, certains cœurs malheureux et jaloux* vous pardonneront tout, excepté ce péché irrémissible... *le succès!..* Qu'y faire? Ne rien tenter pour Dieu ni pour les âmes? Ce serait plus aisé, nous l'avons dit, ce serait plus tôt fait; mais l'enfer s'en réjouirait, et *le diable en rirait!*... Puis la conscience, et le devoir?... Allons donc! Un peu plus de courage, s'il vous plaît.

Rien ne me rend moins redoutables, — j'ai presque dit plus désirables, — les jugements de Dieu, pour nous tous d'ailleurs si formidables, que ces faux, et, le plus souvent très-stupides, jugements des hommes ; car, *tempus omnis rei tunc erit.* (Eccle. 3, 7.)

Rien ne rend plus droites mes intentions que la méchanceté de ceux qui dénigreraient les meilleures, car alors je me dis: *Tu verras bien un jour!*...

Admirable dispensation de la toute paternelle providence! par laquelle, pour nous faire expier des fautes inconnues, des torts quelquefois trop réels, — et qui donc se croirait sans péché ? — Dieu permet qu'on nous impute injustement et méchamment des fautes qui ne sont point les nôtres, des torts que nous n'eûmes jamais!...

Consolons-nous, nous rappelant que tous, nous avons *de nos défauts les qualités*, comme aussi *de nos qualités les défauts.* Donc, nous devons pardonner beaucoup, — et c'est la loi évangélique, — afin qu'il nous soit beaucoup pardonné.

Dieu m'a donné ceci; qu'il en soit béni à jamais!

Dieu m'a fait ce présent : une VENGEANCE TOU-

JOURS PRÊTE, contre mes ennemis, si j'en avais : PRIER POUR EUX ! *Les aimer,* car leur haine m'éclaire, me sanctifie, m'oblige!!! leur procurer, dans l'occasion, tout le bien imaginable. Voilà mon paradis sur la terre. Satan n'a-t-il pas dit : Je suis la haine... la haine, puisque Dieu c'est la charité, c'est l'amour ! *Deus caritas est.* — Et la gloire et la perfection de l'homme sera toujours d'imiter Dieu. J.-C. criant du haut de la croix à son père : *Pater dimitte illis !* Père ! pardonnez leur !

Observation de majeure importance.

L'EGLISE, à son vrai point de vue,
Le POINT DE VUE SPIRITUEL.

Alorsque, depuis un grand quart de siècle, par la plus heureuse et la plus significative réaction, l'impulsion est donnée dans l'art catholique pour les restaurations et reconstructions de nos édifices religieux, personne ne niera l'opportunité, l'actualité d'ouvrages qui traitent la question, non plus seulement au point de vue de *l'art* et de *l'histoire,* mais plus particulièrement au point de vue, bien autrement sérieux, de la morale et de *la foi* (1).

(1) Il se passe, en ce moment, sous nos yeux, quelque chose de *tout-à-fait analogue*, n'est-ce pas? à ce qui se produisit vers l'an 1000 de J.-C. au commencement du XIe siècle ; que se passait-il donc alors ?

Tout le monde, j'entends le monde tant soit peu instruit de l'histoire générale, le sait. Contentons-nous de rappeler que, sur un passage mal interprété du livre mystérieux de l'Apocalypse, tout le monde à peu près, s'attendait à *la fin du monde*. Et tel fut alors l'empire de cette opinion, que l'on cessa de bâtir des églises et qu'on laissait même tomber en ruines les anciennes, attendu qu'elles n'étaient plus utiles à rien *puisque le monde allait finir !...*

Et ne dirait-on pas qu'après la grande catastrophe de

Tel est le but bien prononcé de cet *Essai*, très-simple et très-rapide *Esquisse*.

1793, cataclisme amené, en grande partie, par les *écrits impies et orduriers* de Voltaire et compagnie, un pareil sentiment longtemps encore a pesé sur le monde?

Heureusement ce temps n'est plus.

Et depuis 1830, qui, plus perfidement peut-être que 1848, avait chanté TROP TOT *les funérailles de la Religion* de J.-C. Il n'est question, non pas uniquement à Dozulé, qui, nous en sommes heureux et fiers, marcha l'un des premiers, mais à Bayeux, à Caen, à Lisieux, dans toute notre *solide Normandie*, dans la France entière, et d'un bout du monde à l'autre, il n'est question que de magnifiques restaurations et splendides constructions. Ce SIGNE DU TEMPS en vaut un autre et nous rassure parfaitement contre la GRIMAÇANTE FIGURE que la coterie, *parfois comique*, de l'enfer aux abois prépare à l'INFAMIE PERSONNIFIÉE...

Ne vous semble-t-il pas entendre la grande voix de St-Cyrille, évêque de Jérusalem, redisant aux *Chrétiens à foi douteuse*, de son temps — comme il s'en remontre à toutes les époques — chrétiens qui s'inquiétaient beaucoup trop de voir les ouvriers de Julien l'apostat, essayant *pour faire mentir le Christ*, essayant donc de rebâtir le temple: — « Ne craignez point : à son heure, Dieu se lèvera pour con-
« fondre ses ennemis. » Et en effet, les fondements de l'ancien temple étaient arrachés, les nouveaux fondements étaient creusés, tout était prêt pour rebâtir le temple, quand tout à coup des globes de feu sortis des entrailles de la terre vinrent frapper, blesser et tuer même la plupart des ouvriers en repoussant contre eux les pierres qu'ils s'efforçaient de placer dans ces fondements...

J.-C. avait prédit que, du temple Juif, il ne resterait *pas*

XIII

Alors que la plupart de nos Evêques, toujours en avant du progrès, je l'entends du progrès réel et sérieux, réclament, commandent des évocations *pierre sur pierre*; l'apostat Julien entreprend de *démentir la prophétie* de J.-C ; mais il ne voit pas que, *malgré lui, il s'en fera l'exécuteur!* Et comment? En arrachant la dernière pierre de l'ancien temple, sans arriver jamais à fonder le nouveau!... *Non relinquent in te lapidem super lapidem* (Luc, 19. 41.)

Ainsi en sera-t-il dans tous les temps : Garibaldi, Havin, Renan et compagnie, *nouveaux* Juliens, bien dignes de *votre patron l'Apostat,* vous pouvez du vieux temple arracher la dernière pierre : J.-C. l'a prédit, Jésus vous le permet : vous ne savez que démolir... — Une fois de plus, votre récent Congrès de Genève l'a démontré. — Mais n'essayez pas d'aller plus loin ! Car, ce que J.-C. était hier, il le sera demain, il le sera dans tous les siècles : *Christus heri, et hodie, ipse et in sæcula.* Gare aux globes de flammes!

Je ne sais ni *quand* ni *comment* il plaira à Dieu de sauver l'Eglise et son Chef Auguste ; mais ce que je sais, c'est que l'*Evangile* et l'*Histoire* à la main, j'ai la *double preuve* que, comme il l'a toujours fait, il le fera. (A).

(A). Bien ! A peine ai-je achevé ces lignes, et nous apprenons que l'Empereur et la France viennent de prononcer que JAMAIS, JAMAIS ! Rome ne sera cédée à un peuple égaré, à une nation RÉVOLUTIONNAIRE !...

Nouveau triomphe, triomphe des plus éclatants pour l'Eglise et la Papauté !!! QUARE FREMUERUNT GENTES ?

Et cette désirée nouvelle nous parvient LE JOUR DE LA CONCEPTION IMMACULÉE, 8 décembre 1867 ! — Sébastopol céda le 8 SEPTEMBRE 1855. La Vierge est terrible à l'Enfer !..

Ainsi, le *quand*, c'est aujourd'hui ; le *comment*, c'est toujours par la VIERGE IMMACULÉE, mue par les *prières*, l'*or*, le *sang* de nos braves Français ! — Encore un nouveau trait glorieux à ajouter aux GESTA DEI PER FRANCOS !

du passé; des recherches, des études approfondies sur les paroisses, les antiquités locales de leurs diocèses, j'aime à trouver, dans ces ordres de mes bien aimés supérieurs, ma justification, une excuse assez bonne à ma témérité, en donnant ce travail, fruit de mes veilles et de consciencieuses recherches (1).

Quand enfin, pour ne rien dire des mauvaises, des immondes, des plus infâmes élucubrations de la *presse quotidienne*, qui abondent pourtant, et par millions de volumes, qui pullulent de toutes parts ; quand la presse vomit chaque matin, pour l'empoisonnement complet de toutes les classes de la société, déjà malade et bien malade, tant de productions fades, nauséabondes, ou tout au moins futiles et légères ; on nous pardonnera d'en revenir, avec les hommes graves, ou simplement intelligents, j'ai presque dit *conservateurs*, mais en prenant ce mot dans la plus large acception du terme, on nous pardonnera d'en revenir enfin à l'histoire, ancienne ou contemporaine : mais à

---

(1) En écrivant dans cet ordre d'idées, comme en bâtissant *des premiers dans le style ogival*, trop longtemps oublié et même persiflé, nous ouvrons une voie nouvelle. Notre unique désir est d'y être suivi et dépassé, ce qu'avec bonheur nous voyons et verrons de plus en plus sous nos yeux tous les jours. *Dummodò Christus annuntietur, in hoc gaudeo, sed et gaudebo !* (Philip. 1. 18.)

l'*histoire véritable,* faite avec des *dates,* des *chiffres,* des *noms propres,* des *pièces à l'appui.*

Plus de cent cinquante noms propres, et des familles les plus considérables de nos souscripteurs et bienfaiteurs, noms pris dans *plus de 90 paroisses, églises, chapelles, châteaux* et *manoirs* des environs et de plus loin, deviendront un puissant attrait pour déterminer bien des mains à tenir ce petit *volume de 400 pages* pour le moins : il leur dira des choses utiles, curieuses, inconnues même du plus grand nombre.

Avec des *renseignements historiques* très-positifs, et puisés aux sources les plus certaines, les meilleures, il donnera sur les personnages disparus déjà, ou même, pour quelques-uns du moins, encore existants, des *notes biographiques* du plus palpitant intérêt, toujours avec réserve et sans blesser personne, en couvrant d'un prudent et charitable silence les noms d'une Opposition qui n'est plus.

Et depuis que, avec le Prince-Evêque (1), avec

---

(1) « *Je suis tout-puissant,* disait, avec un sourire angélique et tout céleste, *vrai sourire du Paradis,* l'aimable Evêque; je fais ce que je veux, *constamment tout ce que je veux !...* depuis que, ne voulant plus rien que ce que Dieu veut, Dieu veut toujours ce que je veux. »

Et tel est bien le bonheur de quiconque, dans une vie de Règle, fait en tout et toujours la sainte volonté de Dieu, tous ceux qui ont voulu en tenter l'heureux et facile essai ; depuis que je suis assuré que, possédant en Jésus-Christ, dont je suis, quoique, hélas ! très-indigne, l'un des ministres sur la terre; possédant tous les trésors du monde, je puis m'en emparer, en disposer pour moi et pour le monde entier, ne puis-je pas, avec le saint Pontife, m'intituler : *Curé de l'univers, Pasteur du monde entier !... le plus heureux des hommes*, le plus fortuné des mortels ?...

O rois de la finance, vous qui *prêtez*, et par là même *commandez aux têtes couronnées*, banquiers, banqueroutiers (1), capitalistes, avares, *en esprit de foi, d'amour, de prière et* DE SACRIFICE...

LE SACRIFICE ! Mais, si LA CROIX est le drapeau, l'emblème, le symbole, LE SIGNE enfin de toute notre foi en J.-C., *le sacrifice* doit bien être LA RÉALITÉ, *la chose signifiée* (A). sans sacrifice, pas de *dogme*, pas de *morale*, point de *religion* !... Malheureusement, peu de gens aiment, en pratique, la croix, le *sacrifice* !... (V. le ch. *De paucitate amatorum crucis Christi*. (Imit. 2. 11.)

(1) O vous, que Dieu souvent, et par un jugement juste et sévère, *sous nos yeux*, condamnera à *mourir de faim*, près de vos millions entassés et volés sur le nécessaire de la veuve, de l'ouvrier et de l'orphelin spoliés... Vous qui, nouveaux Judas, déposant, les mains pleines, votre bilan, vous arrachez les cheveux de rage et de désespoir... tant s'élève terrible contre vous une conscience implacable et éternellement impitoyable accusatrice ! Oserez-vous vous dire heureux ?...

(A) C'est sur la *Croix* que s'est offert le grand *sacrifice*... *Sacrifice* et *Croix*, sont donc choses corrélatives.

ambitieux de toute espèce, mais qui êtes-vous donc ? quel bonheur est le vôtre, et quels sont *vos bénéfices*, vos richesses et vos trésors, comparés à ceux qu'à chaque minute, A CHAQUE SECONDE, peut entasser un Prêtre catholique, une simple femme, UN TOUT PETIT ENFANT ? Combien vous êtes éclipsés et distancés ! Et que sont les *biens périssables de la terre*, comparés aux *trésors de la Grâce et du Ciel ?...*

Et ainsi, je pourrais me taire ? Il me serait permis, avare, égoïste et cruel, de réserver pour moi seul un secret utile à mes frères ?...

Mais quel serait-il ce secret ? Lisez plutôt : Ce secret est mon livre, dont *la morale, l'affabulation*, tirée *des chiffres et des faits* (1), à trois petits mots se ramène :

Dans l'Église et *par l'Église seulement*, de laquelle je vous entretiens en cette Notice, je trouve le bonheur et présent et futur, *pietas ad omnia*, je le trouve dans :

1° La vie de Règle (2) pour Dieu, qui la veut,

---

(1) *Brutal comme un chiffre, et positif comme un fait*, dit un ancien et très spirituel adage...

(2) LA RÈGLE, c'est d'observer les commandements : *serva mandata*, les commandements de Dieu expliqués par L'ÉGLISE, qui seule en a le droit et qui, dans ce *cycle admirable de ses fêtes* et touchantes solennités, trace au chrétien ce qu'il devra faire *chaque jour, chaque semaine, chaque année, et toute la vie !* Et dans ces fêtes il aura

parce qu'il est l'Ordre éternel, et qu'il fait, lui surtout, parfaitement *bien toutes choses, omnia in pondere et numero et mensura... Benè omnia fecit !* constamment, avec la LEÇON, le MODÈLE dans l'exemple de N.-S., de la Vierge et des Saints !... Trouvez-moi donc cela hors de l'Eglise, l'Eglise Catholique et Romaine ?... Ennemis de l'Eglise ! aveugles, insensés ! mais, si du moins vous compreniez une partie du mal que vous vous faites à vous-mêmes !... Car:

— Qu'est-ce que l'Eglise ?

R. *La maison du bon Dieu.*

— Bien, mon enfant. Mais Dieu n'a-t-il pas *deux sortes de maisons ?*

R. Oui, sans doute ; et

1° Sa MAISON MATÉRIELLE, que nous lui bâtissons, et dans laquelle il veut bien demeurer pour nous les mains pleines de tous les biens qu'il ne demande qu'à répandre sur nous : *Qui hanc orationis Domum quam ædificavimus, bonorum omnium largitor inhabitas;* et

2° Sa MAISON SPIRITUELLE, qu'il se prépare lui-même pour le Ciel par un travail invisible et divin : *Et Ecclesiam quam ipse fundasti incessabili operatione sanctificas ;*

Donc il est toujours vrai de dire :

Un travail incessant, ardent, mystérieux,
Te construit ici-bas, grande cité des cieux ! — et

3° CETTE MAISON, C'EST NOUS-MÊMES ! On pourra nous parler de *mysticisme;* mais nous répondrons : C'est un *dogme !* car rien ne saurait être plus clair, et rien ne nous est plus répété dans les saints livres :

QUÆ DOMUS SUMUS NOS. (Hebr. 3, 6.)

2° *Douceur et fermeté*, pour mes frères, qu'ainsi j'aime en Dieu et pour Dieu : pour Dieu, de qui

TEMPLUM DEI, QUOD ESTIS VOS. (2. Cor. 6, 16.)
Et de même en cent autres endroits de l'Ecriture.
La Tradition vient s'y adjoindre.
Nous serions infini, s'il fallait tout citer.
Contentons-nous d'un seul témoignage, celui de St-Bernard, dans l'*Office de la fête de la Dédicace, au Bréviaire ancien de Lisieux*, qu'on nous permettra bien de regretter quelque peu ; sans préjudice de notre amour et vénération pour la pieuse et sainte Liturgie romaine.
Ecoutons St-Bernard :

« *Festivitas hodierna, fratres, nostra est, quia de Ecclesia nostra : magis autem nostra, quia DE NOBIS IPSIS...*

« *Miramini forsitan et crubescitis celebrari FESTA DE VOBIS... Sed quid lapides isti potuerunt sanctitatis habere, ut eorum solemnia celebremus ? Habent utique sanctitatem sed propter corpora vestra... Itaque, sanctæ sunt animæ propter inhabitantem spiritum Dei in vobis; sancta sunt corpora propter animas; sancta est etiam propter corpora domus.* »

(Serm. 1, St-Bern. in Dedic.)

Traduisons en français ces magnifiques paroles du saint Docteur :

« La fête de ce jour, mes frères, c'est la nôtre !
« La nôtre, d'abord, parce qu'elle est la fête de notre
« église : mais bien plus encore la nôtre, parce qu'elle est
« *LA FÊTE DE NOUS-MÊMES !*
« Vous vous étonnerez peut-être, et vous rougissez,
« quand on parle de célébrer *des fêtes* de vous-mêmes,

procède toute *beauté*, toute *bonté* et toute *charité*, enfin *tout don parfait*.

3º DÉVOTION ENVERS MARIE, qui me conduit, m'enrichit et me sauve.

« mais *quelle sainteté peuvent avoir ces pierres*, pour
« qu'on en célèbre des fêtes ? Ah ! elles sont saintes ces
« pierres, mais à raison de vos corps qu'elles renferment.

« Ainsi donc, nos âmes sont saintes par la présence de
« l'Esprit-Saint, qui habite dans nous ; nos corps sont saints
« à cause de nos âmes ; et nos églises de pierre sont
« saintes à cause de nos corps. »

Mais il faut voir les 3 admirables leçons du 2e nocturne de cet Office, auquel nous renvoyons le lecteur.

Nous aimons à résumer en quelques mots, pour la mieux saisir et retenir l'importante et belle leçon de l'Église (A) :

1º Personnel :
Pape, Evêques, Prêtres, Fidèles.

2º Notes ou caractères :
Une, Sainte, Catholique, Apostolique.

3º Enseignement, ou Dogme :
Ecriture-Sainte (ancien et nouveau Testament), Tradition.

4º Etrangers à l'Eglise :
Hérétiques, Schismatiques, Apostats, Excommuniés, Infidèles (Payens, Juifs, Mahométants.) — 20 mots.

(A) Et ne peut-on pas dire que cette *leçon par excellence* c'est de la très-palpitante actualité ? Jamais peut-être on n'avait tant méprisé et si peu compris l'Eglise !... Voilà pourquoi Dieu rappelle à l'Eglise les peuples, *qui ne peuvent être sauvés que par l'Eglise*. On ne sait plus qu'est-ce que l'Eglise !.. (V. p. 368 de la *Notice*).

Est-ce que ceci regarderait et intéresserait le Prêtre seulement ?

Mais, outre que je n'ai *point qualité pour prêcher mes vénérés confrères*, dont j'ai plutôt à prendre les leçons, à suivre les exemples, je déclare ici nettement que *j'ai en vue bien plus spécialement mes bien aimés paroissiens,* dont je vais avoir, et très-prochainement, à rendre compte devant Dieu !

>Vie de Règle, pour Dieu ;
>Douceur pour le prochain ;
>Dévotion à Marie, pour nous-mêmes :
>
>Avec cela c'est le bonheur !
>La ferveur est *un Paradis anticipé !*
>Puissions-nous ne l'oublier jamais !

A coup sûr, nous pourrons étonner certains esprits plus ou moins forts, c'est-à-dire *parfaitement faibles dans la partie morale.* Qu'y faire ? — Je tiens à le redire ici : Oui ! *j'ai perdu mon temps, mon argent et le vôtre,* ô mes dignes et généreux amis, *si j'ai bâti uniquement pour la beauté des formes, pour la matière !...* (V. p. 115, note 1.)

Bienheureux Vianney (1), saint curé d'Ars, était-

---

(1) Il est bien entendu que nous ne prévenons en rien le jugement de l'Eglise, qui instruit en ce moment la cause du saint prêtre, thaumaturge dès son vivant, et préconisé par la voix publique.

ce dans le verbiage boursouflé de l'humaine sagesse, *in persuasibilibus humanæ sapientiæ verbis*, que vous accomplissiez si admirablement l'œuvre de Dieu? Et *bâtissiez-vous pour les yeux ?...*

Ah ! de vous, nous n'avons en partage, hélas ! que cette faiblesse, en nous trop réelle, et qui ne fut qu'apparente en vous sous la puissance de la science et de la vertu de Dieu, le maître et seigneur de toutes les bonnes sciences, *Deus scientarum dominus est.*

Du haut du ciel, déjà, intéressez-vous à notre œuvre, en nous prêtant quelque chose de cette force de Dieu qui éclatait si merveilleuse en vous, *in ostensione spiritus et virtutis.* (1 Cor. 2, 4.)

« Votre travail contient déjà *de bonnes et belles paroles*, » a bien voulu nous dire, *à diverses reprises*, le bon seigneur Didiot, auquel ont pu être soumis les essais des *premières épreuves.*

Nous pourrions être fiers de ce bref jugement d'une plume de cette valeur. Mais d'apparence, l'indulgent et charitable prélat, qui tenait à encourager tout effort entrepris pour le salut des âmes (1), dans son magnifique diocèse, avait en vue,

---

(1) « Très-bien ! courage, mon bien cher Curé : *autant de gagné pour les âmes!* » daignait m'écrire de sa main le savant et saint évêque : *Dieu et les âmes! N'est-ce pas tout?..*

peut-être, les quelques citations que nous empruntons à monseigneur Dupanloup, à M. Auguste Nicolas, au Père de Bussy, etc. Que voulez-vous? Il est des gens qui seraient fort embarrassés de vivre, s'ils ne vivaient un peu d'emprunt... Au moins nous citons *nos prêteurs...*

Quant aux *Appendices, Conclusions, Coup d'œil,* etc. nos terribles exacteurs pourront appeler tout cela *hors d'œuvre,* ou *Tome deuxième;* que sais-je? Pour moi, arrivés *en mangeant,* ces *utiles appétits* seront tout simplement les *raisons à l'appui,* les *Pièces justificatives.* Je sais que ces *exacteurs des formes* plus ou moins littéraires, ne manqueront pas à réclamer. Encore un coup, qu'importe ?

Qu'importe si, *pour des agencements,* comme parle le saint évêque de Genève, pour des mots, souvent vides de sens, je vous donne des choses, des choses sérieuses, entendez-vous ? qui ne sont pas toujours de mise aujourd'hui, je le sais, mais qui trouveront leur écho au fond des âmes catholiques. Et le Pasteur serait-il envoyé pour *aligner des mots sonores, arrondir des phrases ronflantes ?* Demandez au saint Curé d'Ars.,.

Il faut bien comprendre LE BUT d'un livre, je dis mieux, d'une simple *Notice.*

Est-ce que j'ai voulu faire un livre (1) ? Vingt

(1) Quand l'*Enéide* de Virgile, et les *Commentaires de César.* — Ici je n'entends point du tout *parva componere magnis* — restent inachevés, imparfaits, quelle folie de

fois j'ai protesté contre cette prétention.

Relisez donc : 1° Grouper des faits incontestés ; penser à ne donner que des chefs-d'œuvre ? — Et quel ouvrage, même des meilleurs, aura esquivé la critique, oui, *l'inévitable critique?*

Mon Dieu ! donnez-moi de comprendre, une fois de plus, *les avantages inconnus, mais très-réels pour le succès, des très-salutaires contradictions !* Oh ! si votre Cœur divin en était quelque peu consolé ! Et si UNE SEULE ÂME était ramenée et sauvée par ces petites humiliations !!!

Et quand nos saints évêques exigent et commandent, au moins aurons-nous fourni les éléments, rassemblé les matériaux d'une histoire diocésaine, locale, à compléter plus tard. Et que serait la nôtre, sans *l'érudit curé de Maltot*, qu'on peut blâmer, mais l'atteindre ?... Je voudrais bien, pour ma part, j'en serais heureux. J'en désespère tout à fait, car *non datur omnibus*. Il n'a point de ces phrases contournées, mielleuses, compassées ; mais il ne ressent point l'huile de la lampe : quoiqu'un peu suranné, *avec de franches incorrections,* il a de la variété, de la gaîté, de l'énergie et de l'élévation ; des faits ! des faits qui intéressent, qui instruisent, qui édifient. Ce genre en vaut un autre.

A propos d'*incorrections*, sans prétendre *justifier* les nôtres trop nombreuses, on pourra se les *expliquer*, si l'on veut bien se rappeler la distance de 6 lieues qui nous sépare de l'*Imprimeur :* difficulté trop réelle pour la *correction des épreuves,* qui nous arrivaient le plus souvent au milieu des plus sérieux embarras du saint ministère. De là certaines précipitations regrettables, inévitables. Pourquoi broncher, tergiverser et ne pas aller droit au but ? La seule excuse que j'ai dû vous donner, la voici : laissez-moi vous

2° Y reconnaître, assez visible, LE DOIGT DE DIEU;
3° En tirer d'utiles conséquences (1).
Et voilà tout ! voilà tout !
Pourquoi demander à quelqu'un ce qu'il entend
[ne] pas donner? Ce qu'il se reconnaît incapable de
[v]ous donner?...

[à vous] dire avec un immense plaisir, qui ne peut ni vous blesser, ni le moins du monde, ami lecteur, je le crois, [vo]us déplaire, j'en serais désolé; écoutez-moi : Si je n'ai [p]as mieux fait, c'est que, voyez-vous, j'ai dû agir simple[m]ent dans la mesure du talent, des moyens que Dieu a [bi]en voulu mettre à ma disposition. Etes-vous content?
Et de cela je n'ai, croyez-le bien, ni le moindre regret, [ni] la plus légère inquiétude. Mais vous, orné de beaux ta[le]nts, et génie supérieur, qui vous donnez du moins la *très-innocente satisfaction* de le penser, faites mieux ! faites [mi]eux ! Jamais je n'en serai jaloux : *Dummodo Christus [a]nnuntietur, in hoc gaudeo, sed et gaudebo !*

(1) Ainsi, puisque l'expérience démontre *la puissance [de] la prière des plus petits enfants*, ô mères ! heureuses [mè]res de famille ! ah ! je vous en conjure, oui, par cette [é]clatante, récente et toute locale expérience, je vous en [su]pplie, faites prier ces petits anges, et couvrez vos maisons [de] ces invincibles paratonnerres !— « Mon Dieu, sauvez mon père, sauvez ma mère, sauvez mon frère ! répétait souvent, mourante, une ange de 9 ans... Et l'ange de la terre s'envola vers le ciel, où elle attend, bien revenus à Dieu, le père, la mère, le frère. » Telle est la puissance [de] la prière de l'enfance !

A MES BIEN-AIMÉS PAROISSIENS.

———

Habitants de l'antique Plessis-Esmangard, mes amis ! *les plus jeunes* d'entre vous qui, dans la vieille Eglise, en l'année 1837, assistèrent à mon installation, ont nécessairement aujourd'hui de 30 à 40 ans; donc:

TOUS, VOUS ÊTES MES ENFANTS !

Ah ! s'il m'était donné de vous dire combien, dans les entrailles de la Charité de Jésus-Christ, votre Pasteur vous aime ! Une mère aimera-t-elle davantage son enfant ? *In visceribus Christi !... Tanquàm si nutrix foveat filios suos.* (1 Thess. 2. 7.)

Et ce que je voudrais pouvoir faire *pour le plus petit d'entre vous ! Deus scit !* Dieu seul le sait !

C'est qu'on ne peut sauver quelqu'un sans l'aimer... Et l'on aimera d'autant plus que, quelquefois, on se montrera plus ferme, *et même plus sévère*... Est-ce qu'elle n'aimera pas, la douce mère, qui, *même avec violence*, arrachera des mains de son enfant le feu, le fer, ou le poison par lesquels il va se donner la mort?

Aimez-moi comme je vous aime ; disposé que je suis, le Ciel aidant, à tout sacrifier pour vous: puis *à me dépenser moi-même,* pour sauver vos âmes! *impendam, et super impendar :* oui! *santé, fortune, vie même!*

Je ne soupçonne point d'IMPIES, d'INCRÉDULES forcenés parmi nous ; et si quelqu'un affectait de le paraître, croyez qu'il l'est toujours *beaucoup moins qu'il ne veut bien le dire...*

Vous avez tous TROP DE BON SENS pour nier DIEU, le CIEL, la MORT !... Mais savez-vous ceux qui, parmi vous, m'affligent le plus?... — Les TIÈDES, les INDIFFÉRENTS, qui vivent *au jour le jour,* sans penser à l'ÉTERNITÉ !!! Vrais *matérialistes pratiques,* pires, souvent, que les *spéculatifs :* ceux-ci valent quelquefois mieux que leurs discours ; ceux-là n'ont qu'une *foi morte,* qui les juge, qui les condamne.

AMES FERVENTES ! priez pour les uns et pour les autres ; et priez pour vous et pour moi !

Pour moi, demandez cette *belle dilection* de l'aimable *petit Saint-Jean ;* et *le zèle* du grand Saint-Jean-Baptiste, notre Patron.

Obtenez-moi quelque chose de la *piété* de Saint-Bernard, et la *douceur* du Prince-Evêque ; la *charité* de Vincent de Paul, et la *sainteté* du Curé d'Ars.

Alors tout sera dit ; tout ira bien et pour vous et pour moi. Car c'est pour vous que je travaille, et pour vous que je prie, comme aussi *pour vous que j'écris, pour vous, après Dieu, que je vis, et POUR VOUS QUE JE MEURS !*

Encore, je me promettais de vous dire en peu

de mots beaucoup de choses, *multa paucis*, et voilà que je m'aperçois qu'en beaucoup de paroles je vous aurai donné fort peu de chose, *pauca multis*. Qu'y faire?... Il faudra bien me pardonner, attendu l'intention droite.

Voilà bien dépensé tout près de 200,000 fr.! Avec moins de 100,000 fr. encore, et nous aurons tout réglé: *Eglise, Ecole de Providence, Fontaines, Presbytère*... Et Dozulé reprendra son nom : LE PLESSIS! Telle est la puissance de l'Association! *Vis unita fortior !*

Qui donc viendra *prêcher misère ?*

Est-ce que le passé ne répond pas de l'avenir?

Et Dieu, et la Vierge Marie, ne restent-ils pas à leur place?

SPERAVI, ET SUPERSVERAVI.

Sur ce, je vous donne le plan du petit livre, avec *Appendice, Coup d'œil rétrospectif, Signes du temps*, etc.

PLAN DE L'OUVRAGE.

1re Partie :

POINT DE VUE HISTORIQUE..

	Pages.
Début, progrès, couronnement de l'Œuvre.	19
1° *Début :* Allocution du jour de Pâques, 1838.	26
Vœu à N.-D. de la Délivrande.	63
Voyage du Curé, avec le Maire, à Paris. .	32
2° *Progrès :* 1re pierre posée par Mg^r Robin.	54
Histoire de la grille d'entrée.	34
Faits divers assez curieux.!. . . .	52 et suiv.
(Voir la Table analytique à la fin). .	375
3° *Couronnement* de l'Œuvre : Histoire de la chapelle de la Vierge.	38
Dédicace solennelle de l'Église le 3 novembre 1846.	55
Consécration du grand autel, par Mg^r Didiot..	66
Incidents plus ou moins tragiques, assez singuliers.	75
Principaux Bienfaiteurs et Souscripteurs.	67
Retraites, Missions, magnifiques cérémonies..	63 et suiv.

2ᵉ Partie :

POINT DE VUE ARTISTIQUE (1). 101
Hauteur, largeur et longueur de l'édifice. 106
Les 3 ordres dans l'élévation comme dans les grandes Basiliques : le *Colonnement*, le *Triforium* et le *Clérestory*. . . . . *Ibid.*
Mouvement extraordinaire et très-heureux dans les idées architecturales depuis 30 ans. 102

(1) Pour clore tout débat et fermer toute discussion, nous aimons à citer le jugement d'une *sommité scientifique et toute spéciale*; il nous convient de laisser la parole à un juge dont on ne contestera probablement pas l'autorité en matière d'architecture :

« Dozulé, écrit M. DIDRON AÎNÉ, savant illustre et bien
« connu dans le monde Archéologique, Dozulé possède
« une remarquable église, due au talent de M. Verrolles, ar-
« chitecte du département...

« L'édifice, à en juger *par les plans que je connais*,
« sera EXEMPT DE REPROCHE, quand il sera TER-
« MINÉ. » (*Annales archéologiques de France*, Janvier 1854.)

Un pareil jugement nous dispense de commentaires. M. Didron, est assez connu, comme l'un des plus sérieux Archéologues de notre époque. SON JUGEMENT EST UN ARRÊT, d'autant plus positif qu'il fait preuve de bien con-
l'église de Dozulé, dont les plans lui furent soumis.

Et c'est d'ailleurs le jugement d'un grand nombre d'autres savants ecclésiastiques et laïcs. A Dieu toute la gloire !
Soli Deo honor !

Nos 3 architectes : A^{dre}. Piel, Paul Verrolles et Marc Pelfresne.	104
L'Église de Dozulé, *fusion éclectique* des 3 plans combinés des 3 architectes.	105
Description de l'autel principal, sculpté par M. Hotin.	109
QUARANTE - CINQ SPLENDIDES FENÊTRES ET ROSACES !!..	115

3e Partie :

POINT DE VUE ASCÉTIQUE OU MORAL.	116
TOUTE LA FOI de la Sainte Église catholique, Dogme et Morale, renfermée dans les 15 mystères du Rosaire.	120
Et même dans 3 mots de l'Oraison de l'*Angelus* qui résume pareillement *Dieu* et le *monde, l'homme* et sa *destinée*.	122
Faveurs exceptionnelles. Indulgences étonnantes.	123
Conditions prodigieusement faciles.	124
La Chapelle de la Vierge et les 4 tableaux d'entrée.	129
L'apparition : Faveurs, prodiges, conversions.	133
Point de religion, ni, conséquemment de morale, point de sociétés, ni de Gouvernements possibles sans l'Église.	136-142-143
Preuves par l'expérience et l'histoire de tous les temps.	144

Donc l'Église est bien *le seul véritable progrès porté à sa plus haute puissance*, même au point de vue de l'art : preuve toute récente, le P. Secchi, JÉSUITE, dont le MÉTÉOROGRAPHE, qui a fait l'admiration universelle à l'Exposition, en 1867, a mérité le 1ᵉʳ prix accordé par l'Empereur. 145

Appendice. 147
Conclusion. 179
Epilogue. 236
Situation, signes de temps. 294

XXXIII

Le **JUSTE** et le **MÉCHANT**, — **Pie IX** et **Garibaldi**, — **l'ÉGLISE** et **l'ENFER** : (1).
LEUR SORT BIEN DIFFÉRENT, même dès
ici-bas : **DÉMONTRÉ PAR L'HISTOIRE** (2).

Air : *Par les chants les plus magnifiques.*

Toute la NOTICE DE L'ÉGLISE résumée dans ces 156 petits vers.

SAGESSE, PIÉTÉ ET TRIOMPHE DU JUSTE.

1. Le juste, au fort de la tempête,
   Dans la plus rude adversité,
   L'univers croulant sur sa tête,
   Nage dans la prospérité :
   Car, à son Dieu toujours docile,
   Il tient, malgré le sort cruel,
   Son âme en paix, son cœur tranquille
   Dans un festin continuel.

(1) Tout cela reste parfaitement synonyme et corrélatif : c'est à la fois l'*abstrait* et le *concret*.
Fondé sur une expérience de 40 ans et plus du ministère sacerdotal, nous tenons à constater ici que, parmi les moyens les plus propres à nous déterminer à aimer et à pratiquer la Religion de J.-C., très-incontestablement l'une des plus efficaces, c'est de démontrer PAR LES FAITS, véritable *morale en action*, le malheur du *méchant*, de l'impie, opposé au

(2) Voir 2 articles très-remarquables, dans la *Semaine Religieuse de Bayeux*, sous les dates des 8 et 15 décembre 1867 : *Les Papes en face de leurs persécuteurs*, par M. l'abbé Roussel, Curé de Gonneville-sur-Dives, ancien vicaire de Dozulé.

2. C'est Noë (1), le grand Patriarche,
Le *seul Juste*, avec ses enfants.
Pendant qu'il fabrique son arche
Il est le jouet des méchants ;
Mais, enfin, *voici le Déluge*,
Il engloutit tout dans ses flots :
Méchants! vers le souverain Juge
Poussez d'inutiles sanglots!

bonheur de *l'homme de bien*, MÊME DÈS CETTE VIE !.. J'entends ne prêcher que cela toute ma vie de Prêtre et de Pasteur. Car enfin, *tout est là* : Ainsi *être deux fois heureux*, ou *deux fois malheureux !* — A choisir : Optio vobis datur. Pietas ad omnia utilis est, promissionem habens vitæ quæ nunc est, et futuræ. Tel est le but de ce parallèle entre le *Méchant* et le *Juste*.

Et c'est aussi ce qui ressort de toute la *Notice sur l'Église* : Pas de morale, et partant, point de bonheur privé ni public, possible, point de familles, point de sociétés, point de Gouvernements qui tiennent sans la foi, sans la Religion, sans L'ÉGLISE !!!

(V. p. 136 et suiv. de la *Notice*. V. aussi p. 363.

(1) Qui ne verra que, dans tout ce *travail*, qu'on peut appeler *historique*, nous avons suivi le plan tracé par saint Paul, dans sa magnifique épître aux Hébreux, Ch. 11e, où l'Apôtre fait de LA FOI un si admirable tableau?... *FIDE Noe*, *FIDE Jacob*, *FIDE Joseph !*... Ce que l'on pourrait parfaitement traduire ainsi : *FOI de Noë !*... *FOI d'Abraham !*... *Foi de Jacob !*.., etc.

Qu'est toute la Religion, sinon une *série de faits*, les *faits anciens*, les *faits récents*, en un mot l'*histoire du monde*, qui chancelle ou bien s'affermit, qui tombe ou se

3. C'est Job, en proie à la souffrance,
   Meurtri, gisant sur son fumier;
   Mais Job, armé de l'espérance
   Du Christ, emblème le premier:
   « Dieu pourra bien m'ôter la vie,
   « Mais *je verrai Dieu mon Sauveur!*
   « Mon âme n'a point d'autre envie;
   « Et *cet espoir vit dans mon cœur.* »

4. C'est Tobie, à son Dieu fidèle,
   Et persécuté par les siens,
   Il tombe aveugle, par son zèle;
   Mais Dieu lui rendra tous ses biens:
   Du ciel il députe un Archange,
   Qui, partout, son fils conduira:
   De tous ses malheurs il le venge,
   Lui gardant la chaste Sara.

relève dans la proportion que la barque de Pierre est tranquille ou bien agitée?

Qui de nous ne sera frappé de cette *marche sûre*, incontestable, saisissante? Et cela à tous les âges du monde?

Car voilà bien le *véritable thermomètre.*

Le trône de Pierre vacille, et tous les trônes ont tremblé!...

Le Divin Pilote touche la barque, ou, simplement, d'un mot, il commande à la mer, il gourmande les flots: *Tace, obmutesce!*

Et le calme se rétablit!... *Et facta est tranquillitas!*

Mon Dieu! tant de fois répété, ce fait seul ne suffirait-il pas à rendre la foi à ceux qui semblent l'avoir perdue par défaut de cette simple réflexion?... *Et non est qui recogitet!...*

5. C'est cette mère incomparable,
Et longtemps même avant le Christ,
Pleine d'un courage admirable,
Qu'inspirait le Divin Esprit :
« Enfants ! *je vous donnai la vie,*
« Mais Dieu vous garde beaucoup mieux :
« Levez les yeux vers la patrie !
« *O mon fils ! regardez les cieux !* »

6. C'est Jésus-Christ sur le Calvaire,
N'est-il pas *l'homme de douleurs ?*
Il prend sur lui notre misère,
Ne nous en laisse que les fleurs :
Il meurt *Libérateur des hommes,*
De tous les temps, de tous les lieux :
Hélas ! forcenés que nous sommes,
Nous préférons l'Enfer aux Cieux.

7. C'est le grand Apôtre du Monde,
Martyr de son apostolat :
D'un bonheur pur il surabonde !
Diras-tu de même, Apostat ?
Non : jetant au ciel tes entrailles :
— J'entends ton cri. — « Je suis battu !
« Je préparais ses funérailles,
« Hélas ! Et *le Christ a vaincu !* »

8. Lisez, lisez nos saints oracles :
C'est Abel, Joseph, Ruth, Rachel !..
Ah ! *qu'ils sont beaux tes tabernacles,*

O postérité d'Israël !
En Dieu qui met son espérance.
Comme Esther, David, Daniel,
Qu'il demeure en pleine assurance :
Son appui c'est le Dieu du Ciel !

9. Ainsi, *rappelez tous les âges,*
Toutes les générations ;
Partout vous rencontrez les sages
Comblés de bénédictions.
Non, jamais *celui qui s'appuie*
Sur Dieu, son père, son salut,
Lors même qu'il perdrait la vie,
Jamais ne sera confondu.

10. Si, pour un temps, Dieu l'abandonne,
Le traitant même avec rigueur ;
C'est pour embellir sa couronne,
C'est pour augmenter son bonheur :
Ainsi le chêne séculaire
Nargue les vents impétueux :
Plus il s'enfonce dans la terre,
Plus sa cime s'élève aux cieux.

Folie, Crime et Malheur de l'IMPIE.

1. Le méchant au sein de l'orgie,
   Abjure bon sens et pudeur :
   Le misérable sacrifie
   Ame, santé, fortune, honneur,
   Aveuglé par d'impures flammes (1)
   Il ne verra plus le soleil !
   O ! *folie* ! Il vendrait mille âmes !..
   Vit-on *crime* et *malheur* pareil ?

2. Parcourez l'histoire du monde :
   C'est Caïn, Saül, Esaü,
   Qui, dans leur tristesse profonde
   Vous parlent de *bonheur perdu !..*
   Ah ! si vous en cherchez la cause
   Interrogez ces tristes morts ;
   Devant eux un spectre se pose :
   Ce spectre s'appelle... *Remords !!!*

3. Mais pourquoi, dans mes pensers sombres
   Pleins de larmes et de soupirs,
   Evoquer de terribles ombres,
   Faire parler ces souvenirs ?

(1) *Supercecidit ignis et non viderunt solem.* (Ps. 57-9.)

Parlez, profanateurs des temples,
Antiochus et Nicanor !...
Balthazar !... Terribles exemples !
D'effroi vous nous glacez encor.

4. C'est Hérode, écumant de rage,
Au massacre des Innocents,
Digne de ce triste courage,
Bourreau de ses propres enfants !
Que lui sert cet horrible crime ?
Et quel en sera le produit ? (1)
Il ne poursuit qu'une victime ;
Seule, la victime s'enfuit !...

5. Si je reporte ma pensée
Sur Néron, sur Dioclétien,
Qui, dans sa fureur insensée,
Crut *abolir le nom chrétien !*...
Non, il n'est rien qui les égale,
Si ce n'est l'orgueil de Satan,
Qui, dans la grande Capitale,
Prétend trôner au Vatican.

6. Non ! JAMAIS ! *infernales portes,*
Vous ne prévaudrez contre Dieu !
Ameutez vos noires cohortes ;
Vous vous briserez au saint lieu !

(1) Hérode mourut, comme la plupart des méchants, on ne peut plus misérablement, atteint de 7 horribles maladies.
(V. *Cornelius a Lapide, in Matth.* c. II.)

A l'œuvre donc!... On vous contemple !
Arrachez les vieux fondements :
Mais, pour bâtir un nouveau temple,
Vous y serez encor longtemps.....

7. Quand, comme preuves éclatantes,
Chaque jour, même sous nos yeux,
Marchent les images vivantes
De nos pères, de nos aïeux,
Pourquoi, de la lutte éternelle
Entre le juste et le méchant
Chercher une raison nouvelle ?
Rien, jamais, fut-il plus patent?

8. Partout, voyez ces filles d'Eve,
Voyez partout ces fils d'Adam :
Dans leurs veines, la même séve,
Sang empoisonné par Satan !

(1) Ce qu'on pourrait très-bien traduire par cette expression un peu banale, mais vraie, trop vraie : *Il a le diable au corps !...*

De tout *juste,* de tout *méchant,* passés, présents et à venir, en un mot de tout ami ou ennemi de Dieu et de son Eglise, on peut et on doit en dire tout autant : J.-C. est dans l'un, le diable est avec l'autre : *Vos ex patre diabolo estis* (Joan., 8, 44). *Vivit verò in me Christus* (Gal., 2, 20).

IN ME MANET, et ego in illo. (Joan., 6. 57.)

ET ERAT DEUS CUM EO ! (Passim, dans tous les livres saints.)

Ainsi, Havin a du Voltaire,
Non moins que Renan, l'Antechrist :
LE CHRIST VIT DANS LE SAINT-PÈRE,
LUCIFER DANS GARIBALDI ! (1)

9. Ainsi, la vierge de Nanterre
Sauve Paris de cent malheurs :
Orléans, contre l'Angleterre
A sa vierge de Vaucouleurs.
Paris ! Paris ! dans ta démence,
Du ciel tu braves les soupirs :
Le ciel te garde, en sa clémence,
Un Roi !.. des Pontifes !.. Martyrs !

10. Assez ! tant d'horreur me suffoque !
Ne me parlez plus du passé ;
Les temps postérieurs, notre époque,
Hélas ! ne m'ont point consolé :
Attila, Cromwel, Robespierre,
Grands ravageurs de nations,
Voyez cette *petite Pierre*, (2)
Elle va droit briser vos fronts.

---

(1) Voir au bas de la page ci-contre.
(2) Et toujours cette *Pierre*, c'est l'*Église !*

XLII

CONCLUSION.

1. Telle est la lutte formidable
   Du *Mal* armé contre le *Bien;*
   Combat incessant, implacable
   Qui prit naissance dans l'Eden.
   Mystérieuse tragédie!
   Qui saisis l'homme à son berceau,
   Tu ne cesses qu'avec sa vie,
   Le conduisant jusqu'au tombeau.

2. Pareil à la feuille mobile
   Qui tourbillonne en tous les sens
   Et comme la poussière vile,
   Qui devient *le jouet des vents,*
   Alors que tout, en abondance,
   Pour *le juste prospèrera* (1),
   Dans la honte, dans l'indigence,
   L'impie, exécré, périra (2) !

3. En vain direz-vous: mais l'impie
   Souvent du juste est l'oppresseur :
   — Preuve! Preuve d'une autre vie,
   Où Dieu du crime est le vengeur !..

(1) *Gloria et divitiæ in domo ejus.* (Ps. 111. 3.)
(2) *Desiderium peccatorem peribit.* (Ibid., 0.)

Mais, ici-bas, dans sa sagesse,
Pour la gloire de ses enfants,
Dieu permet la scélératesse
Et des bourreaux et des tyrans.

4. Malheureux! Tes plaisirs coupables
Promettent la douceur du miel;
Mais leurs résultats véritables
T'offrent l'amertume du fiel.
Hé bien, soit : vite! rends les armes !
Et vite! renonce au combat;
Bientôt dans d'éternelles larmes,
Tu gémiras, lâche soldat!

5. Ainsi, par une loi sévère
Et par un juste châtiment,
Déjà malheureux sur la terre
Le pécheur (quel aveuglement)!
Quand il croit sa peine finie,
Hélas! Tel est son triste sort !
Vivra d'une immortelle vie
Mourant d'une immortelle mort !

6. Jésus, sur un gibet infâme,
Pour me délivrer de l'enfer,
Jésus meurt pour sauver mon âme
Juste ciel! Il a tant souffert!
Pour une indigne jouissance,
Ah! pour un plaisir d'un instant,

—Est-ce là ma reconnaissance?—
Je me montrerais inconstant!...

7. Sainte montagne du Calvaire (1),
De tes éternelles hauteurs (2),
Ah ! *quelle éclatante lumière,*
Tu projettes sur nos erreurs.
Remontant le fleuve des âges,
Les souffrances de l'Homme-Dieu,
Du mal réparent les ravages,
Régénèrent l'homme en tout lieu.

8. Par une éclatante *justice*
Dans un *faux bonheur*, qu'il n'a pas,

(1) « En montrant la *nécessité de l'expiation*, et d'une expiation d'un MERITE INFINI, *seul* l'Evangile de J.-C. a su donner enfin *un sens à la douleur.* »

Ainsi parle très-sensément un savant moderne qu'on n'accusera pas d'une dévotion exagérée, M. Thiers, l'auteur de l'*Histoire de la Révolution.*

(2) *Illuminans tu mirabiliter a montibus in æternis* (Ps. 75, 5).

N.-B.—Pour éviter la répétition de notes trop multipliées nous rappelons au lecteur, — et les érudits le verront bien, — que *la plupart* des paroles écrites en *lettres italiques*, sont des citations de la sainte Ecriture, et partant souvent *textuellement, la parole de Dieu lui-même*; ce qui prête une immense autorité, l'autorité divine, à nos sentiments ici mal exprimés.

Le méchant trouve *son supplice* (1)
Il brûle en enfer ici-bas :
Le juste jouit, au contraire,
D'une double félicité :
Car il commence sur la terre
Son *paradis anticipé* (2).

9. Serpent, que devient ta morsure ? (3)
Ta victoire, infernal Dragon?
Le remède est dans la blessure,
L'antidote près du poison :
Par le bois, notre premier père
S'était détourné de sa fin;
PAR LE BOIS LE SALUT (4) s'opère !
LE BIEN DU MAL ! — O plan divin !

(1) *Jussisti, Domine, et sic est, ut omnis inordinatus amor supplicuam sibi sit!* (S. Aug.)

(2) Ne nous étonnons point si les saints reviennent si souvent à cette *pensée fondamentale des fins dernières* : le *péché* est le *seul mal à craindre* et l'on ne pécherait jamais si l'on pensait à la mort inévitable : *memorare novissima, et in œternum non peccabis.*
Sur son lit de mort, Bourdaloue, le grand Bourdaloue ! qui l'avait tant et si noblement prêchée, n'exprimait qu'un regret, celui de ne l'avoir pas encore prêchée davantage.

(3) *Morsus tuus ero, inferne.* (Osée, 14-14.)

(4) *Qui SALUTEM humani generis IN LIGNO Crucis constituisti...* (Préf. de la Passion.)

*Ipse lignum tunc notavit
Damna ligni ut solveret...*

(Hymn. Eccl.)

10. Grand Dieu! que tes œuvres sont belles!
   Quand te verrai-je au Paradis?
   Miséricordes éternelles,
   Par vous nous y serons admis.
   Au souvenir de la patrie,
   Dans l'espoir des biens que j'attends
   Rien ne m'est plus digne d'envie,
   Tous les maux me sont passe-temps.

   (S. Fr. de Sales, *Vie dévote*.)

Généralement, les gens du monde, même d'un certain monde religieux, ou qui croit l'être, font trop bon marché de LA CROIX DE J.-C. qu'ils respectent peut-être, mais sans la comprendre, sans l'aimer...

Nous ne pensons pas aller trop loin, en disant de ces *Chrétiens douleux* que, comme les Juifs, ils auraient préféré *un Messie glorieux*, et que, volontiers, ils auraient choisi *un Sauveur moins humilié*... Et c'est ainsi que, constamment, nous substituons notre courte sagesse à cette *folie de la Croix* qui, pourtant, restera toujours, malgré l'orgueil humain, le *chef-d'œuvre de la sagesse de Dieu*, comme elle est en même temps *l'expression suprême de son amour*. Aussi bien, ces gens-là n'entendent rien au *plan divin : Et ipsi nihil horum intellexerunt.—Et erat verbum istud absconditum abeis.—Et non intelligebant quæ dicebantur.* (Luc, 18-54.)

Chrétiens étonnants ! ah ! vous ne voudriez *pas du Crucifié !* Mais, les Juifs et leurs bourreaux, les démons eux-mêmes étaient de votre sentiment !... JAMAIS, *s'ils l'avaient connu,* dit saint Paul, JAMAIS ! ils n'auraient crucifié *le Seigneur de gloire:* Si *enim cognovissent,* NUNQUAM *Dominum gloriæ crucifixissent.* (1 Cor. 2-8.)

Saint Paul, au même endroit, dit une *parole terrible* contre ces *gens du siècle :* AUCUN D'EUX, nous dit-il, *aucun de ces princes du siècle* n'a été trouvé digne de connaître ce mystère de divine sagesse, *quam nemo principum hujus sæculi cognovit.*

Il conclut par cette parole sévère, hélas ! trop vraie: c'est que L'HOMME ANIMAL est incapable, *sans la grâce de Dieu,* de rien comprendre aux choses de l'Esprit de Dieu : *ANIMALIS HOMO NONPERCIPIT ea quæ sunt spiritus Dei.* Et cette sagesse est pour lui de la folie : *stultitia enim est illi !* Et il n'arrivera point à la comprendre, *et non potest intelligere.* (1 Cor. 2-14.)

Quelle lumière, au contraire, heureusement, oh ! quelle éclatante lumière, dans ces pages étincelantes (1) de sa divine liturgie, jette sur cette grande, cette UNIQUE QUESTION DE LA CROIX, notre Mère LA SAINTE-ÉGLISE !!!

(1) Qui de nous n'aurait admiré cette strophe si claire,

O *FELIX CULPA !* heureuse faute ! s'écrie-t-elle ! Qui nous a mérité un si grand, un si incomparable Rédempteur ! De simples images du Père que nous étions, par la création, nous voilà devenus ses enfants, les frères, les membres et les cohéritiers de son Fils adorable ! Et par la loi nouvelle, la loi de charité, de grâce et d'amour aussi douce que la loi de Moïse était ingrate et dure, nous aurons des *préceptes faciles : mandata ejus gravia non sunt* ; un *joug doux*, un *fardeau léger !* le *repos de nos âmes !*

Et, comprenez-vous maintenant les immenses avantages de la RELIGION SURNATURELLE si bien développés par Monseigneur Hugonin, évêque de Bayeux, dans son savant Mandement pour ce carême de l'année 1868 ? Comment, sinon par un *aveuglement satanique*, expliquer notre *mortelle indifférence ?* Et c'est toujours le mal de l'époque.

En un mot, puis-je bien, oui ou non, en vertu de ma liberté, *éviter le mal, faire le bien ?* Tout est

si brillante de l'hymne de la Passion, au *Breviaire romain*, et qui rend parfaitement notre pensée :

> *Hoc opus nostræ salutis*
> *Ordo de poposcerat,*
> *Multiforma Proditoris*
> *Ars ut artem falleret,*
> ET MEDELAM FERRET INDÈ.
> HOSTIS UNDÈ LÆSÈRAT.

là: et la réponse n'est pas douteuse ; à moins qu'on ne tombe dans le fatalisme, c'est-à-dire dans l'absurde.

Car, pas de puissance au monde, soit des hommes, soit des démons, qui m'empêche de jouir de ma liberté, de mon droit, en marchant vers Dieu, qui est l'ORDRE ÉTERNEL, principe, centre et fin dernière de mon bonheur, en visant même au plus parfait :

Donc :

DIEU seul pour témoin,
JÉSUS-CHRIST pour modèle,
MARIE pour soutien,
Et puis, RIEN ! RIEN !
Qu'amour et sacrifices...
LE CIEL EN EST LE PRIX !!!

Qui m'éclaire de ces lumières, sinon l'ÉGLISE DE J.-C.? oui! l'ÉGLISE DE J.-C., qui sera toujours le progrès, le vrai progrès, porté à SA PLUS HAUTE PUISSANCE !...

Ainsi, en pleine sécurité dans l'arche sainte, cette *Eglise de Dieu*, tribunal nécessairement infaillible, fidèle aux plus petits préceptes de la loi, *mon JUSTE vivra de la FOI*. (1)

---

(1) *JUSTUS autem meus EX FIDE vivit.* (Héb. 10-38.)

Armé du signe du salut, en garde contre l'illusion, la tiédeur et la routine, il évitera le *double malheur du MÉCHANT*, pour s'assurer, dès ici-bas, le Paradis... (1)

(1) *Invenisti PARADISUM in terrâ.* (Imit. 2-12.)

NOTICE

SUR

L'ÉGLISE NOTRE-DAME DE DOZULÉ

J. M. J.   ✝   A. M. D. G.

NOTICE

SUR L'ÉGLISE DE

NOTRE-DAME DE DOZULÉ

CI-DEVANT LE PLESSIS-ESMANGARD.

Ville ancienne de l'ancien diocèse de Lisieux, brûlée
par Édouard III, roi d'Angleterre,
après la prise et pillage de Caen, le 13 août 1346

AU TRIPLE POINT DE VUE

DE L'HISTOIRE, DE L'ART ET DE LA FOI

AU PROFIT DE L'ACHÈVEMENT DE L'ÉGLISE

CAEN
IMPRIMERIE RELIGIEUSE DE PAGNY
Rue Froide, 27

1866

BUT DE L'OUVRAGE :

Avant de disparaître de la scène du monde —ce qui ne peut tarder longtemps— j'ai tenu, obéissant à mon Evêque, à remplir un suprême et triple devoir :

1° *Rendre gloire à DIEU, à la VIERGE IMMACULÉE*, d'une visible et très-éclatante protection sur notre bénie et très-heureuse construction d'Eglise à Dozulé ;

2° *Justice et reconnaissance aux nombreux amis* étrangers, comme paroissiens, de leur concours non moins généreux que pieux ; en les encourageant à la persévérance.

3° *Compléter l'Œuvre*, en lui donnant son sens véritable, le *sens chrétien :* Qu'est-ce, en effet, que l'Eglise *matérielle* sans la *spirituelle*, cette *Eglise des âmes, pierres vivantes* qui doivent composer l'immortelle Jérusalem !!!

M. J.   ✝   A. M. D. G.

A NOTRE-DAME DE LA SALETTE
—N.-D. DE GRACE—

QUI, SEULE APRÈS DIEU, PEUT NOUS CONDUIRE,

PAR NOTRE-DAME DE LA DÉLIVRANDE
—N.-D. DE BON SECOURS—

A NOTRE-DAME DU PLESSIS
—N.-D. DES VICTOIRES—

Le plus reconnaissant,
 Le plus aimant,
Quoique le plus indigne
 De ses enfants,
De ses serviteurs,
 De ses esclaves :

P.-J. (G^{el}-J^h) DURAND, p^{tre},

Curé de N.-D. de Dozulé.

Ô Deus ! ô Jesu ! sine te nihil ; omnia tecum :
Mater es : ecce puer, Virgo Maria, tuus.

A MONSEIGNEUR CH.-N.-P. DIDIOT

ÉVÊQUE DE BAYEUX ET LISIEUX

ASSISTANT AU TRÔNE PONTIFICAL, COMTE ROMAIN, ETC., ETC.

Restaurateur et Conservateur

DE SA TRÈS-MAGNIFIQUE CATHÉDRALE

RECONSTRUCTEUR

DE LA TOUR DU PATRIARCHE

De ses Prêtres,
Le plus filialement respectueux,

P.-J. (G^{el}-J^b) DURAND,
Desservant de N.-D. de Dozulé.

AVANT-PROPOS.

Progrès! Progrès! Tel est le cri du siècle; telles les aspirations de notre assez étrange époque (1). Progrès! — que viendra faire là l'histoire d'une toute petite Eglise?

Je répondrai : Isolée, ce serait, en effet, peu de chose; mais unie, indéfectiblement unie à la grande Eglise de Dieu, hors de laquelle, dans un sens trop souvent mal compris, perfidement interprété, hors de laquelle, enfin, point de salut, L'ÉGLISE EST LE PROGRÈS PORTÉ A SA PLUS HAUTE PUISSANCE! *Sans Dieu, sans l'Église, pas de progrès.*

Car, enfin, entendons-nous bien : Qu'est-ce que le progrès? N'y aurait-il qu'une sorte de progrès ? le progrès *industriel* et *matériel ?* Vous serez bien forcé d'admettre le progrès *intellectuel* et *moral :* or, ce progrès, montrez-le moi hors de l'Église. Je vous en porte le défi!

On a fait tant de bruit autour de ce mot, *le*

(1) Epoque empestée par le journalisme, hébétée par la pipe et le petit verre, dévorée par un luxe sans frein; comme l'a qualifiée sévèrement, quoique bien trop justement, une plume exercée, un homme d'esprit.

progrès, que l'on finirait par ne plus s'entendre, dit admirablement le Père Félix, ce petit homme qui, rien qu'à ce mot, *progrès,* tient suspendu à ses lèvres et sous sa parole vibrante le plus illustre aréopage, le plus magnifique auditoire qui fut jamais au monde. Et cela, pour démontrer à tous, savants et ignorants, juifs, députés, sénateurs, ministres, princes, potentats, que le progrès vrai, c'est la Religion, c'est la Foi, c'est l'Église.

Mais l'Église, comprenons-le, prise dans son acception la plus complète, dans son enseignement divin, dans sa très-nécessaire hiérarchie, comme dans ses temples matériels.

« On admet la nécessité de la religion; on
« veut bien une religion : Or, imaginez-vous
« une religion sans temples, sans autels,
« comme un sacerdoce sans prêtres ? » (1)

« Ah ! vous me parlez de progrès ! Mais l'en-

---

(1) Le culte *intérieur* se soutiendra-t-il sans un culte *extérieur?*... Et Dieu qui a fait l'homme, corps et âme, esprit et matière, n'exigera-t-il pas de lui un hommage complet, de ses sens, comme de son esprit et de son cœur? Et comment ramènerez-vous à la foi, à la morale, nos populations, qui se prennent surtout par les sens, si vous donnez plus de splendeur au théâtre et au cabaret qu'à la maison de Dieu?

« tendez-vous seulement de ce que vous ap-
« pelez *les miracles de la vapeur?* Les miracles
« de la vapeur qui rapprochent bien les dis-
« tances, mais portent partout la désolante in-
« différence, les goûts matériels et l'affreuse
« corruption.—Progrès!

« Car, où en sommes-nous par rapport à
« cette loi qui prit naissance au Paradis ter-
« restre, que respectèrent Moïse, Elie, J.-C.,
« la loi de l'abstinence, sauvegarde de la mo-
« ralité, *de la santé?...* qu'est-elle devenue
« parmi nous!—anéantie.—Progrès!...

« Et la loi du dimanche, fondée sur notre
« nature même et sur nos rapports nécessaires
« avec la Divinité; cette loi de tous les peuples
« et de tous les pays? qu'est-elle devenue?—
« foulée aux pieds.—Progrès!...

« Et la grande loi du Christianisme, sans la-
« quelle on n'est pas même chrétien.—Qu'est-
« ce qu'un chrétien?—Je parle nettement, en-
« tendez-vous? de la confession annuelle et de
« la communion pascale; car, enfin, c'est une
« loi où ce n'en est pas une, et *la nier, c'est
« nier Dieu.* Cependant, qu'est-elle devenue
« pour les grands centres de population et pour
« les campagnes elles-mêmes? C'est effrayant!

« où allons-nous! Interrogez Rouen, Lyon,
« Marseille.—Progrès! (1)

« J'ai entendu dernièrement un saint archevêque dire à ses curés : A partir de ce moment, je vous autorise à supprimer......, à supprimer encore..... (2).

« Plus de hautes messes de Quasimodo à la Toussaint..... Trois minutes d'instruction; messe basse à 5 heures 1/2.—Et voilà le progrès! » (*Le P. de Bussy, jésuite.*)

Comme vous, j'aime à rendre justice au progrès véritable. J'admire, si vous le voulez, les miracles de la vapeur (3). Pauvres petits miracles!

(1) Se confessent-ils ? Communient-ils? Voyons: soyons francs et loyaux : *Vont-ils à la Salette* ces monstres à figure humaine qui effraient tous les jours les tribunaux par des crimes inouïs à nos pères?

(2) Hélas! et nous y sommes bien forcés, pour conserver au moins l'indispensable.

(3) « Mais n'oubliez donc jamais que plus une société a
« fait de progrès dans les arts de la civilisation, plus elle
« a besoin de la religion, comme d'un arôme divin et pré-
« servateur qui la sauve de la corruption... Travaillons
« donc à conserver à ce noble pays de France le culte de
« ces beautés morales et religieuses dont la patrie a vécu
« si longtemps et qui seules peuvent faire sa dignité et sa
« gloire.—Puissions-nous ne jamais oublier que la société,
« c'est un vaisseau trop souvent ballotté par l'orage, et

Vous le voyez : voilà où vous mènent vos *miracles de la vapeur*, qui pourra bien vous apporter la peste, le choléra, en attendant quelque chose de pire, s'il se peut, la guerre civile (1) et ses horreurs. Mais attendez encore, et vous verrez ce que vous apportera *la vapeur des alcools*. (V. la note 1, p. 7.)

Le remède à ces maux, me direz-vous : peut-on encore l'espérer ?—Donnez-moi un point d'appui, disait un savant de l'antiquité (2), et sur son axe, je veux faire tourner le monde. Je ne sais à quel point Archimède aurait réussi. Ce que je sais, c'est que ce point d'appui, je l'ai trouvé, et ce levier tant cherché ne fera pas défaut : *la prière par J.-C.!* le monde soulevé par ce levier tout puissant de *la croix!* le monde enlevé jusqu'à Dieu *par la croix! Omnia traham ad meipsum*

Ah! vous portez aux nues et vous ne savez comment récompenser les inventeurs de je ne

« pour lequel il n'y a de salut qu'à la condition de jeter
« l'ancre aux Cieux et de diriger la voile vers l'Eternité. »
(Mgr Didiot.—Disc. pr le canal de Caen.)

(1) 7 Généraux massacrés, avec l'Archevêque, en juin 1849, au sein de la métropole de votre prétendue civilisation, vous en donnent le spécimen.

(2) Le fameux Archimède, de Syracuse.

sais quels secrets, trop souvent désastreux ! Et les inventions de Dieu et de son amour pour les hommes, quel compte en tenez-vous ? Et cependant elles sont incomparables ces inventions toutes divines! *Mirabiles adinventiones ejus!*

Revenez à la lumière de l'Evangile ; rentrez dans nos temples reconstruits, dans nos Eglises restaurées ; comment ! vous accordez à l'homme de génie de pouvoir inventer quelque secret utile, et vous refuseriez à *Notre Mère des Cieux*, devenue *le trône, le siège même de la sagesse, sedes sapientiæ,* Reine *toute puissante* et *bonne,* bonne comme une mère, d'avoir aussi pour nous ses inventions de tendresse! Montrez-nous quelque chose de plus simple et de plus étonnant, de plus utile et de plus merveilleux que ce Rosaire, qui vous donne la *foi* et la *morale,* la *Religion* toute entière; toutes les *vérités, vertus* et *œuvres* bonnes, dans la prière, les mérites et les exemples de Jésus, de Marie! (1).

---

(1) « Quel superbe tableau que celui de cette immense
« cité des esprits avec ses trois ordres toujours en rap-
« port ! Le monde qui *combat* présente une main au
« monde qui *souffre* et de l'autre saisit celle du monde qui
« *triomphe.* »

(J. LE MAISTRE.—*Soirées de S. Pétersb.,* 10ᵉ Entretien.)

Où trouverez-vous tout cela, sinon dans nos Eglises ?

Car je n'ai pas la pensée, croyez-le, de me faire détracteur de mon siècle. Et si je ne puis me montrer *optimiste* bénin en présence des horizons qui s'assombrissent de plus en plus, je n'entends pas davantage me poser comme *pessimiste*.

Dans cette impossibilité de reconnaître le progrès dans *les lettres* ni dans *les arts*, en dehors de la foi, l'âme chrétienne et catholique se repose à le constater en 3 points qui sont 3 faits : *Propagation de la foi, dévotion à la T.-S. Vierge et restauration, reconstruction générale de nos monuments religieux, de nos Eglises*. Puisse, à côté des grandes N.-D. de la Salette et des Victoires, l'humble, modeste et toute petite N.-D. du Plessis-Esmangard, qui par ses petites merveilles et ses bienfaits, à Dozulé, se donne des statues, de beaux vitraux, avec des girandoles, et lustres, et lampes, et balustrades, ramener parmi nous *le seul véritable progrès, le progrès moral et religieux!*

RÉPONSE A UNE OBJECTION.

Mais est-ce à moi de prendre ici la plume, alors surtout qu'il y a lieu à faire l'éloge de l'œuvre ?

Je répondrai : que si vous me surprenez quelquefois parlant de N.-D. du Plessis *avec amour,* je vous supplie de ne pas oublier d'abord, que tout ce que je dis d'elle *est vrai;* puis, qu'elle est *ma légitime,* et qu'il m'est permis de l'aimer; ensuite que cette œuvre est un peu *ma fille :* on pardonne aux pères de s'aveugler sur leurs enfants.

Enfin, quand tous, étrangers comme indigènes, s'accordent à reconnaître, à proclamer une intervention comme surnaturelle, *le doigt de Dieu visible ici,* n'aurions-nous pas, nous, spectateurs continuels, nous, heureux acteurs dans la scène, n'aurions-nous pas parfaitement mauvaise grâce et ingratitude flagrante à le méconnaître, à nous poser en superbes sceptiques?... Sincèrement, si *l'humilité,* comme l'a dit S. Bernard, *est la vérité* et la simplicité, il convient d'y aller plus rondement.

Sans doute, à l'encontre de ces ouvriers inhabiles, qui se plaignent sans cesse de l'instrument, DIEU, ici, une fois de plus, avec RIEN, a TOUT fait : *à DOMINO factum est istud;* mais, loin de le nier, nous prétendons que sa gloire, *en raison même de l'infirmité, à raison de cette nullité de l'instrument* par lui employé, oui, sa gloire en brillera d'autant plus, et en éclatera davantage : *infirma mundi elegit Deus : Soli Deo honor : non nobis, Domine, non nobis.*

Le Saint nom de Dieu invoqué, j'aborde donc, et résolument, le travail.

Acteur et témoin dans ces faits divers, desquels, entre les mains de Dieu, il me sera peut-être permis de dire :...... *Et quorum pars magna fui,*—je conçois, je conviens que moi seul, à peu près, je puis les raconter *plus exactement;* encore ne voudrais-je pas en être cru sur parole. J'ai, en effet, on le verra, non pas seulement *les Registres de l'Église,* de *la Commune, délibérations officielles,* pièces irrécusables; mais je renvoie aux *Archives de l'Évêché, de la Préfecture,* aux *Cabinets des Ministres de l'Intérieur* et des *Cultes;* sans parler de la correspondance intéressante et très-volumineuse des *Députés, Prélats, Pairs de France;* ajoutons, et des *Princes* et des *Monarques :* nous possédons plusieurs pièces des cabinets de la *Reine Amélie* et de l'*Impératrice Eugénie.*

On le voit, cela seul, cette abondance de *matériaux*, de *pièces officielles* a dû me faire réfléchir : et elle m'effrayait dans la pensée que voulant être court, j'en omettrais, et des meilleures.—Après tout, je n'ai pas prétendu faire un livre, beaucoup moins un chef-d'œuvre : je donne, au pas de course, *currente calamo*, j'offre une simple *notice*, une esquisse rapide : que l'on me laisse si j'ennuie, qu'on ne me lise pas !

Un autre, après moi, si la chose en vaut la peine, trouvera, non pas seulement à *glaner*, mais à *moissonner* (1).

Puis, J'OBÉIS A MON ÉVÊQUE.

C'est mon assez belle justification.

---

(1) Et sans les instances honorables, réitérées de Monseigneur, qui m'ont enfin déterminé, j'avais d'autant moins la pensée d'entreprendre ce petit travail, qu'une main plus habile, je le sais, s'en occupe depuis assez longtemps. Mais le travail sera de beaucoup plus complet.

Au moment où diverses routes nouvelles vont don[n]er à Dozulé un plus facile accès sur Lisieux, Cam[b]remer, Beuzeval, Cabourg, Dives, Villers-sur-Mer, [T]rouville, nous sommes sûr d'intéresser les pèlerins [pieu]x, les amateurs des arts, qui, de tous les points [c]haque été, affluent à Dozulé, en donnant enfin cette [n]otice *historique, descriptive, artistique* de cette [c]harmante Eglise du Plessis-Esmangard.

———

Il est écrit dans l'Evangile : *Que votre lumière [b]rille de telle sorte aux yeux des hommes, qu'ils voient [v]os œuvres bonnes et glorifient le Père qui est aux [c]ieux: Sic luceat, lux vestra.* Telle sera de plus en [p]lus notre devise. Et nous redirons avec un Pontife [m]onarque, saint Grégoire-le-Grand : *L'ŒUVRE*, li[v]rée au contrôle insensé des hommes, — *et mihi pro minimo est*, — *l'œuvre* restera au dehors ; mais *L'INTENTION* propriété sacrée, au fond de notre cœur, [d]emeure inviolable: *Sic autem sit OPUS IN PUBLICO, ut maneat INTENTIO IN SECRETO.* Et le tout, Dieu aidant, avec *force et douceur: Fortiter in re, suaviter in modo.* Oui, telle sera toujours notre devise. — Sous la main puissante de Dieu, on peut se montrer à la fois *mur d'airain* et *très-doux agneau*.

Et nous entendons que dans cette Eglise il n'y ait pas jusqu'à la plus petite pierre, et jusqu'au dernier grain de sable, qui ne chante au Très-Haut et son petit cantique et sa louange !!! Concevrait-on la sotte vanité, l'orgueil stupide, dans ces œuvres entreprises, poursuivies et rarement achevées, avec tant de frais et de peines uniquement pour Dieu, oui, pour DIEU SEUL ! *SOLI DEO HONOR ET GLORIA !*

NOTICE

SUR

L'ÉGLISE DE DOZULÉ

AU POINT DE VUE
HISTORIQUE, ARTISTIQUE, ASCÉTIQUE OU MORAL

1re PARTIE.—POINT DE VUE HISTORIQUE.

Pour établir quelque ordre en ce *compte rendu* et jeter la lumière sur ce récit, plaçons-nous à divers points de vue, et posons en tête quelques chiffres pour nous faire de cet ensemble une idée générale. (Voir le compte rendu, provisoire, à Mgr Didiot, en 1860.)

Chiffre approximatif de la dépense jusqu'à ce jour.—15 mars 1866, ci :   190,000 fr.

Ce qui donne un total de 30,000 fr. environ, dépensés depuis le premier compte rendu à Mgr en 1860.

Achèvement des travaux, d'après les plans et devis de M. Pelfresne, architecte à Caen.   60,000

Total de la dépense prévue.   250,000 fr.

Le tout s'est fait, presque, par souscriptions et dons spontanés, reçus de 200 lieues à la ronde, depuis l'obole du pauvre jusqu'aux 3,

4, 9 et même 12,000 fr. du riche généreux, donnés plus d'une fois *par une seule main*.

Le doigt de Dieu,—la reconnaissance la plus *vulgaire* nous impose le doux devoir de le proclamer plus que jamais,—le doigt de Dieu, la Providence, a été manifeste sur cette Église, l'honneur de la contrée, et le bonheur, le salut de Dozulé, au point de vue *spirituel* et même *temporel*.—*Non nobis, Domine, non nobis !*

L'intérieur est à peu près terminé ; 18 à 20,000 fr. très-convenablement dépensés en 1863-64, ont métamorphosé l'édifice, qu'on dirait presque irréprochable. Une voix autorisée a pu dire : *Eglise la mieux réussie* de bien loin à la ronde pour notre époque de retour aux idées saines en archéologie (1).

(1) D'Italie, d'Allemagne, d'Angleterre, de Rome, de Munster, de Londres, comme de Paris, c'est un cri général et comme un concert unanime des voyageurs intelligents, des connaisseurs impartiaux, pour le redire spontanément, sans qu'on les en prie. — Mais, venez donc les entendre ou les contredire, et, si vous le pouvez, les faire taire : « Nous avons vu plus grand, plus beau, plus riche « assurément, redisent-ils ; mais plus gracieux, plus déli- « cat, MIEUX RÉUSSI DANS SON ENSEMBLE ?... nous « cherchons..... »

Tel, en particulier, le sentiment exprimé, à son retour de Rome, par M. l'abbé Ducellier, aujourd'hui vicaire-général

MONSEIGNEUR,

Ce sera l'une des gloires de votre Épiscopat d'avoir sauvé d'un vandalisme moderne, d'avoir arraché à une imminente destruction l'un des plus remarquables monuments de la Chrétienté, votre admirable Cathédrale.

Qu'est Notre-Dame de Dozulé, en comparaison de Notre-Dame de Bayeux ? Cependant, vous avez parlé, j'obéis : Je viens rendre compte à Votre Grandeur de nos petits travaux, de nos efforts.

Pardonnez-vous mes hésitations ? Il y a des années que vous avez daigné me commander de vous faire un rapport quelconque sur notre construction d'église à Dozulé. Merci, Monseigneur, pour l'heureuse nécessité où vous me constituez de payer à Dieu, à la VIERGE IMMACULÉE, une dette de nécessaire gratitude, ainsi qu'à nos Anges *personnels* et *locaux*, qui nous

de Mgr de Bayeux.—Et Mgr Didiot : *tout est bien dans cette Église.* Peut-on plus dire en moins de mots ?

Et tel aussi celui de Mgr Blanquart de Bailleul, archevêque de Rouen, qui n'hésitait pas à la préférer, *pour le plan*, à son incomparable chapelle de Bon-Secours.

Telle enfin l'opinion très-positive de S. E. le cardinal de Bonnechose, *qui se promet d'y revenir.* Voilà bien des autorités compétentes, et respectables.

ont bien servis dans cette administration, *administratorii spiritus*.

Très-sincèrement j'hésitais : longtemps j'ai balancé. D'abord nous n'avons pas fini. Ni la flèche, ni les gargouilles-gouttières, si indispensables pourtant, ni les galeries, inférieure et supérieure, à *établir d'urgence*, à l'extérieur de l'église, ni la sculpture du portail, *rien n'est fini à l'extérieur*. — Puis quand il faut, *même indirectement*, parler *des vivants et de soi*, on a droit d'hésiter et peut-être de s'abstenir.

J'ai trouvé, Monseigneur, je le pense du moins, j'ai trouvé le remède. Sans vous rien dire de l'instrument, du fondateur heureux, *machine sous la main de Dieu*, il m'est facile de démontrer à Votre Grandeur que la Providence est *pour tout*, l'instrument *pour rien* dans cette œuvre, *comme toujours dans les œuvres de Dieu* (1).

Je vais plus loin ; et sans descendre dans les détails, en citant des faits connus ici de tous, j'affirme sur l'honneur que le *début*, le *progrès* et *la fin*, dans la construction de l'église de Notre-Dame de Dozulé, sont dus à la prière, à la prière des enfants, *des plus petits enfants* d'abord, que

(1) Et ceci, n'est-ce pas une *vérité élémentaire* au vrai *point de vue de la foi?*

votre prédécesseur, de paternelle mémoire, voulut bien reconnaître un jour et proclamer *mes meilleurs et mes plus utiles petits maçons.*

Loin de nier le concours également puissant, également béni de beaucoup d'âmes saintes dans le monde, et surtout dans *dix à douze ferventes communautés de votre diocèse*, Monseigneur, et de plus loin, jusqu'à Chartres (1), Angers, Paris, Alger même, où se sanctifient d'heureux enfants de Dozulé et des environs ; je maintiens ce que j'ai pu dire à Monseigneur Robin, lui montrant mes enfants des écoles, du catéchisme : *Voilà*, Monseigneur, *mes maçons ! mes plus habiles ouvriers !*

Et dès ce début, Monseigneur, je vous ai dit *tout mon secret*, secret que je voudrais *publier sur les toits :* oui, l'église de Dozulé sera toujours, à ce double titre, *une maison de prière, bâtie par la prière, pour la prière : veré Domus orationis !*

Cela posé, permettez-moi, Grandeur, de m'abstenir de détails qui deviendraient fastidieux,

(1) Les Religieuses de la Visitation de Chartres, en 1840, s'imposent la généreuse et héroïque résolution de ne commettre *aucune infidélité* volontaire, délibérée, pour le succès de l'église de Dozulé... Comment ne pas réussir avec de tels moyens ?... Que cela est vraiment touchant !...

tant les derniers ressemblent à leurs frères, les premiers nés !

Tout au plus, pour ne pas abuser et en même temps pour ne pas exiger que vous m'en croyiez sur parole, faites-vous raconter verbalement, si vous le permettez 3 petites histoires, 3 faits pris au hasard, entre cent autres, au *début,* dans l'*exécution* et vers *la fin* de l'œuvre. — Argumenterait-on contre les faits, contre des faits connus de toute une contrée, passés en plein soleil? faits qu'on ne prétend pas présenter comme *miraculeux,* mais comme *assez peu ordinaires, et tout providentiels;* effets, si l'on veut, *tout naturels* de la *prière surnaturelle…*, *prière* des âmes droites et simples, *prière des petits enfants !…* Je vous raconterai donc, Monseigneur, pour la 1re histoire, — histoire du *début,* — l'histoire du terrain, terrain enfin donné, avec 9,000 fr. d'une seule main. Puis cette histoire très-curieuse de la magnifique grille ornant la façade de l'église, grille donnée *à l'occasion d'un bœuf et d'un chien* (1). Enfin l'histoire vrai-

(1) Ceux à qui paraîtrait étrange ici, l'intervention d'*un bœuf et d'un chien,* auraient donc oublié *le bœuf et l'âne de Béthléem… les plus bêtes,* dit sévèrement l'Esprit Saint lui-même, *sont-ce toujours les animaux? — Homo, cum in honore esset, non intellexit… ANIMALIS HOMO !……*

ment *merveilleuse*,—le mot m'est échappé, votre sagesse jugera,—l'histoire édifiante, et toute récente de la construction de la radieuse chapelle de la Vierge !...

Un mot seulement, Monseigneur, sur chacun de ces traits vraiment frappants qui pourront vous intéresser. Je m'en tiendrai à la substance.

1° *Histoire du début. — Allocution du jour de Pâques 1838. — Commencement de l'opposition. — Mgr Robin à Dozulé avec la famille Auger. — Voyage du Curé avec le Maire, M. Candon, à Paris, pour le terrain. — Vœu d'aller à pied à Notre-Dame de la Délivrande. — 20,000 francs obtenus par suite de ce vœu.*

Assez longtemps avant ma nomination à la cure de Dozulé, il avait été question de la construction d'une église nouvelle: mais à mon arrivée (22 mars 1837), il n'en était plus question, on n'y pensait plus. On la croyait tellement impossible qu'on avait *décrété*, avant mon arrivée, une *mauvaise sacristie* en briques, que je laissai s'élever au côté *sud* de la vieille église.

Mais *l'appétit vient en mangeant*, dit le proverbe. Est-ce cela qui me donna l'idée de faire mieux?—Je ne sais.—Le fait est que dès le saint jour de Pâques 1838, après la plus ardente invocation, dans le secret de mon cœur, à Notre Seigneur, au Très-Saint Sacrement de l'autel, je me sentis comme entraîné, très-fortement poussé à monter en chaire, à une *heure très-insolite, entre Complies et le Salut:* et, là, visiblement ému, devant un auditoire compacte, également impressionné par la nouvelle qui s'était répandue, je ne sais à quelle occasion, de mon prochain départ, — et l'on s'imaginait que j'allais faire mes adieux, — j'adressai à mon peuple cette courte mais *décisive* allocution, de laquelle, non sans douleurs, enfin naquit l'Église. Je la retrouve sous ma main; et, comme elle explique assez nettement, d'une part, les MOTIFS, et de l'autre, les MOYENS, qui démontraient, à mon sens, la NÉCESSITÉ et en même temps la POSSIBILITÉ de cette Eglise, elle jettera un grand jour sur la question. Je copie textuellement:

« Vous ne m'attendiez pas, à l'heure qu'il est,
« dans cette chaire... Je viens vous poser une
« question: Tenez-vous bien à vous montrer,
« comme aujourd'hui, fidèles aux saints offi-
« ces? — C'est que, voyez-vous, nous ne pou-
« vons longtemps rester ici..... Est-ce que

« vous n'entendez pas les anges qui nous crient,
« comme jadis les anges du vieux temple à Jéru-
« salem : *Sortons d'ici! Sortons d'ici!* — Et sortons
« promptement, car *trois fois trop petite, trop dis-*
« *tante* de vos maisons, et, par-dessus tout, *mal*
« *solide*, la pauvre Eglise pourrait bien quelque
« jour, *au premier dégel*, nous ensevelir sous
« ses ruines.

« Donc 1° *nécessité* de bâtir, pour trois raisons,
« dont la moindre suffirait : Eglise *trop distante*
« *de la population, trop petite, mal solide...*

« Mais les *moyens* de bâtir? me direz vous.

— « Comment! c'est vous qui, à votre tour, me
« poseriez une semblable question! vous qui,
« comme par enchantement, venez de faire surgir
« de terre, chacun pour vous, une confortable
« habitation qui forme le plus joli bourg, dit-on,
« de 50 lieues à la ronde!... Ah! je ne vous
« comprends pas.

« Et combien faut-il donc pour rapporter au
« bourg, en l'agrandissant, la modifiant, cette
« pauvre Eglise qu'on ne peut restaurer ici?

« 10,000 francs, disent les connaisseurs; (1)

---

(1) Et tel fut très-positivement l'avis de feu Mgr Paysant, administrateur éminent, alors vicaire-général en résidence à Caen, mort évêque d'Angers : « Vous pourrez avoir be-
« soin de 15 à 20,000 fr.; mais avec 10,000, commencez et
« ne craignez pas. » Et, de l'avoir écouté, bien m'en prit.

« soit donc, 10,000 fr.—Mais où les trouver?—
« Le pasteur, je vous entends, doit l'exemple.
« —Soit encore : et cette fois au moins, votre
« pasteur le donnera; je ne vous demanderai
« pas la dîme, je vous l'offre; je n'ai rien, mais
« j'espère en Dieu : je vous donnerai 1,000 fr.

« Reste à trouver les 9,000 autres.

« Vous êtes 900 habitants. C'est, par tête, à
« donner 10 fr.—10 fr. l'un portant l'autre, car
« si le pauvre, l'ouvrier ne donnent que 2 fr.,
« 10 fr., les riches donneront 100 et 1,000 fr. »
(Ici murmures prolongés d'assentiment dans l'auditoire, qui amène une enfant de 4 à 6 ans (1) à dire à sa mère : « Qu'y a-t-il donc ? » La mère de répondre : « M. le curé donne 1,000 fr. pour te bâtir une jolie église.) » — « Hé bien ! j'ai deux louis d'or, si tu veux, j'en donne un, mère, pour la belle Église. » — Et tout le monde de redire avec le pasteur : « *Dieu le veut ! Dieu le*
« *veut ! nous* POUVONS, *nous* DEVONS *bâtir;*
« *nous bâtirons.* »

A partir de là, l'église est assurée, car, au lieu des 10,000 fr. demandés, les souscriptions nous en donnent, peu de temps après, 40,000, pour arriver bientôt à 60,000 et au-delà !...

(1) Octavie Simon, aujourd'hui dame Surville de Druvel.

Mais aussi, à partir de là, l'église est en butte à la plus incroyable opposition, opposition *Acharnée, systématique, universelle.*

Opposition *acharnée*: pendant 7 ans, notre Conseil municipal va se scinder en deux fractions égales, qui ne se concéderont *pas un iota*: la voix seule du Maire, prépondérante, enfin l'emportera.

Opposition *systématique*: on en viendra jusqu'à refuser des legs, des sommes considérables, uniquement parce que *c'est pour l'église, qui ruinerait le bourg!!!* Vieux thême aujourd'hui persifflé par les *faits tout contraires*, mais qui n'en a pas moins été répété à satiété et hurlé sur tous les tons.

Opposition *universelle*: c'est à ne pas y croire! on pourrait citer des noms propres... Mais les plus fervents étaient ébranlés par les mensonges, les inepties aussi le plus souvent, sans parler des bien noires calomnies... Mais on est revenu et tout est pardonné: *Beati eritis...*

Et pendant tout ce beau tapage, le pasteur de redire avec l'Evangile: *tout va bien,* car *erit in signum cui contradicetur,* oui, le signe certain que l'enfer n'est point satisfait, c'est bien sa fureur même.

« Je sais bien que je m'attirerai *des contrôle-*
« *ments* sur moi, mais je ne m'en soucie pas,
« car qui fit jamais bien sans cela ? » (Lettre
« de s. Fr. de S., t. X, p. 69.) « Tout va bien,
« car tout va on ne peut plus mal, » disait
aussi l'admirable sainte Thérèse (1).

Et le jour même, ou le lendemain, de ce qu'on appelait tout haut l'*intempestive allocution* (2), il me fut dit catégoriquement, *administrativement :* « Comment ! mais vous n'y songez pas !
« C'est tout juste ! au moment où nous venons
« de décréter et de voter la construction d'une

---

(1) Mais pourquoi ne lisez-vous pas les œuvres, *la Vie écrite par elle-même*, de cette femme incomparable, aussi noble, aussi belle, aussi aimable, aussi spirituelle, aussi fine, nous disent les contemporains, qu'elle était sainte ? et dont M. de Chateaubriand a pu dire : Cette femme, mais *c'était un homme !* Sainte Thérèse a bâti quatorze monastères d'hommes et seize de femmes, non sans les plus infernales résistances et oppositions.

Cette lecture et celle de la vie de beaucoup d'autres saints aimables, vaudrait-elle biens les lectures fastidieuses, dégoûtantes, malsaines de vos feuilletons, de vos tristes romans.

(2) Car plus d'une fois, j'ai été traité de *fou*, d'*entêté*, d'*enragé*... Merci, mon Dieu, de l'honneur qu'on me faisait. De vous, aussi, n'a-t-on pas dit : *in furorem versus est ?* (Marc, 3-21.)

« *Justice de paix, Ecole* et *Mairie*, que vous
« nous parlez d'une Eglise !... Oh! cette fois
« encore, espérons-le, le projet tombera bien
« vite à l'eau. » —Mais les pensées de Dieu ne sont pas les pensées de l'homme... Les moments de Dieu, pour son œuvre, étaient enfin venus.

Dès 1820, en effet, l'un de nos grands propriétaires, M. Auger, de Paris, avait promis le terrain même sur lequel est sise aujourd'hui notre Eglise.

Le projet avorta; et M. Auger était mort, quand, le 9 avril 1838, Mgr Robin, qui passait quelquefois à Dozulé pour le Havre, se rencontra, tout *providentiellement*, avec M. Auger, fils. Demande officielle du terrain, par le Prélat lui-même, à Mme Auger, qui était venue se mêler aux groupes de la population et des enfants des écoles saluant et chantant le nouvel évêque. Réponse de Mme Auger, qui, sous puissance de mari, renvoie à M. Auger, son époux.—Observation de celui-ci, qui fait remarquer que le terrain promis appartenait à sa sœur, Mme Lefébure, mais que lui, Auger, dès que M. Lefébure livrerait le terrain, il en paierait la moitié. C'était 1,500 fr. sur les 3,000 fr. valeur estimative du terrain. Invité à se prononcer, M. Lefébure répond au Maire et au Curé que le terrain, prisé *sans lui* à 3,000 fr. il entendait le vendre 10,000 fr., à raison de 3 fr. *le pied carré* (ancienne mesure), parce qu'il entendait ainsi le vendre *pour bâtir*. En conséquence, il demandait à M. Auger, son beau-frère, non pas 1,500 fr. mais quelque chose comme 5,000 fr.! M. Auger dut paraître surpris... M. Lefébure ne céda pas. Enfin après trois grandes semaines de longs pourparlers et de pénibles débats, le Maire et le Curé allaient quitter Paris, quand M. Lefébure, à qui j'avais remis 3,000 fr. en trois billets de banque (valeur réelle du terrain) de la part de Mme Auger, sa belle-mère, nous fit dire à M. Auger : Je donne intégralement le terrain : que mon cohéritier vous en donne au moins la moitié, 5,000 fr., *pour votre construction*, condition rigoureuse et *sine quâ non*... Je ne veux rien de lui pour moi. —Pris d'honneur et piqué au vif, M. Auger nous porta chez son notaire, qui instrumente pour une *somme ronde de 9,000 fr.* en faveur de la future église.

Nous portons l'*acte en règle* à M. Lefébure, qui à peine en croit à ses yeux ! Piqué, lui aussi, d'une noble émulation, M. Lefébure nous transporte chez M. Charlot, son notaire, et nous fait enfin *donation en règle du terrain intégral pour Église, presbytère et jardin.*

Ainsi le Maire et le Curé reviennent de Paris (octobre 1838) avec 1° un terrain, valeur de 10,000 fr., plus les 9,000 fr. de M. Auger, plus d'autres sommes de divers membres de l'honorable famille Auger-Lefébure.—Total, plus de 20,000 fr. !!!

Telle fut, Monseigneur, l'histoire de notre *début.*

Bien, direz-vous !—Une chose, j'en suis sûr, Monseigneur, vous intéressera davantage. — Sous la direction de l'un de vos prêtres les plus éminents, *homme puissant en œuvres et en paroles,*—j'ai nommé le bon et bien regretté P. Saulot, qui m'a dirigé 40 ans de ma vie de séminariste, de prêtre, de pasteur !—J'avais fait le vœu d'aller *à pied avec retour,* à Notre-Dame de la Délivrande (1), *si seulement, dans ce voyage de Paris, j'obtenais le terrain.*—Je l'avais obtenu,

(1) Ce vœu est, sinon le premier, du moins le second de mes vœux, après mes vœux du sacerdoce; car déjà j'avais fait et rempli—en 1834—le vœu délicieux d'aller et revenir à pied (176 kilom.), de Paris à N.-D. de Chartres.

et par delà. Il fallut voyager à pied... O aimable pèlerinage! ô voyage délicieux! Déjà je me disais : *Dieu le veut! Dieu le veut!* Je verrai cette église! *Videbo visionem hanc magnam!* Merci, mon Dieu, nous la voyons. Et merci déjà, après vous, à la très-douce Mère, LA VIERGE IMMACULÉE.

2° *Histoire de la belle grille. — Le bœuf dans l'Église, à* Magnificat.*—Le jeune Charre (Noël), tué à Paris en 1849.—Le père, foudroyé en 1855.*—Mme *Charre (Noël), à Dozulé.*

Arrivons à la grille. Un bœuf, un chien, furent *l'occasion*, les instruments dont le Ciel se servit (1). A ceux qui voient les choses d'ici-bas, les évènements petits et grands de notre vie, des yeux de la sagesse humaine, nous dirons : Ne nous croyez pas. — Cette histoire vous semblera amusante, bizarre et burlesque peut-être ?— Soit.—A chacun sa liberté d'appréciation. Nous voulons simplement vous raconter

(1) Un cheveu de notre tête, dit l'Évangile, ne tombe pas sans l'ordre ou la permission du Ciel. Donc tout demeure entre les mains de Dieu. Tous les instruments lui sont bons.

des faits, des faits récents ici connus de tous. Raisonnez-vous contre les faits ?...

Poussé par un chien, certain bœuf, un dimanche, pendant le *Magnificat*, se réfugie dans notre église (alors non protégée par une grille), où il poussa un beuglement à faire trembler les voûtes, à briser les vitres, à faire fuir tout le monde; un beuglement tel que jamais ni les Bourgeois, ni les Langlois, ni tous les Armand-Paul du monde, chantres bien connus (1), ne firent résonner leur *Abraham, in sæcula.* Il aurait pu blesser, tuer : on en fut quitte pour la peur. L'un de nos grands propriétaires, homme intelligent, généreux, bénissant Dieu pour ses enfants sauvés de ce danger, promit le mur antérieur. Voilà la part pour le bœuf envoyé dans l'église. Patience, viendra le tour du chien.

Sur ce mur il faut une grille. Or, un M. Charre (Noël), avec 50,000 fr. de revenu pour le moins, —d'autres ont dit 80,000,—avait un fils unique (22 ans), qui, *pour rétablir l'ordre*, en 1849, à Paris, descendit dans la rue, où il fut écrasé, broyé près d'une barricade. *Passant l'un et l'autre la cinquantaine*, le père et la mère, pour faire au

(1) Comme chantre, la réputation d'Armand-Paul est pour le moins, départementale.

chagrin diversion, prennent le parti des voyages. On est revenu de Naples et de Rome, de Vienne et de Constantinople, sans la moindre égratignure ; mais non sans le *chagrin qui monte en croupe, et...* vous savez le reste.

Pour achever de se distraire, M. Charre vient de Paris à Trouville, où il bâtit château.—Fatalité! dira le monde: M. Charre a perdu son fils; le malheur le poursuit!—M. Charre a un chien, ce chien sera cause, cause au moins indirecte, *occasion*, si vous voulez, d'un autre grand malheur. Ce chien, jeune *Terre-Neuve*, est *bête comme un âne!* dit son maître, n'y a-t-il point, dans ce pays de Normandie, un éducateur, quelque dresseur de chiens?—J'ai connu, lui dit un ami, près Dozulé, jadis, un homme habile, qui a réussi pour le mien.

— Allons à Dozulé! — Et rendez-vous est donné pour un mardi, jour du marché,—c'était le *mardi des Rogations*, 15 mai 1855. On se met à table à l'*hôtel du Bras-d'Or*, avec le dresseur... Hélas! en touchant, pour le dépecer, un *poulet rôti*, l'infortuné M. Charre-Noël tombe foudroyé! On ne lui vit pas un souffle de vie... Il était mort!

Sa veuve est appelée. —Après les tristes funérailles elle admire l'église, encore inachévée. Ne sachant quoi donner à cette église qui a reçu la dépouille mortelle de son cher mari, Mme Charre (1) s'arrête à la grille, qu'on projetait... Elle coûtera bien 3,000 fr. Nous n'avions pas un sou pour la payer..... Mme Charre a tout promis et tout payé.

Nous ne parlons pas de *miracle;* vive seulement la Providence ! Qu'on explique comment le chien, le bœuf sont venus là... Comment, en particulier, d'Italie, de la Grèce et d'ailleurs on est revenu sain et sauf pour venir, *à l'occasion d'un chien,* mourir à table, au milieu du beau mois de mai, alors qu'on faisait preuve d'espérer vivre longtemps encore opulemment!!!

Merci donc à la Providence, et merci à la pieuse dame Charre, qui chaque année encore, le 15 mai, n'oublie ni l'église, ni les pauvres de Dozulé. Voilà des faits. — En voulez-vous un plus récent? Moins tragique que ce dernier, il n'est pas moins frappant. Cette fois la Vierge était là : il s'agissait de sa chapelle. Une fois de plus, Monseigneur, vous verrez si elle sait se défendre et protéger ceux qui l'invoquent.

(1) M. Charre fut reporté à Paris, par mon vicaire de l'époque, M. l'abbé Bunouf, aujourd'hui curé de Vierville près Bayeux.

3° *Histoire de la chapelle de la Très-Sainte Vierge.— Opposition motivée—puis vote unanime, sous la responsabilité personnelle de M. le Curé.— La chapelle debout en sept semaines. — Vote de 1,500 fr. par le Conseil ravisé. — Admirable dame de Vendes, — sa lettre d'une exquise délicatesse.*

L'Eglise est debout depuis près de 15 ans. Depuis tout ce temps-là, elle est veuve de sa chapelle de la Vierge, complément désiré, nécessaire. Le Curé se décide à *fondre enfin la cloche.* Nous voilà réunis en conseil de fabrique.

M. le Curé expose que, pour *compléter l'Eglise*, pour les Catéchismes, pour les Messes quotidiennes, etc., une chapelle de la Vierge est nécessaire à l'Eglise de Dozulé. Si le prix total, d'après les plan et devis, doit s'élever à 10,000 fr., elle pourra être mise debout, couverte, pour la moitié, 5,000 fr., somme de laquelle, *en l'empruntant*, en très-grande partie, le Pasteur se fait immédiatement garant et responsable.

Aux raisons de M. le Curé, un membre des plus influents oppose très-habilement trois raisons des plus spécieuses : « *Inutilité, impossi-« bilité, danger : Inutilité,* car l'Eglise est, selon

« lui, *BIEN ASSEZ GRANDE;... impossibilité,*
« M. le Trésorier est là qui déclare la caisse parfai-
« tement à sec; *danger!* M. le Curé EMPRUNTE,
« emprunte déjà la première moitié de la
« somme; que deviendra-t-il pour le reste?
« M. le Curé, nous le savons, est généreux;
« M. LE CURÉ A LA FOI. *Dans son intérêt,* LA
« PRUDENCE, elle aussi, doit nous guider ;
« (nous regretterions infiniment de voir notre
« Pasteur dans l'embarras): *Dans l'intérêt de*
« *M. le Curé,* nous devons nous opposer ; *je*
« *vote contre la chapelle.* »

C'était presque de l'éloquence! Et de l'éloquence des plus sentimentales, des plus touchantes. Le projet devait être *enfoncé.* Aussi, *je vote contre la chapelle,* fut le cri unanime de tous les membres du Conseil. M. le Curé insiste. Il fait sonner *la grosse cloche;* vous savez, *cette cloche argentine,* qui a le don de réveiller les morts; immédiatement, séance tenante, sans se déconcerter, car *il a la foi,* notre Curé (1), on

---

(1) « Et il ne se *démonte* pas: j'aime un curé comme
« ça!.. Jamais je ne l'ai vu *démonté.* » (Expression pittoresque d'un brave paroissien.) — Je préfère le mot d'un voisin trop ami: « *Il a mis Dieu de son parti; et erat*
« *Deus cum eo.* »

vient de le lui rappeler obligeamment, il verse donc les 5,000 fr.—qu'il n'a pas, tant s'en faut; mais une main pieuse lui en prête 3,000, desquels une autre main généreuse a promis de payer l'intérêt pendant 10 ans.

Cet argument est sans réplique (1). Donc le sage Conseil se ravise. M. le Curé ne sera *pas enfoncé*; mais il va se trouver *diantrement garrotté*. Que lui importe? S'il ne peut pas encore dire : *Je suis lié pour Jésus-Christ, Vinctus Christi!* il peut dire du moins : *Je suis lié pour la Vierge Marie, Vinctus Mariæ!* Ma fille, dit un jour Jésus-Christ à sainte Catherine de Sienne, *pense toujours à moi, et je penserai toujours à toi; fais mes affaires et je ferai les tiennes.* Douce Vierge Marie! combien je suis heureux! Vous m'honorez de m'accepter pour le dernier de vos serviteurs, de vos esclaves; je ne veux m'occuper que de votre Fils adorable, que de vous, après lui. — Alors, je veux toujours dire avec confiance :

« Sur le cœur de Jésus, dans les bras de Marie,
« Viens m'attaquer, Satan!... Enfer, je te défie!... »

(1) « Vos arguments sont d'un poids, mais d'un poids irrésistible, » dit quelqu'un dans Molière; c'est Harpagon, à qui, à travers la scène, on jette une bourse pleine dans un mouchoir...

Heureux lien ! bel esclavage ! Je n'ai pas peur ! ELLE pourra me délier. En attendant, pesons bien les termes de l'engagement. Et pour cela, il nous suffira de copier textuellement la fameuse délibération, chef-d'œuvre de prudence du Conseil, et titre de noblesse pour la foi du Pasteur.

Le Conseil s'est donc ravisé ; et, en face des 5,000 fr. bien sonnant, bien comptés :

« Est d'avis unanime :

« Qu'il y a lieu de construire cette chapelle...

« Délègue M. le Curé, à qui *tous les pouvoirs*
« *sont conférés ?*... Comprenez-vous ?... Décide
« que les traités avec les architecte et entre-
« preneur, ainsi que leur exécution, seront faits
« *aux risques et périls de M. le Curé et sous sa*
« *responsabilité personnelle*, sans qu'il puisse
« être formé contre la fabrique *aucune récla-*
« *mation, n'importe pour quelle cause*, le Con-
« seil *n'entendant engager la fabrique* qu'au
« paiement des 5,000 fr. versés par M. le Curé,
« *sans qu'elle puisse être tenue à payer* AUCUNE
« AUTRE SOMME, QUOIQU'IL ARRIVE PAR LE RÉSUL-
« TAT DES TRAVAUX.

« Ainsi délibéré et signé après lecture,
« 25 avril 1860. »

A la simple lecture on reste convaincu que, seule, une main habile, exercée, peut instrumenter de la sorte. Certes ! on n'accusera pas d'imprudence le Conseil de fabrique de Dozulé ! Si jamais délibération fut solidement stipulée et cimentée, ce sera celle du 25 avril 1860 ! — *Tous les pouvoirs* sont conférés à M. le Curé.— Mais sur quoi?—*Sur son argent,* sur l'argent *qu'il emprunte,* qu'il dépose ou qu'il trouvera. Sous sa *responsabilité personnelle, tout à ses risques et périls, aucune somme autre à espérer... aucune réclamation,* s'il vous plaît. Est-ce assez clair ?

Il fallut bien en prendre son parti.

Le Curé cependant prépare sa campagne, pour l'été prochain, organise l'affaire.

A Caen, commandée, la jolie chapelle *se taille;* on apporte les pierres dégrossies, toutes prêtes. *En sept semaines,* les murailles s'élèvent, déjà elle est debout! puis la charpente, la couverture et les voûtes. Tout marche, tout arrive presque sans le bruit du marteau, et comme par enchantement.

Sur ce, visite de l'excellent trésorier, M. Cauvin, fils, (1) au presbytère. — Hé bien, M. le

---

(1) De ce, *tout jeune alors,* Trésorier, M. l'abbé Ri-

Curé, nous le voyons avec plaisir, vous marchez, vous marchez toujours: votre Chapelle est bien debout, fort bien ! Et payer ? Cela vous vière, v. g., chargé par le Prélat des affaires quelquefois épineuses de nos comptes de fabrique, M. l'abbé Rivière m'écrivait: Pour l'ordre et pour l'intelligence des affaires, si vous n'avez pas *le premier, vous avez le second Trésorier du diocèse...* Honneur à M. Cauvin, comme à ceux de mes administrateurs que je ne puis nommer ici, et qui m'ont, avec tant d'intelligence et de dévouement, si bien secondé dans cette affaire majeure de toute ma vie de pasteur.

Je ne puis néanmoins passer sous silence M. Narcisse Cailloué, prédécesseur de M. Cauvin, M. Cailloué nous a rendu d'éminents services pour la rentrée de 1,500 fr., et plus gravement compromis, et sur lesquels on ne comptait plus guères. M. Cailloué a tout sauvé sans violence, sans secousse. Reconnaissance à M. Cailloué !

Honneur aussi et reconnaissance à M. Candon, mon 1er maire, qui le redevint 2 ou 3 fois, après avoir été 2 à 3 fois expulsé du Conseil par l'opposition, *en haine de l'église.* M. Candon a justement conquis le beau titre de *premier martyr de l'église de Dozulé.*

Et que n'aurais-je pas à dire d'un autre Maire, M. Paul Noël, frère et neveu de deux vénérables curés de la ville de Caen ? M. Noël eut des malheurs: mais il n'y a que les lâches qui, dans leur sot orgueil, écrasent le malheur: oui, *le fond de cet homme était honnête.* Tout le pays est là pour le redire encore. Si M. Noël a péché par *défaut d'ordre*, et par *excès de confiance*, dont on a horriblement abusé, le *respect de la chose jugée* ne peut nous empêcher de rappeler le jugement et condamnation de Jeanne d'Arc et de Jésus-

coûte-t-il bien cher?—Peu vous intéresse, mon jeune ami, puisque, Messieurs de la fabrique, vous savez si bien cimenter vos conditions.— Mais, M. le Curé, aussi bien que nous tous, vous

Christ lui-même. J'attends ses détracteurs au dernier jugement. Et nous affirmons sur l'honneur, pour en avoir été souvent l'instrument trop heureux et l'intermédiaire honoré, que, par une main pieusement généreuse, qui n'en a NULLE OBLIGATION, *à plusieurs dettes*, même importantes, il a été déjà largement et *complètement satisfait*.

M. Noël a donc été le MARTYR VÉRITABLE d'une opposition ténébreuse, infernale; qui ne devait jamais lui pardonner d'avoir enfin déjoué toutes ses ruses, toutes ses perfidies. C'est que Me Paul-Louis-Antoine Noël était un homme, et un homme capable, entendez-vous? un praticien très-habile, que l'on venait consulter de Caen et d'ailleurs. Les preuves en sont faites, et les actes le démontrent, *scripta manent*.

Mais il avait fait triompher *la cause de l'Église*, crime toujours impardonnable ; et malheureusement, il prêta quelque peu le flanc à la détraction ; et l'Enfer dit : il doit périr! *Tolle! Tolle!* car... *Donnez-moi cinq lignes de cet homme et je le ferai pendre*, a dit un profond scélérat.

Non! Il n'a pas péri : Dieu l'a sauvé : en frappant le corps, il a épargné l'âme... Et *eût-il failli davantage*.—Etes-vous donc infaillible vous, aveugle et implacable accusateur?— Il a expié son malheur ; il est mort (à Rouen) en *travaillant de ses mains aux plus rudes labeurs, se privant et payant*, avec son *héroïque compagne*.

On vendit 30 et quelque mille fr. sont excellent notariat,

connaissez la situation : *Loin d'avoir, nous devons.*—Et je ne me plains pas ; seulement j'ai bâti : en voilà pour 7,200 fr.—Très-bien ! Vous parliez de 5,000 fr. au plus ; c'est bien 2,200 fr. de plus que vous ne demandiez ; avions-nous tort ?... Sortirez-vous de là ?—Je n'en sortirai pas du tout : de ces 7,200 fr. j'entends ne pas en payer un centime, entendez-vous, M. le Trésorier ?— Et nous ? Et la fabrique ? bien moins que vous, dont, à notre connaissance, il avait refusé 101,000 fr., quelques années auparavant.

Ajoutez à tout cela, que la malveillance exploita terriblement contre M° Noël la *crise financière* qui éclata, si violente, dans l'ouragan de 1848 : on le força de rendre *subitò*, sans délai, sans miséricorde, des sommes considérables dont, comme beaucoup de ses confrères, il était détenteur, à tort ou à raison, à titre de prêts, dépôts, ou autrement. Et voilà ce qui le perdit, avec ses emprunts à tout prix, pour rendre ce qu'il n'avait pas.

Et maintenant, je ne serais nullement surpris de voir des gens s'étonner, que sais-je ? et se scandaliser, peut-être, d'une *réhabilitation juste, motivée,* qui honore le Notariat, ce *sacerdoce de la propriété,* alors qu'on ne frissonne pas aujourd'hui de réhabiliter Marat, Couthon, Saint-Just, Collot-d'Herbois, Robespierre, et......SATAN ! — Qui ne connaît, triste Proudhon, tes horribles blasphèmes ?... Quand tu as pu dire : « Dieu, c'est le mal, » n'as-tu pas ajouté : « Viens, Satan, proscrit malheureux, révolutionnaire infor« tuné, viens que je t'embrasse !... » On n'est pas plus frénétiquement énergumène.

M. le Curé. Vous l'avez dit, *bien cimentée,* la *délibération de 1860, 25 avril, est là.* — Je ne pairai pas, néanmoins, car... tout est réglé ; voici les pièces, *les quittances.* — Le tour est bon, répond le stupéfait Trésorier ; le tour est parfaitement joué, seulement, pour que je ne sois pas le seul mystifié, — *la fabrique vous le pardonnera,* — veuillez jouer à toute la fabrique la même plaisanterie. — A cela ne tienne, demain, si vous voulez, faites la convocation.

Nous voilà de nouveau réunis. Inutile de dire ici que, se frottant les mains, l'opposition triomphante, tout en vantant, avec un peu de malice, ma *foi robuste,* ne parlait pas si bien de ma *prudence.* Vous avez bâti, cher M. le Curé, et de l'argent ? — Je n'en ai pas, et je ne paierai point. — Et nous donc ? et la fabrique ? Auriez-vous oublié la *délibération du 25 avril ?* — Messieurs, je ne paye *pas deux fois :* Voilà pour 1,000 fr., 2,000 fr., 7,200 fr. de quittances : tout est payé. — Etes-vous satisfaits ? et croirez-vous enfin, *gens de bien peu de foi !... modicæ fidei ?*

Ceci amena une scène des plus touchantes. A leur tour, enfin, nos excellents fabriciens commençaient à avoir la foi, *la foi pratique;* on en fit preuve : Hé bien ! qu'allez-vous entre prendre encore, et pour cela que nous demandez-vous, M. le Curé?—Mes amis, je ne puis vous rien demander, puisque tout aussi bien que vous, je sais qu'*en caisse, nous n'avons rien.* Mais, voyez-vous, je suis *payé pour avoir confiance en Dieu,* vous me le pardonnez, n'est-ce pas ? Pour moi, loin de n'en être pas là, ferré sur l'avenir, je ne pourrais, je ne devrais pas me le pardonner si je manquais de confiance. Donc, demain, arrivent les sculpteurs; je fais sculpter.—Et ça vous coûtera?—Voyez: voici le devis: 1,350 fr.: Hé bien! reprit le chef de l'opposition, qui, spontanément, promit bien de n'en faire plus jamais à son Curé: je vote 1,500 fr, pour les sculptures.—Et tous les membres d'acclamer: nous votons 1,500 fr. pour les sculptures.

En bonne vérité, nous ne les avions point ; mais on ne craignit pas cette fois d'y engager un peu *l'avenir*; et les 1,500 fr., qui sont arrivés les premiers disponibles, ont bien été pour la *Sainte Chapelle.*

A partir de là, tout à marché mieux que jamais, *comme sur des roulettes.*

Je suis bien long, patiente Grandeur! quand j'avais promis d'être court. Je suis bien long, et j'en omets à coup sûr, des plus curieuses. Ici pourtant, avant de clore ce chapitre, je sens le besoin de répondre à quelqu'un.

En racontant ces faits, me dira-t-on, n'êtes-vous pas amené à déverser le blâme sur *vos gens ?* — Mais pas le moins du monde : je prétends, au contraire, que tout Conseil, sage et *prudent, humainement parlant,* aurait fait et dû faire ce qu'a fait, dans la circonstance, le Conseil de fabrique de l'Eglise de Dozulé ; avec cette différence que beaucoup d'autres n'eussent pas eu le bon esprit, ni la résipiscence louable, généreuse, de voter, séance tenante, *contre leur premier sentiment fondé,* les 1,500 fr. Peu de gens reviennent ainsi sur leur pas ; *car ces deux mots : j'ai tort ! nous écorchent la bouche,* a dit très-bien un poète connu. C'est la pensée de Fénélon, qui dit, lui aussi, quelque part:
« Si la plus grande gloire, c'est de ne pas se
« tromper, gloire qui ne peut appartenir qu'à
« Dieu seul, car, *errare humanum est,* la se-
« conde gloire c'est, quand on se trompe, de
« convenir qu'on s'est trompé. »

Et demandez à *mes gens* si je m'en suis fâché, si je leur en ai fait le moindre reproche. J'ai pu leur dire tout au contraire, avec Joseph :

Ce n'est pas vous, *Conseil*, qui avez fait cela, *non vestro CONSILIO;* mais par la volonté de Dieu, et pour votre salut, tout est ainsi arrivé : *Voluntate Dei et pro vestra salute HUC MISSUS SUM.* (Gen. 45. 5-8.)

Dieu souvent en moyens sait changer les obstacles,

malum Deus vertit in bonum. (Gen. 50-20.) Ne pleurez pas, soyons amis ; bénissez Dieu !

Mais, redira quelque autre : le *hasard*, la *chance*, l'*audace ! audaces fortuna juvat...* Toutes paroles très-païennes. Pour moi, je veux être hardi, quand je croirai le Ciel de mon parti. Alors je ne recule pas. Alors je puis redire avec Pie IX : *Je marche avec Dieu, j'arriverai.*

Je n'ai pas tout dit, Monseigneur, sur cette heureuse construction. Ce serait à n'en plus finir. Un dernier mot.

Comment, me direz-vous enfin, vous sont venues ces sommes comsidérables et en si peu de temps (1) ? J'ai l'honneur de vous répondre : *Souvent je me suis bien remué pour ne rien faire ; et d'autres fois tout m'est venu en dormant.* Donc, *tout nous vient du Ciel !* Ecoutez plutôt ; c'est-à-dire lisez :

---

(1). *L'homme s'agite et Dieu le mène* (Bossuet).

Un jour, passe par Dozulé, une sainte âme, la veuve d'un ami d'enfance, riche et très-noble Dame, qu'en tout j'avais bien vue deux ou trois fois dans ma déjà bien longue vie. Je n'étais pas, ce jour, à Dozulé (1). L'Eglise n'y a rien perdu. Peu de jours après la visite, je reçois une lettre :

« J'ai visité votre Eglise, M. le Curé; il faut
« que vous ayez d'excellents paroissiens, qui
« vont ainsi au-devant de tous vos désirs.
« Moi aussi, je serai très-heureuse de vous
« offrir une petite pierre : *me permettez-vous*
« *de vous adresser par la poste, pendant trois*
« *ans un sac de 1,000 fr. ?* » (Signé : Ve de Vendes, de Ver, près Bayeux.)

On me conseilla de *permettre*, et la Dame n'a pas tenu *exactement* à sa parole : Elle aura bientôt donné *deux fois la somme !..* Excusez ! Et voilà comment s'est trouvée faite et payée la belle Chapelle, dans laquelle se dit, chaque semaine une Messe le samedi, pour mon ami d'enfance, le cher mari de Mme de Vendes, et les siens, à perpétuité.

Et l'on voudrait que j'eusse moins de foi en Dieu, en la Vierge Marie ! Qu'on m'arrache

---

(1) On ne dira donc pas que j'aurais *fait l'article*...

plutôt le cœur! (S. Aug.) si je l'avais dur pour Marie...

Partout, toute ma vie, je veux redire, les preuves à la main, que le *début*, le *progrès*, la *fin*, dans cette œuvre, sont dus à *la prière des bons enfants*, aidés de leurs bons anges, auprès de la V. M.

Cent autres traits du même genre pourront vous être racontés. J'aurai fini en en signalant quelques-uns.

RÉSUMÉ

DES

PRINCIPAUX FAITS DE NOTRE CONSTRUCTION

PAR ORDRE CHRONOLOGIQUE

———

Pour éviter des redites et des longueurs, nous nous contenterons de grouper encore ici quelques faits, par ordre chronologique.

Après l'allocution du 15 avril, jour de Pâques 1838; après la rencontre de Mgr Robin avec la famille Auger, 9 mai même année; après les négociations si longues, si pénibles, pour le terrain, en octobre, aussi même année, ce furent des tiraillements administratifs, à peu près continuels, avant, pendant tout le temps de la construction. *Erit in SIGNUM cui CONTRADICETUR !..*

18 septembre 1838. — *Visite à Mgr Mathieu, à Pont-Audemer.*

Une visite à Mgr Mathieu, à Pont-Audemer

(18 septembre 1838), m'encouragea beaucoup, malgré les *tribulations prédites* (1).

Plus tard, j'appris que l'Archevêque, ancien condisciple, à l'École de droit, à Paris, de M. Target, devenu préfet du Calvados, était resté lié d'amitié avec cet administrateur. Leur mutuelle reconnaissance fut des plus curieuses (2)..... Nouveau trait de la Providence sur notre Eglise, qui y gagna beaucoup pour l'expédition des affaires dans les bureaux, tant à Caen qu'à Paris.

16 *décembre* 1841. — *L'Eglise enfin votée par la moitié du conseil municipal contre l'autre moitié, le maire prépondérant.*

Ce ne fut qu'en 1841, 16 décembre, que l'Eglise fut définitivement décrétée par 5 membres du Conseil municipal, y compris le maire,

---

(1) *Grandes constructions grandes tribulations*, me répéta plusieurs fois, en me serrant la main, le paternel Archevêque : *Grandes constructions grandes tribulations*, mon jeune ami; *Tibi contradicetur...* Et il prophétisait très-parfaitement juste.

(2) « *Vous êtes Mathieu, ou le Diable !* »
Tout le monde ici sait et raconte cette *anecdote charmante et très-curieuse*, sur l'Archevêque et le Préfet, deux amis d'études qui se rencontrent...

prépondérant ; des 12, l'un était mort (M. Louis Labbey, ancien notaire et maire, administrateur très-regretté, qui m'avait été d'un grand appui dans l'affaire des premières souscriptions pour l'Eglise), et l'autre, M. Hamard, était absent. Les 4 votants, avec le maire Noël, furent MM. Vannier (adjoint); Boutens, médecin; Fulgence Callard et Pierre David (1). Leurs noms méritent de passer à la postérité. Des opposants on taira tout, jusqu'à leurs noms. *Requiescant in pace! Amen! amen! amen!*

17 octobre 1843. — *Mgr Robin vient en personne poser la première pierre.*

Enfin, après mille et mille difficultés et formalités, *Mgr Robin vint en personne,* par un temps de tonnerre et de grêle, poser la première pierre de notre future Eglise, le 17 oc-

---

(1) Ce dernier, M. P. David, fortement *travaillé par l'opposition,* comme *habitant du haut du bourg,* pouvait tout renverser en mettant *six opposants contre l'église!* Notre sort était donc entre ses mains.... M. David pouvait tout perdre; mais, en votant avec intelligence et loyauté, M. David a tout sauvé. Honneur à M. Pierre-Antoine David ! Honneur à sa famille, l'une des plus anciennes, des plus sincèrement religieuses et des plus justement sympathiques à toute la localité, au pays tout entier!

tobre 1843. — Procès-verbal contenant 17 *noms*, enfermé dans un bocal de verre et boîte de plomb, est déposé sous cette première pierre, avec les monnaies du temps.

Avec d'incroyables entraves, du 17 octobre 1843 jusqu'au 3 novembre 1846, — 3 ans et 18 jours — l'Eglise se poursuit néanmoins très-activement. L'un des plus inexplicables incidents, dans la construction, fut l'obstination persistante de l'architecte Verrolles à placer la *sacristie derrière le grand autel,* en supprimant la circulation ! obstination qui ne fut vaincue que par le versement d'une assez forte somme pour payer la prétendue différence ; sans quoi jamais nous n'aurions eu ni le point circulaire, qui en fait une basilique, ni la chapelle de la Vierge, qui a tout sauvé... O architectes !!! vous êtes bien partout, toujours les mêmes ! (1).

3 *novembre* 1846. — *Dédicace. Détails curieux. Digression de piété filiale sur une famille chrétienne, chose bien trop rare aujourd'hui.*

Nous voilà au 3 novembre, jour de la Dédi-

---

(1) D'où nous pouvons conclure que si chacun de nos *trois architectes* a donné *son idée,* l'ensemble du plan, dans l'exécution, est complètement *le nôtre.*

cace, jour longtemps appelé de nos vœux. Ce fut sans contredit, à tous égards, l'un des plus beaux jours de ma vie ! Ma respectable et très-bonne mère était là, avec ses enfants et petits-enfants, qui lui en donnent bien aujourd'hui de 25 à 30 (1). Comme elle fut heureuse ! Je vois encore la place qu'elle occupait, là, tout près de l'autel, pendant qu'enfin, *pour la première fois,* je célébrais dans *ma chère Eglise !* Oh ! combien fervente fut sa prière ! J'aime à prier encore en cet endroit, à cette même place, où, *de près et de loin,* viennent prier des enfants bien aimés, avec lesquels, *de loin comme de près* (2), on reste doucement uni dans les SS. Cœurs de Jésus et de Marie Immaculée... Ainsi, je vis longtemps encore, avec bonheur, le vieux tronc d'arbre courbé sur lequel elle s'asseyait, chez son autre fils, prêtre, *le bon Amand,* curé de Beaufour, pour entendre sonner, le soir, à

---

(1) Si je vis encore 20 ans, je ne désespère pas d'avoir, comme Jacob, 70 neveux et nièces, petits-neveux et petites-nièces... Le ciel bénit les nombreuses familles : *Fiat ! Fiat !!!*

(2) *Filii tui de longè venient, et filii tuis de latere surgent.* (Is.). Après 40 *années de ministère*, il est doux à un cœur de père de revoir ses *premiers enfants,* d'ORBEC, de CAEN, avec ceux de DOZULÉ.

la retraite, la belle cloche de Notre-Dame-du-Plessis, qui se fait entendre de 4 à 5 lieues à la ronde...

Ma mère disait peu ; mais elle avait le secret de ces *paroles de mère*, qui s'enfoncent dans l'âme, arrivent droit au cœur : Ton père t'aimait bien...—Serait-ce pour cela que vous ne m'aimez guère?—Mais si..... Tu sais bien..... Laisse-moi, laisse-moi te dire : S'il était encore là, ton digne père !... s'il voyait, s'il entendait tout cela !... (1) (la cloche, l'Eglise, et tout le reste !..). Et, ensemble nous donnions encore une larme au bon père.—Ah! c'est que mon père était chrétien solide et convaincu.—Pourquoi ne le dirais-je pas ? Je ne fais que remplir le précepte, si mal compris, plus mal observé que jamais, puisque l'on voit s'éteindre de plus en plus l'*es-*

---

(1) Pieuse mère ! qui, *même avant ma naissance*, m'avez *donné* à la Vierge, m'avez porté à Notre-Dame de la Délivrande !... laissez-moi vous dire, à mon tour : Si vous étiez encore là, comme elle vous paraîtrait plus belle, la belle Eglise ! Mais vous voyez beaucoup mieux *en Paradis, dont l'Eglise n'est que le* VESTIBULE. (Belle parole d'un jeune orateur déjà connu, M. l'abbé Germain, qui, entrant dans notre Eglise, où il prêchait la première fois, s'écria : « Où suis-je ? Et n'est-ce pas là le VESTIBULE DU « PARADIS ? oui *PORTA COELI !.....* »)

prit de famille, l'esprit de foi. Enfant, veux-tu prospérer ici-bas ? Honore père et mère... *Honora patrem et matrem*. Voilà nos véritables titres de noblesse ! Saint Louis ne signait-il pas, avec amour, avec reconnaissance : *Louis de Poissy* (lieu de son baptême) ? Oui, notre digne père était CATHOLIQUE SÉRIEUX ; et nous en serons toujours fiers ! D'autres auront un autre orgueil ; cet orgueil modeste nous sourit, nous suffit (1). Encore un peu, et pourquoi pas ? nous le proclamerions *confesseur de la foi*. N'a-t-il pas assez bien confessé la foi, celui qui, *dans les jours mauvais de la Terreur, en 1793*, a exposé sa fortune, sa vie, oui, *sa vie même*, en recueillant, cachant chez lui, sauvant des prêtres (2), avec lesquels, *au péril de ses jours*, il correspondait à Londres, en Angleterre, et de plus loin ? Et ne serait-ce point pour cela que le Ciel l'a béni dans sa modeste fortune et ses dix enfants (cinq fils (3) et cinq filles), parce

(1) Si tant est que ce soit de l'orgueil.

(2) Savant abbé Jourdain, curé de Grentheville, près Caen ; vénérable abbé Delacroix, aussi mort nonagénaire, curé d'Estrées (Notre-Dame) ; pieux et saint pasteur Alleaume, curé de Saint-Gabriel-de-Valsemé, répondez ! Ne lui devez-vous pas la vie ?...

(3) Dont deux prêtres, deux curés, et une sœur reli-

qu'à lui fut confiée l'arche sainte? *Benedixit Dominus Obededom et omnibus quæ habebat.*

Qu'on nous pardonne ici cette digression,

gieuse, Madame Sainte Euphrasie, l'aînée des dix enfants, *depuis près de 50 ans* Religieuse de la Providence de Lisieux. Mon père eut, lui aussi, une sœur religieuse, Madame Sainte-Chantal, morte en odeur de sainteté, Bénédictine, à Lisieux ; et ma mère, deux oncles Religieux Bénédictins, dont l'un, dom Bride, Prieur de Beaumont-en-Auge, après la Révolution mourut curé de Bolbec, très-aimé et considéré de S. E. le Cardinal-Archevêque de Rouen, Mgr de Cambacérès, auquel, à sa mort, l'ancien Prieur légua sa montre, d'un beau travail et d'un grand prix. Le nom de dom Bride reste bien connu dans Bolbec.

Et pourquoi ne pas recueillir, respecter, conserver ces souvenirs de famille que le temps, avec tout le reste, emporte, hélas ! et dévore, sans qu'il en reste trace ni vestige. J'ai cru, dans ma simplicité, faire ici quelque plaisir, non pas seulement à la famille, mais aux honnêtes gens, à mes paroissiens, mes amis.

J'omettais de citer encore ici deux autres frères Prêtres, nos parents assez proches, les deux abbés Halley, de Beaumont. A l'époque de la Grande Révolution, l'abbé Halley, aîné, noble caractère, était vicaire d'une jolie ville Normande, jadis Lexovienne, Bernay :

Pour avoir eu l'audace ignominieuse d'épouser une couturière, le trop fameux Lindot, son curé, venait d'être nommé Évêque intrus d'Évreux :

« Vous étiez mon vicaire, Monsieur l'abbé Halley, lui
« dit un matin l'Évêque constitutionnel : rien n'est changé :

acte de justice et de piété filiale envers le plus respectable des pères, la meilleure, la plus douce des mères !

A cette fête mémorable de la Dédicace étaient présents plus de 50 prêtres, présidés par M. l'abbé Rivière, vicaire-général, officiant en la place de Monseigneur, malade. M. Rivière, en chaire, si heureux d'ordinaire, fut, au sentiment de tous, plus heureux, plus admirable que jamais. M. Rivière fit l'historique des temples depuis l'origine des temps, puis montra l'Eglise s'emparant de l'homme au berceau pour le reprendre au dernier de ses jours... Bien des larmes coulèrent... L'orateur fut long, et néanmoins constamment écouté par 3,000 personnes, presque toujours debout à l'intérieur, sans parler des 4,000 autres (estimation approximative de M. l'abbé Noget-Lacoudre, alors supérieur du petit séminaire de Caen, aujourd'hui vicaire-général, successeur de M. l'abbé Rivière). Un

« Je suis Evêque; et je vous fais mon Vicaire-général. —
« MONSIEUR LE CURÉ TOUJOURS, si vous aviez voulu,
« répondit l'intrépide vicaire, mais MONSEIGNEUR JA-
« MAIS!... »

Et l'abbé Halley s'échappa, courut en Angleterre pleurer la honte du pasteur.

pour rien, absolument pour rien : pendant toute la Mission, *interdit consciencieux, volontaire, je n'ai pas confessé un enfant ! Non nobis, Domine, non nobis !* Béni soit Dieu ! Honneur à son ministre, le sage, le judicieux, quoique encore très-jeune alors, P. Dominicain, aujourd'hui Prieur de Nancy.

3 novembre 1858.— Pose de la première pierre de la Chapelle de la Sainte Vierge.

La première pierre de la jolie chapelle de la Vierge fut posée, le 3 novembre même année 1858 (1), par le même aimable Père Letellier, en souvenir de sa belle et bonne Mission : elle en perpétuera le souvenir avec les fruits, par cette *Association du saint Rosaire*, l'une des magnificences, à la fois artistiques et religieuses de notre chère Eglise. Et c'est ainsi que toujours il convient, n'est-ce pas ? d'unir au beau le vrai, l'utile à l'agréable ! *Utile dulci.*

(1) 12e anniversaire de la Dédicace de l'Eglise, qu'elle embellit, qu'elle complète.

15 mai 1859.—Consécration très-solennelle du grand autel par Mgr Didiot.

En 1859, Votre Grandeur daignait par Elle-même faire la consécration du grand autel. Votre paternité se rappellera quelle foule énorme, pendant quatre grandes heures, l'environnait, la pressait à tel point que les excellents confrères, les dignes ecclésiastiques qui vous aidaient dans les cérémonies, qui vous servaient, POUVAIENT A GRAND'PEINE TOURNER, circuler autour du saint autel! Admirable, incomparable cérémonie, qui laissera parmi nous d'ineffaçables souvenirs!

C'est l'une des dernières. Plus en détail, l'histoire de la construction assez curieuse de la chapelle vient de vous être racontée (1). Votre dernière cérémonie de confirmation s'est faite en avril de l'avant-dernière année, 1864.

Appelées par vous, 15 paroisses avaient répondu à l'appel.

Un mot sur quelques-uns des *principaux Bienfaiteurs.*

Mention honorable pour la *belle première douzaine* : S. E. le cardinal MATHIEU. —

_____
(1) Et les sculptures viennent aussi, en 1863-64, d'être terminées à l'intérieur de l'église.

Mgr AFFRE. — Mgr DIDIOT. — Famille PILLEMONT. — M. AUGER. — M. J.-B. CHEVALLIER. — Mme ve CHARRE. — Mme ve DE VENDES. — Mme ve YIEL. — M. LEFÉBURE. — M. CORDIER. — M. BRETOCQ. — M. FOUCHER DE CAREIL.

Suite des principaux souscripteurs :

1. C'est d'abord une somme de 1,500 fr. péniblement obtenue par un député, qui se rencontre dans les bureaux du Ministre, à Paris, avec Mgr Affre, notre Martyr des barricades, lequel m'en obtint le même jour, *à la même heure*, ni plus ni moins, 5,000, qui, avec les 1,500 fr. obtenus par le député, forment 6,500 fr. — J'avais connu Mgr Affre à Saint-Sulpice, en 1831. Une lettre courte, hardie peut-être, mais brûlante, dans ma détresse, et bien respectueuse ne demeura pas sans effet. Honneur à la mémoire du Martyr-Archevêque, notre grand bienfaiteur !

2. Plus tard, et assez récemment (1862), par vous, Monseigneur, et le bienveillant Préfet actuel, M. Le Provost de Launay, nous en obtenions de S. M. Napoléon III, encore 4,000. Total 10,500 fr. des deux derniers gouvernements (1).

(1) Les gouvernements de Louis-Philippe et de Napoléon III.

3. Avant les 9,000 fr. de M. Auger, et au-dessus de tous les plus généreux souscripteurs, il est juste de citer les époux Pillemont : 12,000 fr. ! Leurs dons réunis s'élèvent bien à cette somme : 12,000 fr. ! Il est vrai que dans cette somme est comprise une fondation qui en prend un tiers, 4,000 fr. Mais si cette belle œuvre est pour eux, elle est en même temps un bienfait pour l'église. — Puis la belle cloche donnée par eux le jour même de la dédicace de l'église, 3 novembre 1846, du poids de 627 kil. (1254 livres), coûtant près de 2,000 fr. (1,961 fr.), puis le Chemin de Croix (400 fr.), puis l'horloge (600). Enfin diverses sommes avancées, puis données pour travaux divers, les plafonds, les premières sculptures, l'autel, etc.

Il est d'observation, qu'*en plein Conseil de fabrique*, Mme veuve Pillemont, vers 1849, saine de corps et d'esprit, a déclaré qu'agissant ainsi elle avait agi *spontanément et qu'elle y persistait, prête à recommencer* si ce n'était pas fait, pour remplir ses intentions personnelles et celles de *son mari et de ses enfants morts avant elle*, intentions bien arrêtées, mille et mille fois exprimées, par tous et un chacun des membres de cette famille.

4. Dieu, qui rendra à chacun selon ses œuvres, mieux que nous saura récompenser nos bienfaiteurs. Nous ne pouvons pas cependant ne pas citer ici une autre famille généreuse, dont l'honorable chef, M. Chevallier père, avait souscrit pour 4,000 fr. bien payés par son fils. Le beau dais, velours cramoisi (600 fr.), le calice en vermeil (300 fr.) sont dus à la munificence d'une très-respectable tante. Enfin le bel harmonium qui vient d'être placé dans la tribune, sans parler des autres générosités qui se font sans ostentation, longtemps feront bénir à Dozulé cette famille bien-aimée.

5. Après, avant peut-être tous nos riches bienfaiteurs, vient se placer une sainte veuve, M*me* Viel, de Putot, qui sacrifia une rente de 200 fr., *perpétuelle*, à condition qu'elle lui serait servie, ce qui fut fait, sa vie durant (1), plus 500 messes et les frais de contrat. C'est donc encore un don d'au moins 3,000 fr.

6. Vient ensuite le don magnifique des vi-

(1) L'ignorance et la malveillance ont trouvé à redire à ce marché : j'affirme, *les pièces à la main*, que si M*me* Viel a pu exprimer de tardifs regrets, elle n'a pas eu à se plaindre : pendant 7 ans et demi qu'elle a vécu après cette *convention devant notaire*, il lui a été versé 1,500 fr. (en 200 fr. par an). Je puis exhiber *les quittances*.

traux du Rosaire, par la famille Lefébure-Auger, de Paris, dont l'exécution fut commandée et surveillée avec intelligence par M. Paul Lehideux-Lefébure, banquier à Paris. Prix de ces vitraux : 1,500 fr.

7. De même les vitraux du sanctuaire, don de M. Adolphe Cordier, alors Sous-Préfet à Pont-l'Evêque, et plus tard député, 600 fr. environ.

8. Les fonts baptismaux, don de M. Bretocq, de Paris, tout en fonte, pièce très-curieuse, unique dans son genre.—Prix inconnu.

9. L'autel en bronze verni, de la belle chapelle, imitation de l'*autel en or* de Cluny, tel qu'il se voit au Louvre, fourni par le célèbre Poussielgue-Rusand, don tout récent de Mme la comtesse Foucher de Careil. — Prix également inconnu.

10. Une belle chasuble blanche et plusieurs tapis pour le sanctuaire, par feu Mme veuve Duhamel. 400 fr. environ.

11. Le bel ostensoir, par deux mains inconnues. 250 fr.

12. Belle chasuble, drap d'or, par feu M. Cantrel. 260 fr.

Après cette belle douzaine de bienfaiteurs,

douzaine que nous pourrons doubler et quadrupler plus tard par les noms de nouveaux et d'anciens bienfaiteurs qu'il ne nous est pas donné de compléter sitôt, nous enregistrons simplement d'autres noms; et, avec les noms du peuple, s'il vous plaît, de grands noms, de beaux noms ! Des évêques, des archevêques, un cardinal ! etc., etc.

Ainsi Son Eminence Mgr le cardinal Mathieu, archevêque de Besançon . . . . 100 f.
Mgr Blanquart de Bailleul, archevêque de Rouen 100
Mgr de Marguerie, évêque d'Autun . 100
Mgr Paysant, évêque d'Angers. . . . 100
M. l'abbé Michel, doyen du Chapitre, à Bayeux. 50
M. l'abbé Durand (Amand), curé de Beaufour-Druval. 50
M. l'abbé Maréchaux, ancien vic. de Dozulé. 50
M. l'abbé Dubosq, id. . . 50
M. l'abbé Lanoix, id. . . 50
M. l'abbé Valette, id. . . 50
M. l'abbé Lebourgeois, id. . . 50
M. l'abbé Rauval, vic. gén. de Perpignan 50
M. l'abbé Lamotte, v. gén. de Nancy . 50

M. l'abbé Vauquelin	50
M. l'abbé Gannier	50
M. l'abbé Halley, aîné	500
M. l'abbé Halley, jeune	300
M. Mariolle, ancien curé de Dozulé	300
M. Hébert-Duflot	700
M. Housset	200
Mme Duhamel	200
M. Lecoq	200
M. Couraye	200
M. Jamet	200
M. P. David	200
M. P. Lehideux	200
M. Baudry	200
Mlle Hortense Catelain	200
M. Mazeline, père	200
M. Cauvin, père	200
M. Lecerf, percepteur	200
M. Célestin Mazeline	200
M. Vannier père, huissier	150
M. Léonard, aubergiste	150
M. Hamard, drapier	150
M. Godefroy, Maurice	150
M. Chardin, faïencier	150
M. Fulgence Collard	150
M. Leportier, père	100

M. Lefébure, père.	100
Mme Pique, de Paris.	100
M. Durmont-Lefébure.	100
Mme Brinquant.	100
M. Prezey, cafetier.	100
M. Delaplanche, id.	100
M. Pons-Dupont.	100
M. Martin-Liberté.	100
M. Godefroy (Alexandre).	100
M. Candon, ancien maire.	100
M. Pierre Lecoq, ancien cordonnier.	100
M. Boutons, médecin.	100
M. Bellenger, mécanicien.	100
M. Marie, horloger.	100
M. Darpentigny.	100
M. Paul Pouchin.	80
M. J. Desmares.	75
M. Simon (50 en son nom, 20 pour sa petite fille Octavie).	70
M. Antoine Ecker.	60
M. Fr. Auzerais.	60
M. Colas, ancien notaire.	60
M. Durand-Dubreuil.	60
M. Bertron-Auger	500
M. Crevin, huissier.	60
M. de Révéliasc.	50

M. Mesnil, m^d de vins..	50
Mme veuve Pannier.	50
M. Dumontier.	50
M. Fouque, tailleur.	50
M. Goyer, maréchal.	50
M. Leverrier, tourneur.	50
M. Diette, cafetier.	50
M. Renier (Buphile).	50
M. Margueré-Lecoq..	50
M. Dumont (Pierre), maçon..	50
Mme veuve Goupil.	50
M. Defaye, propriétaire.	50
M. Segondat, de 2 à.	300
M. Lechevalier, greffier.	50
Mlle Joséphine Montée (par son testament).	2,000
M. Dumarest..	800
M. Duros, marchand.	600
M. Thorel, ancien juge de paix.	600
M. Noël, notaire.	500
Mme Sœur Marie-Hyacinthe, née Callard (outre 6,000 fr. promis)..	300
Mme Ste-Euphrasie, née Durand.	300
Mme Bélouin, de Chartres.	300
Mlle Euphémie Callard.	6,000

INCIDENTS CURIEUX

SUR

QUELQUES BIENFAITEURS

ET

QUELQUES ADVERSAIRES DE NOTRE ÉGLISE.

§ Ier. — *Mention honorable à M. Legrand.*

A M. Legrand, ancien notaire et maire de Dozulé, membre du Conseil général du Calvados, mention très-honorable pour avoir réglé et liquidé un compte très-embrouillé avec les ouvriers de l'église, dette de 10,000 fr.

§ II. — *A M. Legouez, reconnaissance méritée.*

De même, reconnaissance méritée à M. Legouez, notaire et maire actuel de Dozulé, qui a si bien préparé le dossier, organisé et suivi l'affaire pour l'obtention des quatre mille francs accordés récemment par le Gouvernement de S. M. l'Empereur Napoléon III L'administration de M. Legouez s'immortalisera par l'achèvement des *sculptures intérieures* de l'Eglise, qui l'ont littéralement métamorphosée: à cette grossièreté choquante, à cette pesanteur des masses, ont succédé la légèreté, la délicatesse, l'élégance des formes, qui reposent l'œil étonné et satisfait. Si ces travaux ont coûté cher, on ne pourra le regretter. Honneur à notre intelligente administration (1) !

Enfin, M. Durand, curé, pour l'Église et pour la Chapelle (2)..... : c'est le secret de Dieu, secret que le pasteur veut laisser inconnu.

(1) C'est un fait consolant, ici connu de tous, de pouvoir constater que l'*administration Dozuléenne,* si longtemps divisée en deux camps acharnés, est aujourd'hui, *depuis l'Eglise* et *par l'Eglise,* parfaitement d'accord. —Que peut-on faire sans cela? *L'union fait la force: Vis unita fortior.* Dieu soit loué !!! « O mes petits enfants ! *Filioli !* « Aimons-nous bien les uns les autres ! car tel est le pré-« cepte du Seigneur; et bien observé, *seul il suffit;* vous « dirai-je toujours, ô mes amis, vieux déjà moi-même, « avec l'*apôtre centenaire et si aimant ! Filioli diligite* « *invicem !* »

(2) A ces 90 ou 92 noms qui, avec la magnifique douzaine (v. p. 66), composent la *belle centaine* (laquelle déjà forme le chiffre rond de près de 60,000 fr.), nous serions heureux d'ajouter les noms de ceux qui, même au-dessous du chiffre de 50 fr. se sont faits nos bienfaiteurs et souscripteurs.

Ainsi que déjà nous l'avons fait en chaire, nous faisons de nouveau appel ici à ceux qui voudraient bien nous faire connaître ces noms qui nous échappent, noms que nous serions heureux de faire aussi passer à l'immortalité.

§ III. — *Incidents graves à l'occasion du* TESTAMENT CALLARD.

Pour ces derniers 6,000 fr. de D^{lle} Euphémie Callard, donnés très-régulièrement par un *testament de 300 fr. de rente*, nous avons eu l'*insigne honneur* d'être dénoncés, ni plus ni moins, à deux des ministres de S. M. Louis-Philippe, M. Martin (du Nord), et M. Villemain, comme pour *captation de testament!...* Excusez! vous n'y allez pas de main morte, M. *** ! Malencontreusement pour le courageux dénonciateur il fut établi trop facilement que *quinze ans avant mon arrivée* (1) *à Dozulé*, la testatrice avait exprimé ces dispositions bien arrêtées, à des *témoins qui sont encore là*. Puis l'acte était on ne peut plus en règle : Mlle Callard avait 29 ans, sa *pleine raison* et sa *volonté ferme*.

Le délateur y fut donc pour ses frais.

Nous aurions pu l'inquiéter ; on se contenta d'une *rétractation et réparation publique et notariée!... Curam habe de bono nomine....*

(1) Donc je n'eus pas même le *mérite permis* d'avoir été *l'inspirateur* de cette bonne œuvre.

Et c'est bien le cas de redire: « Comment l'aurais-je « fait si je n'étais pas né ? »   (Lafontaine).

§ IV. — *De même pour le* TESTAMENT MONTÉE.

De même, à l'occasion du legs tout récent de demoiselle Joséphine Montée, on n'imagine pas toutes les machinations essayées, toutes les inepties débitées. On allait *démolir* l'honorable notaire, et en même temps sans doute, le pasteur, conseiller présumé, sinon l'auteur d'un marché qu'on disait ruineux pour la demoiselle Montée ; marché qui a fait le bonheur des quatre pieuses sœurs, et dont elles bénissent le ciel ; en disposant en bonnes œuvres de leur aisance bien constatée. Tout le pays le reconnaît, tout le monde en convient aujourd'hui.

Mais n'y aura-t-il pas toujours des gens qui voudraient *tout pour eux* et prendraient tout sans scrupule ; mais pour Dieu, pour les Églises, les bonnes œuvres, rien ! rien ! rien !

De ces faits, bien connus dans la contrée, et de cent autres que nous nous abstenons de citer, il faut conclure que ce serait une très-grave erreur de croire que tout est roses dans la construction d'une église... Il s'en faut quelque chose ! Ce serait ne pas connaître *le Grappin*, ses ruses, sa colère. Il a ses suppôts sur la terre. J.-C. ne délivrait pas les possédés sans leur faire jeter de grands cris; souvent, avant de lâcher prise, ils exerçaient leurs derniers accès de rage contre leurs victimes.

Cela me rappelle un trait rapporté par sainte Thérèse : « Un jour, *je faisais, nous dit-elle,* « la dédicace d'un monastère nouvellement « érigé (à Séville): le diable vint qui y mit le « feu !... »

Combien de fois nous avons vu chose toute semblable ! Oui ! 60 FOIS *pour le moins,* notre affaire s'est vue en grand péril, et, *sans une intervention visible du ciel,* 60 FOIS nous eussions succombé !...

Outre les faits déjà connus, les fureurs contre les donations et testaments Viel, Callard, Montée, Pillemont et beaucoup d'autres, citons encore quelques faits. Les uns peuvent être regardés comme *presque tragiques;* d'autres, parfois non moins violents, se rapprochent plus du *burlesque* et du *comique.*

§ V. — *Mort inattendue, bien regrettable pour l'Eglise, de MM. Auger et Labbey.*

Ainsi M. Auger, l'un de nos plus insignes bienfaiteurs, venait de nous promettre très-gaîment, à Dozulé (octobre 1838), d'être le parrain de la belle cloche. Nous pouvions tout espérer de la générosité démontrée de M. Auger. M. Auger rentre à Paris, et meurt violemment, subitement! Tout fut bouleversé, et nos belles espérances évanouies!

Il en avait été de même par la mort, également subite et violente de M. Labbey, ancien notaire et maire, mort qui donna *à l'opposition*, aux jours les plus décisifs, les plus critiques pour notre œuvre, sinon la majorité, au moins un *nombre de voix égal*.

Expliquez-moi aussi comment 6 fois, 10 fois peut-être, j'ai vu la mort de près et je l'ai esquivée à peine, en voyage, à cheval, en voiture, et cela presque *exclusivement dans les circonstances où il s'agissait pour l'église d'affaires capitales*.

§ VI. — *Dangers réels courus dans divers voyages à Caen, à Pont-Audemer, à Lisieux, à l'occasion de cette construction de notre Eglise.*

1° Ainsi, je vais à Caen pour la cloche Pillemont, à la veille de la bénédiction et inauguration de l'Eglise, cérémonie que rehaussait et complétait le don magnifique de cette cloche, qui fut bénie par M. Rivière, le même jour ; et

je faillis d'être écrasé sous une lourde charrette, rue d'Auge. — Fin d'octobre 1846.

2° Dans le voyage à Pont-Audemer pour voir le bon seigneur Mathieu, dont le très-honorable appui nous fut d'un si puissant secours, je cours les risques d'être tué par le tonnerre, sous un orage épouvantable, dans un bois où je m'égarai de nuit, exposé à la rencontre de brigands, d'assassins que l'on me signala dans le voisinage de la *Pomme-d'Or,* près Beuzeville.

3° Je vais à Lisieux pour la Mission de 1847, et, en pleine Grand'Rue, près de l'hôtel d'Espagne, je recevais en plein visage un projectile qui, deux secondes plus tôt, m'eût étendu raide sur le pavé... J'en portai longtemps les cicatrices, au front et sur la joue, tout près de l'œil.

§. VII.— *Incident moins tragique du 13 janvier 1841.*

Enfin tout le monde ici connaît l'histoire de ce 13 janvier 1841 : nous nous dirigions encore vers Caen *pour une affaire des plus graves concernant l'église,* avec mon vicaire de l'époque, M. l'abbé L***, qui prétendait que ces courses doivent être toujours d'*agréables promenades.* Il fut *bien payé,* pour en rendre, cette fois, témoignage: nous avons voyagé *douze heures sous une pluie torrentielle, mêlée de grêle, d'éclairs et de tonnerre; avec un vent, une tempête, à tourner, bout pour bout, la voiture avec le cheval; une bourrasque à nous jeter sur la tête et par la figure les ardoises et tuiles des maisons* sous lesquelles il nous fallait passer !.. Le bon gros abbé se vit enlever, dès le but, par la fureur de la tempête, son parapluie, son chapeau, *quelque partie* de sa soutane... jurant, mais un peu tard, qu'on ne l'y prendrait plus !...

Mais ce que Dieu garde est bien gardé. — O bon ange! combien je vous suis redevable !

Voilà pour le *tragique plus ou moins:* Ce sont des faits, faits notoires, publics. Qu'on les explique comme on voudra, comme on pourra.

§ VIII. — *Fait amusant et très-comique :* CONTRADICTION FLAGRANTE, DE EODEM ET SUB EODEM RESPECTU.

Deux mots seulement des faits plus ou moins *comiques.* C'était en 1844, en août. J'ai conservé les dates très-précises. J'étais, comme souvent, dans ma chère église en pleine construction. Arrive un Monsieur, *un peu enluminé,* comme en colère : — Mais vous n'y pensez pas, ce me dit-il, d'un ton très-décidé, d'un ton qui tenait du commandement: Comment! pour mille âmes vous faites *une chapelle!* une chapelle qui ne logera pas deux cents personnes!

Je répondis très-peu de chose, comprenant bien que j'aurais peu gagné. Bref, le Monsieur se retira, paraissant me plaindre beaucoup.

Je m'inquiétai assez peu de *l'observation passionnée.* Néanmoins, comme chose curieuse, j'en pris note. J'aime ainsi à me rendre compte...

Un an après, sinon jour pour jour au moins mois pour mois—c'était, de cette fois, en août 1845: nos travaux avaient bien marché. Déjà couvert, et dégagé de ces masses de pierre qui, l'année précédente, l'obstruaient, l'encombraient, l'édifice paraissait ce qu'il est, grand et vaste, au moins relativement. — Réapparaît mon homme, qu'il me fut facile de reconnaître au verbe haut; ce Monsieur aux allures tranchantes, décidées, de 1844: — « Mais, mon très-cher
« pasteur, décidément, vous jouez de malheur:
« comment! mille âmes, à peine, et une Eglise
« pour 3 ou 4,000! — Vous la trouvez grande,
« Monsieur, quelle chance pour nous! Un savant
« *que j'estime à sa valeur,* il y a un an, l'a con-
« damnée comme *quatre fois trop petite.* — Ah!

« l'imbécile ! — Mille fois pardon ! cher Mon-
« sieur !, l'imbécile.... ce serait vous !.. J'en ai
« pris note l'an dernier, je vais prendre note
« aujourd'hui : « Vous nous consolez bien...
« Notre Eglise devra (*ex te*) se rencontrer dans
« de justes proportions. » Le Monsieur disparut ; de longtemps on ne le revit plus critiquant
l'Eglise de Dozulé... Il était *converti* (1).

IX. — *Délation à deux Ministres de S. M. le roi Louis-Philippe.*

Après le fait burlesque de la dénonciation (2)
portée à deux Ministres de S. M. le roi Louis-
Philippe contre le maire, notaire, et contre le

---

(1) Ceci vous donne la mesure et la valeur réelle de certaines critiques de la part de certains êtres, esprits chagrins,
étroits et faux, *décidés à blâmer quand même*. . Ne les re-
doutez pas : *La critique est facile*, a bien dit le poète ;
et l'art est difficile...
(2) *Je te repincerai !* expression *noble* et textuelle du
plaignant qui disait au Ministre, dans sa *curieuse délation*
qui me revint par la Préfecture et l'Evêché, afin que nous
pussions — c'était juste — y répondre : « Moi, je n'ai point
« voulu souscrire pour cette Eglise. Alors le Curé a dit
« *en lui-même :* Va ! je te *repincerai !* » (Sic). Le délateur, on le voit, n'était *pas très-lettré....* On ne devra point
soupçonner *un savant...* Pas de méchanceté dans l'homme ;
mais à quoi ne pousse pas l'intérêt : *Ad quid non mor-
talia pectora cogis auri sacra fames ?...*

curé, on lira avec stupéfaction deux ou trois anecdotes du même genre.

Nous les donnons comme spécimen du savoir-faire de l'Opposition. Ce serait à ne pas y croire, si nous n'avions encore sous les yeux les témoins, la plupart des auteurs, les pièces de conviction. Nous tiendrons néanmoins toujours à taire les noms propres, d'autant plus que plusieurs sont parfaitement revenus de leurs erreurs ; nous rendant aujourd'hui pleine justice. Est-ce que, quand il lui plaît, Dieu ne peut pas convertir *un loup en agneau?* Faire de Saul persécuteur un Paul apôtre, et le plus grand des apôtres, après Pierre, devenu de renégat, chef du collége apostolique ? Ce serait bien mal nous connaître ; on se tromperait gravement, si l'on s'imaginait que les égarements, les torts les plus réels de quelques-uns pourraient nous donner de l'orgueil. Ah ! quand les chênes et les cèdres sont ébranlés, que devient le roseau ? Et pourrions-nous perdre de vue la parabole du Pharisien et du Publicain ? Et le mot de Saint-Augustin : « Point de péché
« commis par un autre homme, point de péché
« si grand et si affreux, que vous ne puissiez à
« l'instant le commettre vous-même, si la main
« de Dieu cessait une minute de vous soute-

« nir ! » Chacun de nous devra donc sans cesse redire avec Saint-Paul : Des pécheurs, je suis *le premier, le plus grand et le plus coupable, et quorum primus ego sum.* Qu'avez-vous que vous n'ayez reçu ? *Quid habes quod non accepisti ?*

Cela bien établi — nous y tenions — venons à nos histoires.

§ X. — *Impôt à 90 pour 100 f...*

Le premier trait qui serait incroyable, si nous n'avions les pièces, fut un article inséré au *Pilote du Calvados*, et dans lequel on prétextait toujours l'impossibilité de construire une Eglise à Dozulé, par la raison que ce serait *ruiner le bourg !* Thème aujourd'hui pulvérisé par la démonstration complète du contraire : il est mille fois démontré, en effet, que sans son Eglise, Dozulé cessait d'être. Il n'en fut pas moins dit sur tous les tons, puis écrit et signé dans le *Pilote du Calvados* (novembre 1839) : « On parle d'une Eglise à construire dans « Dozulé : *projet insensé* qui n'a pu éclore que « d'un cerveau malade. Lui-même le héros « qui déroba le feu du ciel, Napoléon-le-Grand, « y regarderait à deux fois. Elle coûtera, cette « construction, 120,000 fr. pour le moins, et

« pour trouver cette somme énorme, on vous
« imposera, citoyens de Dozulé, A **90**
« POUR **100 !** »

C'était le prendre, vous le voyez, sur un ton solennel !

Et puis imposer à 90 *pour* 100 ! Qui avalera cette *bourde ?* on l'a *écrit pourtant* ; on l'a répété, on l'a cru, *et longtemps on l'a cru !* N'est-ce pas le cas de dire que souvent l'absurde l'emporte sur l'évidence la plus palpable ?

Et quelle est l'administration, le gouvernement qui pousse à un tel excès son audace ? Qu'on se rappelle le *tolle* général contre l'impôt à *seulement 45 centimes*, la moitié de 90 p. 100, en 1849.

N'importe, chez nous comme partout, l'opposition *faisait feu de tout bois.* Et souvent sur les populations égarées qui fera la plus grande et la plus déplorable impression, sinon les plus pauvres raisons, les plus pitoyables mensonges ?

§ XI. — *Grande menace de me f... ficher l'Église à la figure! avec 100,000 fr. !!!*

J'arrive au second trait non moins curieux.

Pour encourager à bâtir, à commencer à marcher au plus vite, j'avais eu soin de dire

et de répéter, même en chaire, *quand j'en fus assuré,* bien entendu, que la somme nécessaire pour commencer était enfin trouvée, bien assurée ; et que les délais pourraient être funestes. *Sourdement et obstinément* nous recevions *des démentis.* Je voulus connaître la source ; j'arrivai : me voilà en face de l'homme.
« Serait-il vrai que vous ayez osé démentir
« des *affirmations publiques, solennelles ?* —
« Je l'ai fait et je continuerai. — Alors, je vous
« porte un défi : c'est, quand vous aurez vu
« nos *pièces officielles,* que je tiens à votre
« disposition, de persister dans vos téméraires
« et très-injustes dénégations. — Des pièces !
« des preuves ! Vous n'en pouvez avoir. Je
« vous défie de m'en donner. — Je vous somme
« de me suivre ; et si vous ne le faites, je suis
« en droit d'affirmer que vous calomniez... »

Il fallut bien me suivre. On vint au presbytère : et là, devant *témoins choisis de part et d'autre,* j'administrai mes preuves, mes raisons et mes *pièces parfaitement en règle.*

Que fera le *terrible Opposant ?* Il n'avait pas affaire à *bête lasse.* Poussé dans ses derniers retranchements, il n'eut à riposter que par une *rage comique :* « Et maintenant, ajoutai-je, il

« faut en finir, dire la vérité, marcher droit :
« car en présence de ces *irréfutables démons-*
« *trations*, vous ne pourrez plus dire, *mentant*
« *très-sciemment*, *très-hypocritement*, pour
« tromper les simples et pour duper les moins
« habiles : nous voudrions bien une église ;
« mais elle est impossible ! »

Dites la vérité : non ! vous n'en voulez pas d'Eglise ! — Hé bien ! vous l'avez dit : Non ! je n'en veux pas ! et, pour aucun prix, je n'en ai jamais voulu et n'en voudrai jamais. Et vous me donneriez toute faite votre Eglise, avec 100,000 fr. dans la main, je vous f....rais à la figure et votre Eglise et vos 100,000 fr. (1).

Tout doux ! mon brave, répondis-je : d'abord, pour l'église, j'en doute fort : *si lourd que vous soyez*, elle pèsera plus que vous, et, quant aux 100,000 fr., je ne m'exposerai pas, croyez-le, à vous les offrir : *je craindrais la tentation*.

(1) Le prêtre catholique est heureux, n'est-ce pas ? au comble du bonheur, quand, *plus tard*, il peut obliger, *tirer de la misère* de pareils adversaires.... Si je ne veux pas dire *experto credite*, je vous dirai : *experire, et scito* (S. Bonav.) Brev. Lexov. Off. SS Cordis. — Douce et très-permise vengeance, n'est-il pas vrai ? Heureuse et unique vengeance du Pasteur !

§ XII. — *Un drôle, à son tour, menacé de la pointe de la botte de M. l'architecte.*

Enfin le troisième fait tourne tout-à-fait au comique, au burlesque. C'était le 17 juin 1843, à Caen, le jour même de l'adjudication de nos premiers travaux, par devant le Conseil de Préfecture, en séance publique, selon les lois et règlements.

L'Opposition devait être aux abois. Cependant elle envoya *son aboyeur*, pour essayer, sans doute, d'une dernière *fiche de consolation*...

Enfin, avec 2,081 fr. 25 c. de rabais, nos premiers travaux d'Eglise sont adjugés : pour 64,000 fr. L'Eglise devra être debout dans un délai donné !.. *Bras dessus, bras dessous*, l'architecte Paul Verrolles et moi, nous sortions du Conseil de préfecture.

On commençait à respirer : « Enfin pourtant « nous disions-nous, contents déjà : enfin, « nous aurons notre Eglise !!! »

Avions-nous bien compté avec *la ci-devant Opposition ?* Elle était là. Derrière nous, dans la rue Saint-Pierre, nous entendions chanter : « Oui, tout cela est bel et bon ; mais on a

« trompé le Préfet (1) : *On a menti de dix mille*
« *francs qu'on n'a pas ;* M. le Curé ferait bien
« mieux de s'en tenir à son bréviaire. » — A ce
moment, je ressens un mouvement brusque de
ce bras nerveux du *musculaire ami* (2) que, de
mon mieux, je m'efforçais de retenir : « Oh !
« laissez-moi donc, M. le Curé, je vous en sup-
« plie ! appliquer *quelque part* à ce drôle *la*
« *pointe de ma botte !* — Point !.. Je vous dé-
« fends bien ; riez donc : riez plutôt ! » — J'eus
raison : *le drôle,* instrument envoyé par *le me-
neur* plus perfide, moins courageux, est, de
tous les Opposants, celui qui nous est revenu
plus franchement :

« Je m'étais trompé ; on m'avait trompé, me
disait encore cette année, aux visites du 1er
de l'an, cet *honnête municipal* (car tous les
ans, avec un bonheur vrai, je vois autant qu'il
m'est possible tous mes paroissiens, pauvres et
riches) (3). — « Vous aviez raison, M. le Curé,

(1) Comme si un petit conseil municipal pouvait ainsi
jouer un conseil de Préfecture !..

(2) Le très-regretté Paul Verrolles, *notre principal architecte,* était, comme tous ses quatre frères, d'une force
athlétique.

(3) Adversaires ou non, s'il pouvait en rester ; mais je
n'en connais plus guère de cette mauvaise catégorie.

« parfaitement raison ; dans l'intérêt, même
« matériel de la localité, je vous en félicite ;
« soyez heureux ! soyons amis !!! »

Et je déclare ici que je tiens singulièrement à ces sortes d'amis francs et *véritables revenants : Salutem ex inimicus nostris...*

Et disons néanmoins une fois de plus, que si, pour être voulue du Ciel, une œuvre a besoin d'être contredite, jamais œuvre ne le fut peut-être autant que Notre-Dame du Plessis-Esmangard (Dozulé).

Lui-même, le bon Seigneur Robin, qui refusait (*plus tard*), comme *très-inutile*, une simple apostille de recommandation, près du Gouvernement, admirait le succès et s'en étonnait, à raison même des obstacles et difficultés à Sa Grandeur trop bien connus : « Comment, alors
« que pour des monuments considérables, pour
« *mes deux Cathédrales*, j'obtiens des sommes
« très-minimes, quand il nous en faudrait
« d'immenses, vous obtiendriez, vous, petit
« curé, pour une toute petite construction, des
« 7 à 8,000 fr. à la fois ! Allons, vous êtes un...
« *jeune homme !...* et je compromettrais ma
« dignité d'Evêque, on se moquerait de moi
« en haut lieu... Je ne signerai pas. »

J'avais beau dire : « Mais, Monseigneur, j'ai
« heurté à toutes les portes, j'ai *saigné au blanc*
« les connaissances, les amis, et ne sachant
« plus *à quel saint me recommander,* je m'a-
« dresse au Gouvernement, *que j'ai réservé*
« *pour la fin,* en lui montrant *nos* 57,000 *fr.* (1),
« effort suprême d'une toute petite localité. —
« Inutilement, mon cher curé, vous n'obtien-
« driez pas, je ne vous garantirais pas sur vos
« 7,000 fr. 700 fr. !.. entendez-le bien ! » Monseigneur était dans *son droit prudent.* Je n'avais
rien à dire ; je m'inclinai.

§ XIII. — *Mon grand cri de détresse vers Mgr Affre,
le futur Martyr des barricades.*

Ce fut alors que je poussai vers Paris mon
grand *cri de détresse* auprès du bon et saint
Archevêque. « Jamais, Monseigneur, je ne vous
« ai importuné ; c'est la première, ce sera la
« dernière fois. Je viens vous dire simplement :
« J'ai besoin d'un bras puissant : si vous m'ob-
« tenez *immédiatement* 5 ou 6,000 *fr.,* vous

(1) Il en fallait 64,000 d'après les plans et devis, et sans
cette somme, *on nous refusait l'autorisation de commencer les travaux !..*

« sauvez une intéressante localité; si non, par
« défaut d'une *église indispensable*, elle va
« périr au point de *vue spirituel et même tem-*
« *porel*. Ce ne sera point votre faute; je veux
« aussi que ce ne soit pas la mienne. »

« Si vous réussissez, on vous dira merci !
« *Nous vous devrons la vie !* — MM. Carrière et
« Carbon, de Saint-Sulpice, vos Vicaires gé-
« néraux, vous parleront de moi, et voici une
« lettre du Vénérable M. Mollevaut, supérieur
« de la Solitude.

 « De V. G. Mgr, etc. (1). »

---

(1) Et telle fut donc ma lettre pressante, courte et brûlante à l'archevêque.

L'effet en fut, il faut en convenir, inespéré, prodigieux.
Lisez plutôt : c'est véritablement à n'y pas croire :

 « Vous êtes un *farceur*, me disait sur un ton tout ai-
« mable, de retour de Paris à Dozulé, après ce *succès*
« *décisif*, le *très-influent* député M. Thil ; vous êtes un
« farceur, mon cher curé ! Avant-hier, *bec à bec (sic)*, dans
« les bureaux du Ministère, je me suis rencontré avec
« votre Archevêque ; et alors qu'en *jouant de toutes mes*
« *pièces* je venais enfin de vous obtenir 1,500 fr., lui, le
« saint homme, s'en vient dire au Ministre : Il me faut en-
« core pour ce curé 5,000 fr.!!! Et il lui a été dit : Eh bien
« oui, Monseigneur !.... Une autre fois, mon cher curé,
« croyez-moi, servez-vous de cet homme-là !... vous lui
« devez dire merci, bien plus qu'à moi. »

Et quelques jours après, une lettre de l'Archevêché de Paris m'annonçait le succès complet. Une fois de plus, et cette fois par l'intermédiaire du saint Prélat, avec lequel Saint-Sulpice m'avait mis en rapport très-honorable et très-heureux, la Vierge Immaculée avait fait merveille (1).

Qui ne verrait en tout cela que *fuyant la Cure* pour Saint-Sulpice, où je suivais la *direction de mes supérieurs, le Ciel me préparait à la Cure*, en me mettant en rapport, en contact, avec ces utiles connaissances, les sommités civiles et religieuses de Paris, et plus tard de Caen ? Où je devins, avec M. l'abbé Noget, directeur du petit Séminaire. Obéissons, obéissons toujours ! et toujours nous serons heureux !

(1) Les *prières par nos enfants*, les neuvaines par les Communautés saintes, *ne cessaient pas* : *Erat* PETRUS *in carcere : Oratio autem fiebat* SINE INTERMISSIONE *ab Ecclesia ad Deum pro eo.* (Actes 12. 5.)

Qu'on se rappelle la *vraie ferveur* des Visitandines de Chartres, qui, *pour ne pas manquer leur coup*, s'abstenaient de toute faute, *même vénielle, délibérée.* (V. la *préface de cette notice.*)

O puissance de la prière...... c'est que DIEU S'INCLINE, croyez-le bien, oui, DIEU S'INCLINE pour écouter *la prière des Vierges*; comme l'écrivait S. Léandre, archevêque de Séville en Espagne, à Ste Florentine, sa sœur, religieuse.

O altitudo!... Investigabiles viæ ejus!...

Une seule chose: Etudier la volonté de Dieu sur nous, et *la suivre surtout...*

Evidemment, sans ces moyens, que Dieu me ménageait dans sa bonté, jamais je ne serais arrivé: Dozulé attendrait encore son église. *Dieu me voulait maçon:* la preuve, c'est qu'une autre paroisse, *aussi toute neuve*, où il fallait pareillement une église, avant Dozulé, me fut proposée par feu M. l'abbé Paysant... Le bon et saint curé Blin, de Beaumont, m'en détourna (1), pour plus d'une raison...

Mais quand, à Bayeux et à Caen, on apprit que, grâce à l'intervention assez puissante du *futur martyr*, Monseigneur Affre, sur les 6,900 fr. réclamés, nous en obtenions, ni plus ni moins, 6,500, c'est-à-dire *à peu près tout*; oui, *la somme intégrale*, ce fut de la Préfecture comme de partout ailleurs, une *avalanche de félicitations !* Alors nous nous rappelions le dystique connu, souvenir classique, toujours si vrai : *Donec eris felix !...*

De toutes parts on nous redisait; on nous écrivait: Le Ciel est pour vous : *Dominus te-*

---

(1) J'ai encore sa lettre si humble, si touchante et toute amicale.

cum! A Domino factum est istud! Digitur Dei est hic!

Nous conservons comme *pièce curieuse* une lettre d'un M. *** qui, après nous avoir dit plus d'une fois, non pas seulement : vous *êtes jeune*, mais très-carrément : *Vous êtes un fou!* (*Insanis!*)*; après coup*, nous félicitait, comme beaucoup d'autres, chaudement, et, nous aimons à le croire, cordialement Cependant, je me sentais porté à redire au fond de mon âme : *In Domino confido! — Bonum est confidere in Domino, quam confidere in homine; bonum est sperare in Domino, quam sperare in principibus. — TOTUM nos habere voluit PER MARIAM.—* OMNIA PER MARIAM !!! TOUT PAR MARIE ! TOUT PAR MARIE !!!

§ XIV. — *Conclusion des précédents.*

Mais que ne m'est-il donné de vous faire AU MOINS SOUPÇONNER LE BONHEUR INCOMPRIS de se donner, de se livrer, de SE REMETTRE TOUT ENTIER corps et biens, esprit et cœur, entre les bras d'une si bonne Mère ! pour ne plus penser, agir   ar er, COMME ELLE (1),

(1) Et comme so   il adorable, notre maître et modèle, dont l'Evangile, e   rois mots, fait l'éloge le plus com-

3'

que dans les sentiments de la *fidélité aux plus petits devoirs*, avec *esprit de* FOI, d'AMOUR et de SACRIFICE !

Et tel fut bien mon vœu de Chartres (en 1834) quand avec mon cœur je lui remis mon *passé*, mon *présent* et mon *avenir !!!* en lui disant : Si jamais je voulais le reprendre, ce pauvre cœur, ô Mère ! ne me le rendez plus jamais (1) ! — *Utinam !* Et voilà bien, comme je l'entends, LE VRAI PROGRÈS. En savez-vous quelqu'autre préférable ? Montrez-nous le ! — Mais le trouverez-vous ailleurs que DANS L'ÉGLISE ? Là seulement il est porté A SA PLUS HAUTE PUISSANCE ! Ne l'oubliez jamais !....

Vous l'avez vu dans la première partie : *notre église au point de vue historique.* Vous le verrez bien mieux encore au *point de vue artistique;* mais incomparablement mieux et plus clairement que jamais au *point de vue moral et reli-*

---

plet : BENE OMNIA FECIT ! IL A BIEN FAIT TOUTES CHOSES ! *même les plus indifférentes* en apparence : OMNIA ! C'est la *perfection,* la *sainteté,* le vrai *bonheur...*

(1) Et je le dis encore, et veux le retenir pour ma gouverne personnelle : *avec plus de fidélité,* nous obtiendrions *cent fois plus,* nous ferions *cent fois mieux* dans l'ordre spirituel et temporel.

gieux : EGLISE et PROGRÈS sont deux mots SYNONYMES.

Et déjà ne sommes-nous pas en droit de tirer cette conclusion établie en principe dans notre préface : SEULE, L'ÉGLISE possède le secret du VRAI PROGRÈS, au triple point de vue *intellectuel, moral* et même *matériel*.

FIN DE LA PREMIÈRE PARTIE.

SECONDE PARTIE.

POINT DE VUE ARTISTIQUE.

Que pourrions-nous donner de mieux qu'un *article de fond*, article qui fit sensation dans l'époque, et qui parut dans *l'Ordre et la Liberté*, sous la date du 4 janvier 1864, et la signature de M. l'abbé R. Nous copions textuellement :

L'ÉGLISE DE DOZULÉ.

« On a fait, me semble-t-il souvent, a dit
« M. de Falloux, trop bon marché de son pays
« et de son siècle ; et lors même qu'on aurait
« à se plaindre d'eux, il ne faudrait pas les
« condamner sans les entendre... Ne prenons
« pas toutes les espérances pour des triomphes,
« n'acceptons pas non plus, sans contrôle,
« toutes les menaces comme des périls. » (Histoire de saint Pie V, Intr.) C'est sur cette règle

si sage que l'on devrait se guider pour apprécier notre temps d'une manière équitable. A entendre certains Héraclites, il semble que toute espérance soit perdue. Sans doute, nous ne prétendons pas nier l'existence des éléments mauvais qui fermentent dans les bas-fonds de la société; mais enfin cette société ne renferme-t-elle pas aussi des éléments de bien, capables de contrebalancer l'influence du mal? Il nous semble surtout voir, au point de vue religieux, deux signes plus saillants, deux tendances propres à rassurer les esprits inquiets de l'avenir. Ce sont: le développement des études historiques, le *retour aux saines traditions de l'architecture*, et l'impulsion puissante imprimée à l'art chrétien.

Il y a trente ans à peine, l'architecture chrétienne était encore incomprise, et l'on stigmatisait de l'épithète barbare de gothique tout ce qui ne portait pas le cachet païen de la prétendue Renaissance. « Il se fait bien peu de
« choses en art chrétien, que je sache, écrivait
« Alexandre Piel à l'un de ses amis de Caen,
« le 17 mai 1839. Généralement, nos artistes
« chrétiens ont les ailes trop courtes encore;
« ils voltigent, mais ils ne volent pas. Il est

« temps de reconcilier le peuple avec l'art.
« Pour cela, il faut écraser la Renaissance
« païenne qui les a brouillés ensemble. Par-
« donnez-moi mon indignation contre cet art
« coquet, sans noblesse et sans grandeur. »
Il était permis à Piel, le grand artiste chrétien,
de caractériser aussi sévèrement la Renais
sance; mais, du moins, le succès a couronné
ses efforts. Réhabilité par d'illustres écrivains
et par d'éminents artistes, l'art vraiment religieux du Moyen-Age s'est non-seulement vengé
des injustes attaques dont il avait été l'objet,
mais encore il a révélé une richesse de conception et une puissance de génie qu'on ne lui
soupçonnait pas. Aujourd'hui, le plus grand
effort du génie est de les imiter ; et plus cette
imitation se rapproche de la vérité, plus elle a
droit à notre admiration. Nous pourrons nous
en convaincre en étudiant l'église de Dozulé.

Appelé par un de ses anciens condisciples,
M. l'abbé Durand, à donner le plan d'une église
ogivale (1) pour Dozulé, Alexandre Piel avait

(1) La 2e église nouvellement construite en France en style ogival, croyons-nous, est Notre-Dame de Dozulé. Ajoutons que, pour nous permettre ce style, le Gouvernement de Juillet fit mille résistances.

tracé rapidement une esquisse; mais le prix qu'il demandait surpassait de beaucoup les fonds dont on pouvait disposer. D'ailleurs, Piel quitta bientôt le monde pour se joindre au P. Lacordaire, et rétablir en France l'ordre de saint Dominique. Il fallut donc chercher un autre architecte. Mais, enfin, l'idée était donnée, et, sans rien ôter à la gloire de M. Verrolles, c'est aujourd'hui un fait incontestable que les premières inspirations de Piel ne furent pas étrangères au plan qu'il proposa, *si toutefois nous n'avons pas le plan même de M. Piel*, plan qu'il aurait laissé à M. P. Verrolles. Cette idée, que nous croyons vraie, honore la générosité du saint religieux autant que le bon goût, le bon sens de M. Verrolles. Nous devons ajouter aussi que le premier plan de M. Verrolles comprenait six mètres de plus en longueur et trois mètres de plus en élévation. Ainsi, le reproche que l'on a quelquefois fait à l'église de Dozulé d'être un peu courte pour sa largeur, ne doit pas retomber sur l'architecte (1). Il fut forcé de déprimer ses plans pour les ra-

(1) La construction de la chapelle de la Vierge a bien corrigé ce défaut.

petisser à la somme de soixante mille francs, dans laquelle il devait rigoureusement se renfermer, pour les premiers travaux. Ajoutons encore que *le premier plan ne portait pas de nef circulaire autour de l'abside;* de sorte qu'au bout de chaque nef latérale, l'œil était brusquement arrêté par une muraille droite; et ce ne fut que sur les instances opiniâtres de M. le curé de Dozulé, appuyées d'un sacrifice pécuniaire assez important, que M. Verrolles consentit à modifier son plan et à concéder la nef déambulatoire, qui donne à la disposition intérieure de l'édifice sa plus grande beauté.

L'église donc, *n'est le plan intégral d'aucun de ces trois architectes,* mais une *heureuse fusion* obtenue par la persistance intelligente du Pasteur; ainsi, de fleurs diverses, pour nous l'active abeille compose son doux miel.

Aujourd'hui que les sculptures sont complètement exécutées au dedans, il est plus facile de se rendre compte du mérite de la construction. Nous n'avons certes pas la prétention d'apprécier l'église de Dozulé au point de vue artistique; nous reconnaissons notre incompétence. Nous voulons seulement exprimer l'impression générale qu'elle produit, et que des hommes plus à portée que nous d'en juger ont manifestée d'une manière bien nette. La Statistique monumentale du département du Calvados se contente de dire: « *L'effet en est satisfaisant.* » Ce n'est vraiment pas trop, et il semble que ce mince éloge soit donné à regret. Ce n'est pas ainsi que se sont exprimés des prélats éminents et des prêtres, des laïques distingués par la science. L'un d'eux, prêtre très-supérieur, jeune encore, et plein d'avenir, disait, il y a peu de temps, après un voyage à travers l'Italie et la France, que *l'église de Dozulé était peut-être* LA MIEUX RÉUSSIE *des églises ogivales bâties dans ces derniers temps.* (M. l'abbé Ducellier à son retour de Rome.)

Essayons de la faire connaître en peu de mots.

La longueur totale, depuis le fond de la chapelle de la Sainte-Vierge jusqu'au portail occidental, est de 40 mètres; la largeur, de 16 et la hauteur de 12. L'élévation entière se compose de trois ordres: le *colonnement*, le *trifoforium* et le *clérestory*.

Le premier ordre consiste en piliers cylindriques, accostés de quatre colonnettes cantonnées en croix, disposition qui dissimule la masse du pilier principal. Les chapiteaux qui les couronnent sont de gracieuses corbeilles de fleurs profondément fouillées et délicatement sculptées. On y reconnaît la feuille de vigne avec grappes, le chêne, le laurier, le houx, le chardon, la renoncule, le lierre et les autres fleurs qui composent la flore du XIIIe siècle. Les piliers sont réunis par des arcs-doubleaux d'un riche dessin et d'une exécution irréprochable. On pourrait désirer que la forme ogivale fût plus nettement accusée; mais on ne doit pas oublier ce que nous avons dit de la dépression du plan primitif.

Au-dessus des piliers, le triforium présente comme une gracieuse ceinture de fleurs autour de l'église. Pour se rendre compte de l'effet qu'il produit, il est nécessaire de voir de ses propres yeux tout ce que présente de léger et d'élégant cette suite de petites colonnettes avec leur couronne de feuillages, leur archivolte si pure et la belle frise qu'elles semblent supporter. Les fenêtres du premier ordre, comme celles du clérestory, sont des lancettes géminées, légèrement ébrasées à l'intérieur, et auxquelles M. Pelfresne a donné une forme svelte et élancée, en ornant de moulures toriques le meneau qui les sépare. Sur le bord de la baie, deux colonnettes supportent une archivolte qui embrasse les deux lancettes, comme une mère ses enfants. Les trois fenêtres du fond de l'abside sont ornées de vitraux représentant le *Baptême de Notre-Seigneur*, la *Donation des clés à saint Pierre* et l'*Annonciation de la très-sainte Vierge*. Sur les chapiteaux des piliers reposent des faisceaux de colonnettes, qui s'élancent jusqu'à la naissance des voûtes pour en supporter les arcs-doubleaux et les nervures.

Dans les nefs latérales, les voûtes reposent sur des piliers à demi-engagés dans le mur extérieur et reproduisant les mêmes dispositions que les piliers de la nef principale.

Nous applaudissons à l'idée qu'on a eue de prolonger jusqu'au pavé l'étroite lancette évidée à jour dans le massif intérieur de la tour. Cette disposition, en formant au premier plan quatre piliers ornés de colonnettes, fait disparaître la lourdeur de la masse totale et lui donne une très-grande élégance, sans compromettre en aucune manière la solidité de la construction. Cette modification si heureuse est encore *due à l'initiative persévérante de M. le curé.*

L'autel du chœur est dû à l'habile ciseau de M. Hotin, qui l'a exécuté sur les dessins de M. Pelfresne; l'artiste, par son talent, a dignement rendu la pensée de l'architecte. Il faudrait une plume mieux exercée que la nôtre pour faire ressortir la grâce de cette pièce; nous ne ferons qu'en donner une idée informe. Le devant du tombeau se divise en trois panneaux, ornés chacun de quatre feuilles évidées à jour, à lobes arrondis. Les panneaux sont séparés par une double colonnette formant saillie sur le fond et offrant une niche, dans chacune desquelles on a placé la statue d'un évangéliste, avec leurs animaux symboliques. Les gradins sont ornés de rinceaux de feuillage. Au milieu s'élève le tabernacle, au sommet duquel, à chaque angle, est un ange portant une légende. Aux extrémités de l'autel, sur un faisceau de petites colonnettes détachées, s'élèvent deux anges, tenant à la main un encensoir, heureuse application du passage de l'Apocalypse où saint Jean nous représente les anges se présentant devant le trône du Très-Haut avec des encensoirs d'or remplis de parfums, qui ne sont autre chose que les prières des saints. (Apoc., ch. 8, v. 3.) Le sanctuaire est entouré d'une grille en fer d'un élégant dessin. Un prêtre, homme d'esprit et de goût, caractérisait tout l'ensemble par ce mot heureux : *une charmante miniature dans un cadre magnifique.*

Nous devons maintenant une attention toute particulière à la chapelle du chevet, consacrée à la très-sainte Vierge. De même que, dans le cœur du chrétien, la sainte Vierge occupe la première place après Dieu, de même aussi la chapelle dédiée à Marie dans nos églises, a toujours eu le privilége d'être traitée avec une prédilection spéciale. Les architectes du Moyen-Age avaient bien compris ce sentiment profondément chrétien : aussi la grande chapelle du chevet était leur œuvre de préférence, et ils avaient coutume de l'orner avec une sorte d'affection filiale.

Si vous ouvrez la statistique monumentale de l'arrondissement de Pont-l'Evêque, à l'article *Dozulé*, vous y lirez qu'*une sacristie!* vient d'être bâtie sur les plans de M. Pelfresne. Il ne s'agit pas évidemment de la sacristie, bâtie en 1847 et 1848, époque à laquelle M. Verroles vivait encore, puisqu'il n'est mort qu'en 1856 et qu'il a donné le plan des sculptures du chœur en 1854, plan que M. Pelfresne a suivi et développé pour le reste de l'église avec la richesse d'imagination et la pureté de goût qui le distinguent. Il s'agit donc de la chapelle de la très-sainte Vierge que l'on bâtissait alors que l'on rédigeait la statistique. Et l'on en fait une sacristie ! *Risum teneatis amici ! Dormitat homerus*....

Nous croyons pouvoir dire, sans craindre d'être démenti, que la chapelle de l'église de Dozulé est un morceau d'une pureté et d'une élégance irréprochables. Chaque fenêtre montre une belle lancette géminée, tréflée, surmontée d'une rose; trois de ces fenêtres sont garnies de vitraux de la meilleure exécution, et dont la transparence rappelle les verrières du Moyen-Age. On y voit représentés les mystères du Rosaire. Trois statues ornent la chapelle : au-dessus de l'autel, et en face du meneau de la fenêtre centrale, s'élève Notre-Dame-des-Victoires; à droite, sur la ligne du degré du sanctuaire, est saint Joseph, patron des ouvriers, tenant à la main les instruments de sa profession; à gauche, est Notre-Dame de la Salette. Les deux premières statues sont drapées en style du XIIIe siècle, qui est celui de la chapelle; le troisième groupe, représentant l'apparition de la sainte Vierge aux petits bergers de la Salette, nous paraît remarquable par l'exactitude historique du costume, par le fini de l'exécution et l'expression des traits. Toutes ces statues sont dues au ciseau de M. Hotin.

Pour compléter l'ornementation de la chapelle, on vient d'y placer un autel, dû à la munificence de M. le comte Foucher de Careil. Cet autel, en cuivre repoussé et doré, fait un très-bel effet sous le jour nuancé des vitraux.

Par tout ce que nous venons de dire, on voit que l'Eglise de Dozulé est *une des plus pures créations architecturales de notre époque* (1). Elle a le mérite d'une imitation fidèle, mais non servile, car nous regardons comme une faute de goût la reproduction des défauts dans un style particulier. *L'art doit profiter des progrès que le cours des siècles lui a fait faire*, et la sculpture de l'Eglise de Dozulé, avec son exé-

(1) Nous maintenons cette assertion, que personne ne démentira, à moins de démentir les savants et déjà nombreux Evêques et Archevêques : NN. SS. Blanquart de Bailleul, Mgr Verrolles, Mgr Thomine-Desmasures et mille autres, Prélats, Prêtres et Laïques qui déjà ont prié, béni, pontifié dans ce beau sanctuaire.

cution si pure, est certainement *plus avancée que la sculpture du XIIIe siècle*. Elle restera donc comme une preuve éclatante de la foi de la génération qui l'éleva, du talent sérieux et remarquable des architectes qui en ont conduit les travaux, sous la direction intelligente et la foi courageuse du Prêtre qui consacra toute sa vie de Pasteur à l'érection de cet admirable monument.

L'ABBÉ ROUSSEL, *Curé de G.-s.-D.*

FIN DE LA SECONDE PARTIE.

TROISIÈME PARTIE.

Point de vue religieux (1), ascétique ou moral.

QUELQUES CHIFFRES D'ABORD SEULEMENT.

1° 120 pieds (40 mètres) de longueur sur 16 mètres de largeur (y compris les deux nefs latérales), et 12 mètres environ de hauteur ;

---

(1) J'ai perdu mon temps, mon argent et le vôtre, si vous ne comprenez pas ceci : *le sens moral*, le sens vrai dans un temple, dans une Église. Tout le reste n'est rien.
Est-ce que ce serait, par hasard, des temples de pierres qu'il nous faudrait ? Non ; mais *des pierres vivantes*, entendez-vous ? Entendez l'Esprit-Saint lui-même : *Et ipsi tanquàm LAPIDES VIVI... pierres vivantes*, qui doivent composer, dans la céleste Jérusalem, le temple du Très-Haut, dont nous sommes les vivants tabernacles.
O âme ! âme, de Dieu l'*enfant*, l'*épouse*, le *temple saint*, si tu connaissais ta grandeur ! Le monde n'a rien de pareil !
—Jésus, *amateur des âmes*, et époux des âmes, te prend, te considère ; il te jette dans la balance : en regard il a placé le monde ; puis il dit : *quid prodest ?* qu'est le monde entier pour une âme ?... Puis il meurt ; pour toi Dieu meurt... *O anima, tanti vales !*

2° 55 ouvertures et jours (4 portes, 45 FENÊTRES! et 6 vasistas) versant à flots l'air avec la lumière dans l'édifice;

3° Un splendide *Clérestory*, éclairé par les 17 fenêtres supérieures, plus la belle rosace du *portail-tribune*; 18 jours pour le haut;

4° 42 piliers libres, ou engagés dans les murailles des nefs latérales, accostés de très-élégantes colonnettes.

5° Admirable *Triforium*, gloire et ceinture éblouissante de l'édifice à l'intérieur;

6° Vaste nef, entièrement détachée du chœur, par un passage libre au-dessous des stalles;

7° Chœur adoptant la forme ovale, élevé au-dessus de la nef, d'un pavage remarquablement artistique;

8° Sanctuaire orné d'une grille du meilleur goût, en fer battu, pur XIII° siècle, des ateliers du célèbre Evraertd, à Paris;

9° Arrière-Chœur et *Chapelle de la Vierge, qui a tout complété*, en prolongeant l'Église de 20 pieds, plus les 10 pieds restitués par l'ouverture des quatre piliers de la tour,—en tout, 10 mètres — qui changent totalement l'aspect du monument, avec les dix pieds des nefs déambulatoires : 40 pieds de plus, un tiers de la longueur totale, qui est, tout juste, de 120 pieds (40 mètres).

§ I. — TROIS POSITIONS A PRENDRE POUR BIEN JUGER LE MONUMENT.

Pour bien jouir de la vue d'ensemble du monument, prenez successivement trois positions :

1° Tout au bas de l'Église, en vous adossant à l'une des portes de la tour : de là, à travers les *piliers enfin séparés*, l'œil mesure 40 mètres (120 pieds), longueur précise, — et considérable pour Dozulé, — longueur de la *grande église* de N.-D. d'Orbec, de Saint-Désir de Lisieux, et de beaucoup d'autres ; de là, la chapelle de la Vierge, ornée de ses vitraux, vous apparaît dans un lointain magique comme un vaste arrière-chœur, à travers les splendeurs de l'autel principal.

2° A l'entrée du chœur, de la place du maître-chantre, vous voyez le riche pavage, la belle grille, l'autel, les 12 Apôtres, les trois verrières supérieures : *Annonciation, Baptême* de N.-S., *tradition des clefs à saint Pierre*; vous voyez encore les quatre beaux tableaux de M. G. Descostils : *Adam et Eve*, la *Conception*, l'*Assomption*, la *Fuite en Egypte*; vous voyez, à travers les piliers élégants du sanctuaire, la chapelle et toutes ses merveilles, les trois statues, lustre, lampe et autel doré;

3° Enfin, placez-vous derrière le sanctuaire, et de là donnez un œil à la chapelle et l'autre au vaisseau tout entier de l'Église, qui vous paraîtra grandiose, en comparaison de la chapelle, déjà si gracieuse par sa belle élévation.

Ne sortez pas, prenant de l'eau bénite, sans vous incliner sur le grand bénitier, qui reflète l'*Église toute entière renversée*: Imitation heureuse et assez bien saisie du grand bénitier si connu de Saint-Ouen de Rouen.

Mais si vous vous placez sur le beau milieu de la route, quand les deux grandes portes sont ouvertes, alors l'Église gagne en hauteur les neuf marches que vous montez pour y entrer; vous lui donnez en plus, à volonté, en vous écartant, 8 ou 10 mètres de longueur imaginative; alors vous me direz quelle belle illusion cela vous produira... car alors aussi vous avez sur 40 à 50 pieds de hauteur, de longueur au moins 160...

Mais nous en tiendrons-nous aux images ? Quoi ! nous nous arrêterions à la *lettre qui tue !* Nous préférons *l'esprit qui vivifie.* Hâtons-nous d'expliquer le sens moral de ces objets divers.

Nous aimons, dans une église, les objets qui parlent à l'esprit et au cœur, comme aux sens. Telles les peintures du saint Rosaire. Le but de l'art est l'expression du beau. Le beau lui-même n'est que le vrai, *Rien n'est beau que le vrai,* a dit Boileau, *le vrai seul est aimable.*

Mais le beau, le vrai, où le trouverez-vous sinon dans l'INFINI, dans DIEU ?

Voilà pourquoi, avec les artistes chrétiens, nous aimons à mêler ces trois horizons, qui confinent si bien entre eux, les trois points *artistique, esthétique, ascétique.* Qui dit art, dit beauté ; la beauté, c'est le vrai ; le vrai, c'est Dieu. Si donc il y a de l'art dans notre monument, cet art nous mène au beau ; le beau conduit à Dieu. Et c'est ainsi que je comprends l'art véritable, où, si l'on veut, *la moralité dans l'art.*

§ II. — IDÉE SUCCINTE DU SAINT ROSAIRE QUI RÉSUME L'ABRÉGÉ DE LA FOI CHRÉTIENNE.

Arrêtons-nous, et prenons pour résolution de nous transporter bien souvent dans ce pieux sanctuaire, où nous pouvons, en effet, étudier, non-seulement, le vrai, le beau, l'agréable, l'utile qu'y répandent partout les arts et le bon goût ; mais venons y apprendre, y goûter le SEUL NÉCESSAIRE (1), que nous y prêche si énergiquement et si suavement l'histoire de la *Vie*, de la *Passion*, de la *Résurrection* du *Sauveur*, dans les 15 mystères du Rosaire, peinture verrière vraiment admirable de la chapelle, petit chef-d'œuvre d'art dû au talent de MM. Laurent et Gsell, de Paris : *INCARNATIONEM*

---

(1) « Il y a loin, dit un éloquent et savant prélat, il y a
« loin de l'admiration froide de nos prétendus artistes du jour
« en face de nos flèches aériennes, en présence des colonnes
« et des colonnettes de nos incomparables basiliques ; il y
« a toute la distance et la profondeur d'un abîme entre
« cette admiration stérile, toute païenne, triste et trop
« réelle *adoration de la pierre...*, et la foi agissante de
« nos pères, qui construisirent ces monuments pour un
« but autre que la froide admiration..... »

(Mgr Plantier, Év. de Montpellier.)

cognovimus ; per PASSIONEM ejus... ad RESURRECTIONIS gloriam perducamur. Quelle douce pensée pour le prêtre qui célèbre, dans cette pieuse chapelle, devant ces tableaux, comme pour les fidèles qui assistent aux saints mystères, de pouvoir se dire avec une *pleine certitude* : Entre mes mains, sous mes yeux, dans mon cœur, s'accomplissent EN RÉALITÉ, dans un clin d'œil, tous les mystères que je lis dans ces tableaux : Oui, dans mes mains J.-C. naît, vit, souffre, prie, meurt, ressuscite aussi réellement que jadis à Bethléem, à Nazareth, à Jérusalem, dans la Crèche, au Calvaire, de son Tombeau ? *ob memoriam PASSIONIS RESURRECTIONIS et ASCENSIONIS D. N. J.-C.* (1).

---

(1) Et quel sera notre grand bonheur dans le Ciel, sinon de contempler à découvert, au sein de l'infini, ces étonnants mystères, vrais *miracles d'amour* pour nous du DIEU AMOUR ! DEUS CARITAS EST !

Donc en récitant le Rosaire, je monte au Ciel par la pensée, je rends à Dieu tous mes devoirs ; *je jouis déjà du ciel ici-bas ! ! !*

Qui pourrait s'étonner après cela des faveurs obtenues, des merveilles opérées par ce tout-puissant moyen ?

§ III. — ADMIRABLE ORAISON DE L'*Angelus*, RAPPELANT AUSSI LES TROIS SÉRIES DE CES QUINZE MYSTÈRES : *Incarnation, Passion* ET *Résurrection.*

Dans ces trois mots de la belle oraison de l'*Angelus* qui, trois fois le jour, aux intentions sages et maternelles de l'Église, nécessairement infaillible, rappelle l'INCARNATION, la PASSION, la RÉSURRECTION du Rédempteur ; n'avons-nous pas les 15 si touchants mystères du Rosaire, les mystères JOYEUX, DOULOUREUX, GLORIEUX, que la Vierge *marteau des hérésies* et *terreur des démons*, enseigna au grand patriarche St-Dominique.—Et ELLE devait bien un peu s'y entendre ; — qu'Elle recommanda comme armes plus puissantes que l'épée de Simon de Montfort et que tous les canons des autres braves ; plus habiles que tous les prédicateurs mêmes contre les Albigeois... C'est que là, en effet pour les simples et pour les savants se trouve la quintessence de la foi, la religion toute entière, le *dogme* et la *morale*, Dieu et le monde, l'origine et la destinée de l'homme tout entier : *hoc est enim omnis homo.*

IV. — FAVEURS EXCEPTIONNELLES. — GRANDES INDULGENCES DU SAINT ROSAIRE.

Je ne m'étonne plus, après cela, des faveurs qu'un monde aveugle pourrait bien dire fabuleuses, des indulgences étonnantes accordées à la pieuse récitation du saint Rosaire.

360,000 ans ! pour la récitation d'un Rosaire qu'on peut diviser en deux et trois dizaines pour chaque jour de la semaine.

360,000 ans pour un Rosaire ! c'est à ne pas y croire, pour ceux qui ne veulent pas se rappeler que Dieu, qui, pour punir le monde, dans sa justice, le noya jadis dans *un déluge d'eau*, veut le noyer aujourd'hui, pour le sauver, dans sa miséricorde en J.-C., dans *un déluge de sang*. Hymne du Brév. rom. pour la fête du *Très-Précieux Sang*.)

Dieu pas connu, pas aimé !... Voilà pourtant ce cœur qui a tant aimé les hommes. (Voir le grand Manuel du Rosaire.)

On pourra raisonner, *déraisonner*.... Mais que répondre à l'autorité de 15 papes, autorité confirmée par l'autorité de Pie IX, lui aussi pape, et pape à la hauteur de son siècle, et qui confirme tous ces priviléges du saint Rosaire ? Que répondre ? sinon qu'avec des *charges nulles* on offre des *avantages incalculables* ?

§ V. — FACILITÉS DE GAGNER CES ÉTONNANTES INDULGENCES.

Pas un centime à payer, *pas un Ave Maria* à ajouter à vos prières ordinaires ; seulement, si vous dites *deux dizaines chaque jour* et trois dizaines le dimanche, ce qui forme quinze dizaines, c'est-à-dire le Rosaire, chaque semaine, avec ces *charges* vraiment *nulles*, vous avez part aux *avantages incalculables*, à toutes les indulgences du saint Rosaire ; mais faites-vous inscrire au registre et faites *rosarier* votre chapelet. (Voir le Manuel du Rosaire). Rien n'est curieux, *même historiquement*, comme ce charmant petit livre. O liseurs de romans ! mais combien je vous plains !

Je n'ai pas le pouvoir, quoiqu'on en puisse plaisanter, *en frappant du talon la terre, d'en faire surgir des trésors.* Ah ! comme on recourrait à moi de toutes parts ! Mais, ce qui vaut bien mieux, moi, le dernier des prêtres, j'ai le pouvoir étonnant, mais certain, en vous fermant les gouffres de l'Enfer entr'ouverts sous vos pas, de vous ouvrir à tous, si vous y consentez, le Ciel !!! O religion du Christ ! O Église catholique et romaine ! par vous le Ciel, le vrai bonheur, même ici-bas, nous sont donnés pour rien... Le simple fidèle y voit clair et le savant admire de plus en plus ! Seul l'impie tâtonne au milieu des ténèbres...

Chose plus étonnante ! par son vicaire sur la terre et par son Église infaillible, *plus infaillible, s'il se pouvait, que l'Évangile. (Je ne croirais pas à l'Évangile* (1), dit saint Augustin, *sans l'autorité de l'Église*). Voilà qu'avec quel-

---

(1) *Evangelio non crederem, nisi me Ecclesiæ commoveret auctoritas* (S. Aug.).

Bien mieux encore : *S'il n'y a pas d'Église, il n'y a pas de Dieu !..* Car enfin, s'il est un Dieu, il est souverainement parfait ; n'est-ce pas vrai ?

S'il est souverainement parfait, il a toutes les perfections ; c'est bien la conséquence rigoureuse !

S'il a toutes les perfections, il est nécessairement sage ; il a nécessairement la sagesse ;

Mais, est-il sage le législateur imprévoyant, qui donne à son peuple *des lois, un Code*, sans *Tribunaux* ni *Magistrats*, pour expliquer ce *Code*, pour appliquer ces *lois* ?.. Tel serait Dieu, s'il eût laissé ses lois divines et son Evangile éternel sans ce *Tribunal nécessaire, infaillible*, qui

ques paroles, quelques très-faciles prières à vos amis défunts, comme à vous-mêmes, vous vous ouvrez le Ciel *sans passer par les flammes, si vous voulez vous appliquer à bien gagner les grandes indulgences* (1).

Et voilà ce qui nous explique comment et pourquoi l'on nous vient, ici, *s'inscrivant au*

---

est *l'Eglise*, sans les Juges, les Magistrats, qui sont pour nous les Evêques avec le Pape?..

Donc *sans Eglise*, il n'y a *pas de foi ;* il n'y a *pas de Dieu !*.. Nos Protestants doivent en savoir quelque chose… Oui, *nier l'Eglise*, c'est *nier Dieu !*..

(1) Car je sais bien ce que vous ne manquerez pas de prétexter avec les lâches, les coupables indifférents : il est si rare, nous direz-vous de gagner *pleinement* toutes ces faveurs!—*Difficile*, je veux le croire, pour ceux qui ne veulent pas en essayer ; *impossible*, jamais!...

Et volontiers je croirais que cette étonnante facilité, ce *luxe de concessions d'indulgences* en nos jours d'impénitence et de sensualisme éhonté, sont un moyen de subvenir à notre faiblesse, et en même temps de confondre un jour cette lâche torpeur du plus grand nombre. « Le moyen « de devenir *facilement* et *en peu de temps*, un GRAND « SAINT, c'est de s'appliquer à gagner *toutes les indul-* « *gences possibles.* »   (S. Alph. de Ligori.)

Et vous viendrez vous plaindre des rigueurs de la justice du Très-Haut?.... Chantez plutôt : *Que le Dieu d'Israël est bon ;* mais à ceux qui ont le cœur droit : *Quàm bonus Israël Deus !*

Rosaire, de par de là les grandes villes de Caen, de Bayeux, de Lisieux et d'ailleurs. Ah! c'est qu'il se rencontre encore des intelligences qui comprennent, des cœurs qui aiment.

Je ne connais pas de puissance au monde qui m'empêche de porter ces douces vérités à la connaissance de mes frères, de mes amis.

§ VI. — CONDITIONS INDISPENSABLES, MAIS FACILES.

Trois conditions sont requises et suffisent pour ces indulgences étonnantes. Nous aimons à les signaler :

1º L'inscription au registre de la Confrérie;

2º La bénédiction du Rosaire par le Directeur, seul autorisé;

3º La récitation en pensant aux 15 mystères, à chacune des quinze dizaines, avec les vertus ou fruits correspondants.

Ainsi 1º.—*Pour les Mystères joyeux :*

1. Annonciation.—*Humilité,*
2. Visitation.—*Charité.*
3. Nativité.—*Pauvreté.*

4. Purification.—*Pureté.*
5. Jésus retrouvé dans le temple.—*Obéissance.*

2°.—*Pour les Mystères douloureux:*

1. Agonie.—*Résignation.*
2. Flagellation.—*Patience.*
3. Couronnement d'épines.—*Contrition.*
4. Portement de croix.—*Force d'âme.*
5. Crucifiement.—*Amour de N. S. et des ennemis.*

3°.—*Pour les Mystères glorieux:*

1. Résurrection.—*Foi agissante.*
2. Ascension.—*Espérance ferme.*
3. Pentecôte.—*Charité, zèle ardent.*
4. Assomption.—*Dévotion à Marie.*
5. Couronnement de la T.-S. V.—*Persévérance.*

(Voir les manuels du saint Rosaire).

O merveille ! évidemment toutes les **VÉRITÉS**, toutes les **VERTUS** et toutes les **OEUVRES** bonnes se rencontrent dans cette pratique facile du saint Rosaire. Ah ! c'est que l'**AMOUR**, qui est

TOUTE LA LOI, *l'amour n'a qu'un mot, un mot qu'il dit toujours, et ne le répète jamais...*
      (Le P. Lacordaire).

DESCRIPTION DE LA CHAPELLE ET DES QUATRE TABLEAUX D'ENTRÉE.

Et que ne pourrions-nous pas ajouter, dans cette partie descriptive, sur l'ornementation intérieure de la Chapelle, de l'Eglise toute entière, sur les statues, les tableaux, les peintures, les verrières !

Quatre belles toiles, peintures de M. G. Descostils (1), riche propriétaire des restes du vieux château de Dozulé, petit-fils du 1er Préfet du Calvados ; quatre belles peintures représentant *Adam et Eve chassés du Paradis* avec la *Conception* en regard, comme réparation future de cette immense catastrophe, d'un côté ; et de l'autre, la *Fuite en Egypte* avec l'*Assomption* pour pendant, servant d'introduction, dans la partie supérieure des nefs déambulatoires, à la cha-

(1) Artiste distingué, connu à Paris comme à Caen, où l'on peut voir plusieurs tableaux remarquables, dus à son pinceau, dans la magnifique basilique de Saint-Etienne.

pelle de la Vierge. On admire surtout *la Fuite en Egypte* et *la Conception*. Et ces quatre tableaux ne sont-ils pas les *deux premières* et les *deux dernières pages* de l'Ancien et du Nouveau Testament, toute la foi chrétienne qu'elles résument par conséquent, elles aussi, à leur manière. Oui, je prétends *catéchiser* mes chers enfants, mes bien-aimés paroissiens, jeunes et vieux, rien qu'en leur faisant faire et leur expliquant le tour de cette Eglise.. Pour cela le Rosaire, *inspiration de la Vierge*, la Vierge, *siége de la sagesse*, est surtout admirable.

Et demandez à Mgr d'Orléans qu'est-ce donc que le catéchisme, ce petit *livre des livres*, si mal compris, si peu connu ! Mais le catéchisme, c'est cela, tout cela et rien que cela : *la foi et la loi*, le *dogme* et la *morale*.

(Voir cet admirable opuscule du savant académicien, Mgr Dupanloup, son *Catéchisme aux gens du monde*, où il est démontré, par A plus B, que, souvent, en fait de religion, rien n'est ignare comme certains *prétendus savants*.. Et cependant où allons-nous ainsi, en regard de l'ÉTERNITÉ ?...)

Les trois statues de la chapelle représentent

N.-D.-des-Victoires, au centre: à droite, N.-D.
de la Salette, et Saint-Joseph en regard.

§ VII. — QUELQUES MOTS CONCLUANTS ET TOUT-A-FAIT IRRÉFUTABLES EN FAVEUR DE L'*Apparition* (1).

Que dirions-nous après les quarante à cinquante Evêques qui, non contents d'écrire en faveur de l'*Apparition* — *quos inter*, et des premiers, Mgr Dupanloup, — ont autorisé le *culte public* de N.-D. de la Salette ? Que pourrions-nous ajouter, quand l'immortel Pie IX, par *neuf décrets* solennels consécutifs, ferme pour ainsi dire à jamais le débat en accordant force *indulgences*, autorisation de prières, un *Office*, une FÊTE ANNUELLE *en mémoire de l'appa-*

(1) Voir un argument *nouveau, brief, décisif,* à la portée de toutes les intelligences, en faveur de la dévotion à N. D. de la Salette : (à la fin du 2e volume de la vie d'Auguste Marceau, capitaine de frégate commandant de l'*Arche-d'Alliance*), le même qui passa, il y a 21 ans, à Dozulé, grand admirateur de mon Christ. (Voir sa vie admirable, qui nous le montre, d'impie forcené, de *saint Simonien !* — c'est tout dire — devenu miraculeusement *véritable apôtre*, et surtout, pieux et doux serviteur de Marie).

rition. IN MEMORIAM HUJUS APPARITIONIS ?
— Que dirons-nous, sinon tout ce que le monde voit, entend et touche ici, comme ailleurs, à la cathédrale de Bayeux, à Nantes, à Caen, partout, sur la surface du globe : qu'en dépit des aveugles, des incrédules, des ingrats, la Vierge miséricordieuse multiplie pacifiquement, maternellement ses bienfaits, les prodiges (1) de tout genre, les conversions, les guérisons, *les miracles* éclatants et sans nombre, par cette eau toute miraculeuse ; ensuite par ces milliers d'images, de statues, d'autels, de temples, enfin, qui, de toutes parts, aux yeux de l'*Eglise infaillible qui approuve,* s'élèvent en l'honneur de N.-D. de la Salette (2) ?

(1) Effets très-*naturels* de la prière *surnaturelle* trop peu connue, et moins encore bien pratiquée. Dieu a promis ces résultats; on ne veut pas le croire... Voilà le mal !...

(2) J'aime cet autre argument : c'est un dilemme, vrai glaive à deux tranchants, d'un prêtre estimable et très-instruit. Il arrivait de la Salette : « Ah ! bien ! lui dit quel-
« qu'un qui, en guise d'esprit, voulait ricaner : parlez-nous
« de cela; car, nécessairement, vous avez dû voir... *des*
« *miracles?.. — Des miracles?* mais ils fourmillent; est-ce
« que l'on s'arrête encore à cette *bagatelle. Des miracles?...*
« Allons donc! et fi de vos miracles !... Est-ce que, par
« hasard, en plein XIXe siècle, le *bon Dieu, qui doit avoir*

§ VIII. — FAVEURS, PRODIGES, GUÉRISONS OPÉRÉS SOUS NOS YEUX.

Et si ce mot vous réveille, *vous scandalise*, venez voir, interrogez vous même ici, non pas

« *le sens commun*, s'aventurerait à essayer encore de cette
« vieillerie ; les miracles ? y pensez-vous ? Mais il cour-
« rait trop grand risque de se faire *dépecer* sur le formi-
« dable amphithéâtre dont le menace très-équitablement
« le Judas des temps modernes, maître Renan !... Du reste,
« poursuivit le malin et intelligent Pèlerin, si vous me
« parlez de miracles, il en est un qui les domine, les dis-
« tance et les éclipse tous. — Et quel est ce prodige ? — Ah !
« c'est tout simple : avant l'apparition, les habitants de
« Corps, des environs et de beaucoup d'autres localités,
« même au loin, étaient des jureurs, des blasphémateurs,
« des ivrognes, des impies, qui n'approchaient pas de
« l'Eglise. Depuis ce temps, à Corps, entre mille autres
« lieux, les hommes sont devenus sobres, pieux, édifiants.
« Voilà des faits, sur lesquels il m'est permis de bâtir
« ce raisonnement. Ce changement, qui l'a produit ?...
« *Il vient de Dieu, ou bien du Diable* : Si c'est Dieu, croyez
« à l'apparition, dont le Ciel s'est servi pour opérer ces
« étonnantes conversions. — Mais si c'est le diable qui se
« met à prêcher, je dis que le diable, de cette fois, est
« une f..... *bête*... Et il y a, croyez-moi, *beaucoup plus*
« *bête que le diable*... Ce sont ceux qui, *par un miracle*
« *diabolique*, ne croiront ni à l'apparition miséricordieuse,
« ni à Dieu, ni au Diable.... »

seulement des enfants, et le nombre des faveurs, des guérisons sur cet âge béni devient incalculable ; mais venez voir de vos deux yeux un beau lustre, une très-riche balustrade, etc., etc., dons de riches, pieuses, intelligentes et très-respectables Matrones de Dozulé et des environs, qui raconteront comme quoi elles furent guéries subitement et radicalement par N.-D. de la Salette !... Elles le croient, et le disent bien haut : qu'y faire ? — Moquez-vous-en, si vous l'osez ; mais doucement, pas trop fort ; croyez-moi : — Il y a plus sot que l'humble croyant... Peut-être, hélas ! PROCHAINEMENT nous y verrons plus clair encore... Attendez : patience !

§ IX. — RÉPONSE A UNE OBJECTION BANALE DE GENS IRRÉFLÉCHIS.

Arrêtons-nous, et répondons à une objection banale sans cesse répétée, quoique mille fois pulvérisée : *Que d'argent dépensé pour une seule Église !* — Nous répondons : *administrativement*, la commune de Dozulé n'y est pas pour 30,000 fr. (V. aux *Archives du département*.) 30,000 fr. sur

190,000 fr., ce n'est pas *le sixième de la somme !*..
Ajoutons que la moitié, les trois-quarts restent aux habitants, *qui seraient aujourd'hui ruinés sans l'Eglise;* l'Eglise qui, de l'aveu de tous, étrangers comme indigènes, fait la fortune autant que l'honneur de la localité (1).

Et direz-vous encore : *Que d'argent dépensé !* — Ah ! vous ne pleurez pas les flots d'or pour un luxe sans frein, qui, dans les lieux mauvais, l'ignoble cabaret et les tentes coupables, en ruinant les santés, abaissant de plus en plus les caractères, déshonorent l'humanité, désolent les familles, amoncèlent ces tempêtes des révolutions qui bouleversent les sociétés, les Etats, les Empires; et enfin, hélas ! ce qui vous touche peu, perdent les âmes. *Cadit asina...* Un vil animal tombe, dit S. Bernard, on le relèvera, *et est qui sublevet ;* mais les âmes, les âmes !...

Et vous regrettez le peu d'or qui brille sur l'autel !... Dieu peut bien s'en passer, il n'en a bien que faire : *Quoniam bonorum meorum non*

---

(1) Avant l'Eglise, je faisais, par an, 10,000 fr. d'affaires, à présent, j'en fais 20,000.
(Un M⁴ épicier de Dozulé, E. C...)
Si cent autres, et cela se peut, en font autant calculez ce que vaut l'Eglise pour le petit commerce.

eges! Songez-y, cependant; la première main qui violera le premier tabernacle, ne se fera aucun scrupule de violer votre cassette, de vous voler votre trésor... Car... (attention à ce qui suit) :

§ X. — POINT DE MORALE SANS RÉLIGION, SANS LA FOI.

Car la probité, la morale, l'honnêteté, où se trouvent-elles, où se prêchent-elles encore efficacement *en dehors de nos Eglises,* dont, à tout prix, vous tenez, à ce qu'il paraîtrait, à éloigner, à dégoûter le peuple?

Ainsi que la chair et la peau sur l'ossature du corps humain, dit pourtant très-judicieusement M. A. Nicolas, *la morale repose sur les dogmes* qui en deviennent la *nécessaire sanction* (1). Et vous vous avisez de supprimer, par exemple, le dogme de l'enfer, qui est de *vérité évangélique.* Mais, de grâce, que mettrez-vous

(1) « Philosophe! dit quelque part aussi J.-J. Rousseau,
« se condamnant parfaitement lui-même : O Philososophe!
« *les lois morales sont fort belles;* MAIS MONTRE-M'EN,
« DE GRACE, LA SANCTION. »

à la place pour arrêter le poignard de l'assassin ? Comment ! l'Enfer ne suffit pas, *avec ses peines éternelles,* pour empêcher les crimes de tout genre, dont nous sommes sans cesse les témoins, les victimes, et vous prétendez que le sentiment naturel, je ne sais quelle probité, *l'honneur !* pourront suffire !... Autant vaudrait essayer d'arrêter, avec des toiles d'araignées, ces chars brûlants qui, sur des sillons de feu, rivalisent avec la rapidité de la foudre, que de prétendre, avec de tels moyens, forger d'honnêtes citoyens.

Donner à son enfant des principes de *probité, d'honneur,* c'est bien, c'est très-bien ; mais ce n'est pas assez. Avec votre *parole d'homme,* et votre *raison d'homme,* vous le maintiendrez quelque temps ; mais attendez ; il grandira, et, avec lui, les passions... surviendront les tempêtes, les orages... Et puis, votre barrière de la *probité,* de l'*honneur mondain,* il la prendra, vous en fera des pièces, des morceaux, et vous en jettera les éclats à la face.

Laissez donc Dieu, DIEU SEUL, avec son PARADIS, son ENFER ÉTERNELS ; lui seul enchaînera les passions qui bouillonnent au cœur de l'adolescent, et leur dira, comme aux flots indomptés de l'Océan : Vous n'irez pas plus loin. *Huc usque...*

Est-ce bien ce que vous faites, en essayant d'enlever à nos Églises leur prestige si salutaire, pour en reporter la splendeur à cet ignoble cabaret, où viennent s'abrutir, le dimanche jusqu'au lundi inclus et dépassé, la génération présente, et, puisqu'il faut le dire, en nous couvrant la face des deux mains ! où viennent s'abrutir, chose inouïe, effroyable, osons-nous le dire?... les deux sexes ! *Aujourd'hui les deux sexes !!!* Grand Dieu ! mais à quel temps étions nous réservés (1)?

---

(1) Nous sommes dans une époque de statistiques. On fait partout des *statistiques;* en voici une et des plus instructives et des plus curieuses : sur 100 condamnés, il y a généralement 80 hommes et seulement 20 femmes. C'est tout juste un 5ᵉ; honneur au sexe !

Après le fait, le fait bien établi, cherchons la cause. Cela en mérite la peine. Serait-ce parce que les femmes seraient *naturellement moins méchantes* que les hommes ? — J'en demande mille fois pardon au sexe aimable auquel, avec bonheur, je m'empressais tout à l'heure de rendre hautement justice ; mais, par *mille autres statistiques*, le contraire est prouvé : quand une femme *tombe méchante*, elle ne l'est *jamais à demi :* elle devient *une furie...* Demandez aux temps anciens, demandez aux temps modernes, demandez à l'histoire de tous les lieux ; interrogez nos

Car vous avez voulu, riches, savants, Gouvernements, distinguer, choisir, *éclectiser* entre les préceptes, les Commandements de Dieu et

hommes apostoliques ; rappelez-vous Mgr Thomine nous peignant terriblement et *récemment en chaire, à Dozulé*, ces mères dénaturées, chez les peuples *soi-disant civilisés* du *Céleste-Empire*, qui, pour ne pas entendre les cris lamentables du fruit de leurs entrailles, qui les rappelleraient peut-être à des sentiments d'humanité, étouffent leurs propres enfants dans des chaudières à couvercles rougis sur les charbons !!! Oui, la femme est quelquefois méchante ; et quand elle le devient, le plus souvent elle pousse jusqu'au paroxisme sa fureur. — Hâtons-nous de dire que rien n'est comparable, ici-bas, à la femme sage, forte e bonne, — choisissez-la bien, entre mille,... Enfin, il s'en rencontre, et autant peut être, que d'hommes...

Mais comment donc et pourquoi, parmi nos femmes catholiques, sans parler des œuvres bonnes et des grandes actions portées souvent jusqu'à l'héroïsme, pourquoi si peu de crimes, de condamnations, *à peine un 5e* comparativement au sexe masculin ? — Pourquoi ? Ouvrez les yeux : nos femmes, nos filles chrétiennes *se confessent* et communient ! Otez ce double frein, qui, en même temps, devient pour elles un puissant aiguillon, aiguillon pour le bien, et frein contre le mal ; et vous verrez ce que deviendra la moralité du sexe, même parmi nous... *Communient-elles et se confessent-elles* ces malheureuses, ces bacchantes, qui font la honte des familles, l'effroi de la société ? O mères ! ô femmes ! ô jeunes filles, aimez toujours J.-C. qui vous a réhabilitées ; aimez ses Sacrements et SON ÉGLISE !!! Et dites-moi pourquoi, s'il vous plaît, les libertins et les impies tiennent encore à envoyer *leurs femmes, avec leurs enfants, à confesse, A L'ÉGLISE ?*...

les Commandements de l'Église; *en prendre*, comme vous dites, *et en laisser*. Vous avez dit: adorer Dieu publiquement, aller à la Messe, se confesser, communier! — Pas nécessaire! — Mais depuis quand le culte *intérieur* de la Divinité se soutiendra-t-il sans culte *extérieur*, sans prêtres, sans autels, enfin sans nos églises, qu'un génie réparateur, mieux avisé que vous, réconciliait avec le siècle? (Napoléon Ier rouvrait nos églises en 1802).

§ XI. — INCONSÉQUENCES CURIEUSES DE NOS PARTISANS DE LA MORALE INDÉPENDANTE, ET LOGIQUE DU PEUPLE.

Vous supprimez certains préceptes qui vous gênent — le 3e, le 6e?.. que sais-je? — et le peuple, aussi rusé, aussi fin raisonneur, tout aussi bon logicien que vous, croyez-le, le peuple a retranché le 7e (1). Alors que devient la *propriété?* On vous l'a dit crûment mais très-logiquement: *la propriété, c'est le vol*, puisque Dieu n'est qu'un

---

(1) Il a le même droit que vous; et vous le lui avez trop dit dans vos *détestables* journaux, et dans vos infâmes romans, sur vos théâtres immoraux, et partout...

mot. Aussi, que pourra cette voix découragée du Prêtre, se perdant, son (1) inutile et vain, dans es espaces vides, et sous les voûtes silencieuses de nos temples déserts, abandonnés? abandonnés, parce qu'il vous a plu de faire plus splendides, plus confortables, vos théâtres, vos halles et vos estaminets? en jetant à flots dans ces gouffres sans fond, l'argent, l'or, le pain, la vie, les sueurs, le sang, l'âme des peuples!.. Et vous viendrez nous parler de dépenses *exagérées pour nos Eglises!...* Vous avez posé le principe, le peuple en tirera la conséquence. Ah! vous avez semé du vent, vous moissonnerez la tempête : *Ventum seminant, turbinem metent.*

Voyez-vous ce rocher? Apercevez-vous ce torrent? Et remarquez-vous cette flamme? — Essayez donc de l'empêcher de rouler cette pierre énorme, minée, et par vous détachée de la montagne : dans sa chute effroyable, elle vous écrasera. Et le torrent, dont vous avez rompu la digue, vous voulez aujourd'hui le comprimer? Il vous engloutira. De même, cette flamme de l'incendie par vous imprudemment

---

(1) *Æs sonans, et cymbalum tenniens.*

allumé, elle vous dévorera!—Telle est la conséquence nécessaire et inévitable; car, ne l'oubliez pas : ainsi que la physique, la morale a ses lois et son inflexible logique.

§ XII. — POINT MÊME DE SOCIÉTÉ SANS LA FOI, SANS NOS ÉGLISES, OU ELLE EST ENSEIGNÉE A TOUS LES AGES, A TOUTES LES CONDITIONS.

Songez-y! Songez-y! la société ne subsistera qu'à la condition de redevenir *chrétienne et catholique dans le fond des entrailles.* Vous le reconnaissez vous-mêmes et vous nous le criez plus fort que personne : *Que font nos Prêtres? Que font nos Prêtres?* s'évertuent, chaque matin, à crier vos curieux journaux.—*Que font les Prêtres?* Mais, où travaillerons-nous, s'il vous plaît, et le secret de ramener à Dieu, à l'honneur, au bon sens, les populations égarées; où pourrons nous le faire, ailleurs que dans les temples, et dans des Eglises dignes de Dieu, dignes de la France, dignes de vous? Heureusement, il se fait des exceptions : honneur au Souverain qui a pu dire : « Après le calme ré-

« tabli, je veux mettre ma gloire à restaurer
« nos vieilles basiliques (1). »

§ XIII. — PAS DAVANTAGE DE GOUVERNEMENT QUI TIENNE SANS LA FOI.

C'est comprendre son siècle au point de vue de la foi, de l'art, et d'un sage Gouvernement. Car enfin le volcan des révolutions paraît comprimé : il ne vomit plus, pour l'instant, ces laves écumantes ; mais est-il éteint pour toujours ? Le croyez-vous ? De bonne foi le croyez-vous ? Et vous en tenez-vous bien assurés ? Où allons-nous ? Où allons-nous, quand la barque de Pierre est sans cesse agitée par la fureur des flots ? Ah ! ne l'oubliez pas ; l'impiété, vapeur funeste, fumée noire et nuage de pestilence, ne s'élève audacieuse vers le ciel, que pour retomber sur la terre en calamités, en désastres. (2).

(1) Parole de Napoléon III, entrant dans la belle Eglise de la Trinité, à Caen, le 4 août 1858.

(2) La toute récente Encyclique de Pie IX (25 septembre) contre les francs-maçons, les sociétés secrètes, ne justifie que trop ces inquiétudes fondées, ces justes appréhensions, ce cri de légitime alarme.

§ XIV.—EXEMPLES DES TEMPS ANCIENS ET MODERNES.

Attendez-vous, pour revenir à Dieu, la chute des astres, ou la dernière catastrophe de l'univers ? et n'avons-nous pas essuyé, depuis 70 à 80 ans, assez de misère ? ou voulez-vous que, comme aux jours mauvais, la France redevienne un vaste désert, un immense cimetière, alors que l'instrument de mort, cet instrument fatal en permanence, charriait dans le grand fleuve de cette immense capitale, moderne Babylone, des flots de sang, du sang le plus noble, le plus pur de notre malheureuse France, *parce que le sang de l'agneau sans tache ne coulait plus;* entendez-le, et ne l'oubliez plus jamais ; il *ne coulait plus sur nos autels,* sur nos autels déshonorés par un culte diabolique, le sang du Rédempteur! Car, hélas! elle *passait terrible parmi nous, la colère de Dieu!....*

Pas de puissance au monde, entendez-vous? qui m'empêche de parler fort, quand il s'agit ainsi de mon Dieu, de mon pays, de votre âme!!! Pas de puissance au monde qui m'ôte le droit de vouloir, d'agir ainsi toujours pour

Dieu.... pour *Dieu seul!* J'en défie le monde et l'Enfer! que le Ciel seulement me soit toujours en aide (1).

Est-il assez démontré maintenant, par les raisonnements, par les faits, par les faits les plus éclatants, comme par les plus irréfutables arguments, que si tout périt sans la foi, sans la Religion, sans l'Église ; avec l'Église et PAR L'ÉGLISE SEULEMENT, nous verrons enfin le PROGRÈS PORTÉ A SA PLUS HAUTE PUISSANCE au triple point de vue des *arts*, de l'*intelligence* et de la *morale* (2)?

---

(1) Et quand, chaque matin, fidèle au mot d'ordre à elle dicté par l'Enfer, la presse, vomissant sa bave et ses poisons, ne respecte ni le sacré ni le profane, n'épargne à Dieu lui-même ni l'insulte, ni l'horrible blasphème; quel sera le DROIT, le DEVOIR du prêtre catholique?—Ah! quand je n'empêcherais qu'un scandale, quand je ne procurerais au Cœur de Jésus qu'un acte d'amour, moi aussi, fidèle à mon chef, à mon Évêque, je resterai heureux d'avoir parlé, je parlerai...

(2) Et cependant à ce *point de vue religieux*, *l'Église* bien considérée comme *principe seul moralisateur*, que ne pourrions-nous pas ajouter?

Outre LA CROIX, qui tout domine, et qui brille radieuse, étincelante de gloire, et partout et toujours, à l'extérieur comme à l'intérieur de nos Églises; la Croix civilisatrice du monde; outre la Croix, quatre objets font comme le *meuble obligé* de nos temples catholiques : les FONTS, les TRIBUNAUX, la CHAIRE, l'AUTEL ! qui tiennent toute leur vertu et leur vie de LA CROIX !

Mais, dans ces quatre objets, une fois de plus, n'ai-je pas *ma foi toute entière et toute ma Religion :* DOGME, MORALE, SACREMENTS ? Car j'aime le positif ; et je suis pour les *Résumés* clairs, lucides, *pratiques*. Puis au fond, qu'est-ce que tout cela ?

Qu'est-ce que l'Église ? — J'entends l'Église *véritable, spirituelle*. — Mais l'Église, ce sont les âmes ; c'est l'homme ! Et voilà tout l'homme ; car l'homme aussi, c'est le temple de Dieu, son temple saint, *templum enim Dei sanctum est, quod estis vos !*

Hé bien ! *bâtissez*, et *purifiez*, et *ornez* sans cesse ; oui, embellissez, enrichissez de plus en plus, dans le fond de vos âmes, ce temple saint de l'Éternel. Etablissez-le d'abord bien solidement, et lui donnez pour fondement l'indispensable et rare HUMILITÉ ! pour ornement la belle CHASTETÉ, et pour couronnement l'aimable CHARITÉ !

Hoc est enim omnis homo !

FIN DE LA TROISIÈME PARTIE.

APPENDICE

TRÉSORS, RICHESSES SPIRITUELLES

ET FAVEURS

OBTENUES AU SANCTUAIRE DE NOTRE-DAME DU PLESSIS.

CONFRÉRIES.

NOTRE-DAME DE DOZULÉ EST RICHE DE QUATRE CONFRÉRIES : LE *Rosaire*, LE *Scapulaire ordinaire*, LE *Scapulaire bleu* DE L'IMMACULÉE CONCEPTION, ET LA *Confrérie de la* BONNE-MORT.

1er PARAGRAPHE.

LE SAINT ROSAIRE.

Nous en avons parlé dans la *partie ascétique* de cette *Notice*, à l'occasion des beaux vitraux de la chapelle de la Vierge. Par ces vitraux nous est venue la Confrérie. Et vous allez juger si nous avons quelque raison de revenir sur ce sujet.

Ecartons d'ici le mot profane et tout païen de *hasard;* et cependant, disons toute la vérité : Vive toujours la Providence si visible sur cette Eglise. A ma confusion je le déclare, *j'ai résisté de parti pris* (1). Longtemps j'ai résisté à l'établissement de la Confrérie du Rosaire dans mon Eglise; et voici mes *fameuses raisons :* il faut établir en principe, disais-je, et tenir en pratique, *à ne pas trop charger les fidèles de dévotions non nécessaires;* les commandements sont là : qu'on les observe ; et c'est assez : *Serva mandata!* Ensuite, n'avons-nous pas déjà les Confréries du *Scapulaire* et de la *Bonne-Mort ?* Je n'en voulais pas d'autres. Comme si les fidèles, après tout, n'étaient pas libres d'en prendre et d'en laisser, ainsi qu'ils le disent et le font très-parfaitement, très-librement.

Néanmoins, que ferons-nous de nos vitraux ? A quoi bon ces verrières représentant tout le *dogme,* toute la *morale, toute la foi chrétienne* dans les 15 touchants mystères ? Quel parti en tirerons-nous?...

Enfin revient, à Dozulé, le père Letellier, homme de sens et de bon jugement et pas du tout partisan des dévotions mal entendues. Le père Letellier me mit entre les mains le *grand Manuel* du Ro-

---

(1) Quelle place a l'orgueil, quand le bien très-souvent, je le proclame hautement et de grand cœur, s'est fait *sans moi et malgré moi*?..

saire. A 60 ans, et tout haut je le dis à ma confusion, je n'avais pas touché ce livre (1).

Pourquoi ? Par *aversion pour les dévotions exagérées. Veritatem dico ; non mentior.* Est-ce assez clair ? Et quel ne fut pas mon étonnement quand je vis les bienfaits, les prodiges, les miracles opérés par le Saint-Rosaire ? Quand je pus me convaincre et y voir clair, aussi clair qu'il est patent que 2 et 2 font 4, que la dévotion du Saint-Rosaire, avec des CHARGES NULLES, présente des AVANTAGES INCALCULABLES. Je fus donc enfin converti.

Je prêchai et je fis établir solennellement le Saint-Rosaire, qui, récité par 2 *dizaines* chaque jour et 3 *le dimanche*, ou le samedi — ce qui forme les 15 dizaines, répondant aux 15 mystères — donne ni plus ni moins, par chaque Rosaire ainsi récité, des centaines de mille ans d'indulgence (360,000 par Rosaire!) Est-ce que j'ignore que tout cela paraîtra exagéré, fabuleux, tout ce que l'on voudra ; fanatique peut-être ? Moi-même j'ai pu marcher dans cette voie. Aussi je ne vous accuse pas, je vous plains. Mais de grâce serez-vous plus savants que 15 Papes et que 200 peut-être ? plus intelligents que l'Eglise ? c'est modeste ! Vous en-

---

(1) Le grand nombre de ceux qui ne sont pas plus avancés m'excuse-t-il ? Je ne sais ; ce que je sais bien, c'est que je dois bénir le ciel de cette rencontre, sans laquelle *nous n'avions qu'en images le Saint-Rosaire à Dozulé.*

tendez seuls réformer l'Eglise *infaillible* de Jésus-Christ (1) ? c'est trop fort ! Ceux qui ne verraient pas ce qu'il y a d'*impie* dans de telles prétentions, qu'ils aperçoivent au moins ce qu'il y a d'*absurde*.

Donc sans *payer un centime*, sans dire un *Ave Maria* de plus, on fait *rosarier* (2) son chapelet, on se fait inscrire au registre (le nombre des inscriptions passe déjà 400 à Dozulé) ; et l'on participe ainsi facilement aux avantages immenses pour soi et pour les morts. Que dirions-nous de celui à qui un monarque puissant, l'Empereur, par exemple, ouvrirait ses trésors, et qui refuserait d'y puiser pour lui et pour les siens ? Telle serait notre conduite en refusant ces avantages. Quelle aberration ! quelle folie !

---

(1) Avis à Messieurs les Rationalistes, les Protestants, partisans du *libre examen*, adorateurs bénins de la *raison individuelle*.

(2) *Rosarier* : faire appliquer au chapelet, par un Prêtre qui en ait le pouvoir, les indulgences du Rosaire. J'ai ce pouvoir *pour moi et mes successeurs à Dozulé, Directeurs de la Confrérie du Saint-Rosaire*.

2ᵉ PARAGRAPHE.

LE SCAPULAIRE ORDINAIRE DE NOTRE-DAME DU MONT-CARMEL.

Nous renvoyons aux *Traités* sur les indulgences, aux *Manuels* qui traitent de ces sujets. Contentons-nous d'indiquer en passant que la Confrérie du Saint-Scapulaire, établie depuis longtemps, même dans l'ancienne Eglise de Dozulé, contient près de 200 noms, plus les 50 environ agrégés du *Scapulaire bleu* de l'Immaculée Conception.

3ᵉ PARAGRAPHE.

LE SCAPULAIRE BLEU DE L'IMMACULÉE CONCEPTION.

L'Eglise de Dozulé doit à M. l'abbé Noget-Lacoudre, aujourd'hui vicaire général, l'obtention du diplôme de cette pieuse Confrérie, lors de son séjour à Rome en 1860. Merci à Monsieur le vicaire général qui n'oublie point ses amis ! Le but de cette belle association est la réforme des mauvaises mœurs et la conversion des pécheurs. Et tel est le but de l'Incarnation, de la foi toute entière ! (voir les Manuels). Cette association possède aussi d'immenses avantages. (Voir les *Traité des Indulgences*).

4e PARAGRAPHE.

CONFRÉRIE DE LA BONNE-MORT.

Nous n'hésitons pas à dire que cette pieuse Confrérie est le plus grand trésor spirituel de l'Eglise de Dozulé. *Un petit Manuel* de 122 pages, approuvé et recommandé par 6 Evêques et Archevêques, dont un est le Cardinal S. E. Mgr Mathieu, Archevêque de Besançon ; disserte abondamment sur la Confrérie. Elle fut érigée en octobre 1848, à la suite d'une solide mission donnée par feu M. l'abbé Rauval, enfant de la contrée, missionnaire apostolique.

Très-goûtée et bien suivie dans tout le pays, et même au loin dans plusieurs villes du diocèse, cette Confrérie arrive au 6e cent d'associés (592) parmi lesquels sont enrôlés des Prêtres, des Chanoines ; et tout récemment, outre les bonnes Religieuses de l'hospice de Pont-l'Evêque, les 60 ou 80 Religieuses de la très-fervente communauté de N.-D. des Augustines d'Orbec, qui prient avec nous et pour nous ; en récitant quotidiennement les cinq *Pater* et *Ave:* seule condition pour avoir part à tous les avantages de la Confrérie ; condition qui n'oblige, bien entendu, sous peine d'aucun péché ni mortel, ni véniel, pas plus que dans les autres confréries.

Celle-ci devra toujours être considérée comme *la plus sérieuse, et la plus utile;* on le comprend, puisque les autres, ainsi que *celle-ci plus immédiatement,* ne peuvent avoir d'autre but que de nous apprendre *à bien vivre pour bien mourir.* Les conditions d'admission sont toutes gratuites, et partant accessibles aux pauvres comme aux riches. Ceux-ci néanmoins, moyennant l'honoraire d'une messe qu'ils versent, ont part chaque année, en plus des prières communes d'association (les cinq *Pater, Ave*), à 50 ou 60 messes qui se disent le vendredi de chaque semaine pour les vivants et trépassés de la Confrérie (1).

(1) On sera touché comme nous du procédé pieux, fervent et généreux (attendu sa condition de simple servante) de la petite Madeleine Baillard, qui de Dozulé où elle a édifié plusieurs années, rentrée dans son pays de la Lorraine, envoie fidèlement chaque année, en timbres-poste, son offrande (1 fr. 50) pour la messe de la Bonne-Mort. *Confiteor tibi pater qui abscondisti hæc a prudentibus et sapientibus et revelasti ea parvulis !*

RELIQUES, IMAGES, STATUES, OBJETS D'ART.

5ᵉ PARAGRAPHE.

VRAIE CROIX.

S'il nous est permis d'*adorer* (d'une *adoration relative*), le bois sur lequel expira le Rédempteur du monde, évidemment ceux qui possèdent même une *légère fraction* de ce bois sacré, possèdent un très-précieux trésor. Or, depuis plus de 30 ans, je tiens de la libéralité de Mgr de Quélen, archevêque de Paris, de sainte, et noble, et savante mémoire, une fraction de la *vraie croix avec authentique et cachets* bien en règle. Il est entendu qu'après moi, cette précieuse relique, reconnue par l'Autorité diocésaine, qui permet de la faire vénérer aux fidèles, restera dans un reliquaire, attachée au côté droit de l'autel de la Très-Sainte Vierge comme l'un des trésors de l'église.

6ᵉ PARAGRAPHE.

VOILE DE LA TRÈS-SAINTE VIERGE

Jusqu'ici notre petit trésor nous est commun, sinon avec toutes les églises, du moins avec un certain nombre d'églises qui, comme nous, possèdent certains priviléges et confréries, avec [parcelle de la vraie croix.

Mais quand à un voile, ou partie d'*un voile qui ait réellement appartenu à la Vierge Marie, Mère de Jésus-Christ,* trouvez-m'en quelqu'autre, ailleurs qu'à Rome ou à Constantinople ; une autre que l'insigne Eglise de Notre-Dame de Chartres, à qui Notre-Dame de Dozulé doit cet incomparable trésor. Ici, pour répondre à deux hardies négations, je me pose deux questions :

1° Y a-t-il réellement *à Chartres un voile de la Très-Sainte Vierge ?*

2° En avons-nous réellement *une parcelle à Dozulé ?*

A la première question, nous répondrons en renvoyant le lecteur à TOUTES LES HISTOIRES *de l'Eglise et de France,* sous la date de l'an 909 de J.-C. Nous sommes forcés d'abréger. Voici ce que nous dit l'historien Bérault-Bercastel, ainsi que le père Longueval et les autres : « Partout victorieux
« depuis 30 ans, Raoul, dit aussi Rollon, le fameux
« chef des Normands, ravageait la France entière
« et mettait tout à feu et à sang. Après s'être em-
« paré de notre magnifique province de la Neus-
« trie, qui y perdit jusqu'à son nom, pour prendre
« celui des vainqueurs ; voici Rollon sous les murs
« de Chartres : les habitants prennent aussitôt le
« parti, seul prudent, de conserver au moins

« leur vie, en se sauvant par la fuite et lui aban-
« donnant leurs maisons.

« L'Evêque seul avec quelques prêtres, quelques
« invalides, prit le parti extrême de s'avancer au-
« devant du farouche guerrier. Anthelme (c'est le
« nom du pontife), pour toute arme, avec la croix
« de procession, revêtu de ses habits pontificaux
« comme pour célébrer les saints mystères, porte
« lui-même en bannière la sainte tunique de la
« Vierge Marie envoyée de Constantinople par
« l'empereur Nicéphore à Charlemagne, et donnée
« à l'église de Chartres par Charles-le-Chauve,
« petit-fils du grand empereur Charlemagne. D'aussi
« loin que Rollon et son armée ont pu voir la
« sainte Relique, véritable *palladium*, légué à
« son Eglise par la Vierge *terrible,* elle seule,
« *comme toute armée rangée en bataille;* Rollon,
« avec les siens, saisi d'une terreur panique,
« prend la fuite en tremblant devant le saint
« Voile. »

Quand tous les historiens de France et de l'Eglise sont unanimes à nous raconter un tel fait, il faut y croire. Il faut y croire ou tomber dans l'absurde, c'est-à-dire le pyrrhonisme de l'histoire. Mais de ce fait admis, comme on est forcé de le faire, je tire trois conclusions: 1° Il y a donc à Chartres un véritable voile de la Vierge; 2° ce voile fut envoyé par Nicéphore à Charlemagne; 3° cette sainte Relique eut, en 900, la vertu de mettre en fuite une armée formidable et de sauver la *ville de la Vierge* (1).

Voilà pour la première question : oui, Chartres, dans sa magnifique et célèbre cathédrale, possède bien la sainte et fameuse relique connue sous le nom de *voile miraculeux* de la Très-Sainte Vierge: *Sancta Camisia*.

N. B. Le père de Longueval (2) qui, comme les autres historiens, rapporte dans les mêmes termes ce fait merveilleux, le place deux ans plus tard, en 911, ainsi que quelques autres ; mais il nous apprend que Rollon, venu *une seconde fois* pour

---

(1) Cent ans avant J.-C., les Druides ADORAIENT (*sic*), à Chartres, dans un temple païen, sur l'emplacement même de l'église actuelle, l'incomparable cathédrale, *adoraient* une femme tenant sur ses bras un enfant, assise sur un autel, au haut duquel on lisait ces deux mots: VIRGINI PARITURÆ ; A LA VIERGE QUI ENFANTERA.—Dans le plus délicieux pèlerinage de ma vie, où je fus si heureux de donner sans réserve à la grande Vierge de Chartres, mon *passé*, mon *présent* et mon *avenir*, je rapportai de Chartres l'image bénie de ce fait miraculeux, image que je possède encore. C'était en 1831, en sortant de la Solitude d'Issy, près Paris : Dieu nous favorisa d'avoir pu faire, à pied, de Paris à Chartres, aller et retour, le pèlerinage, par une chaleur tropicale (23 lieues de Paris à Chartres — 44 lieues, aller et retour : près de 180 kilomètres d'aujourd'hui.)

(2) *Histoire de l'Église Gallicane*, année 909-911.

faire le siége de Chartres, aurait été *chassé une seconde fois* par le saint voile : ce serait *deux miracles pour un.*

A ce propos, un auteur du temps apostrophe ainsi Rollon, honteux de sa défaite :

« Partout vainqueur (excepté devant Chartres), « console-toi, Rollon ! Non tu ne fus point vaincu « par les habitants de Chartres, mais PAR LA PUIS- « SANTE MÈRE DE DIEU, la Vierge Marie qui, là, « dans son Eglise, a déposé son voile, véritable « *palladium.* »

Peut-on parler plus clairement?

Donc ce saint voile est bien à Chartres.

Donc il fit reculer Rollon.

Les amateurs d'antiquités, les vrais savants, nous sauront gré de donner ici en latin, et *in extenso*, la très-curieuse légende du Bréviaire de Chartres, relativement au fait que nous rapportons ici, d'après tous les historiens de l'Eglise et de France.

Cette belle légende se trouve au 17 octobre, jour de la Dédicace de la Cathédrale de Chartres, leçon 4ᵉ de l'office du jour ; la voici textuellement :

Ex annal. franc. et Missalib. Eccl. Carnot.

Carnotensem ecclesiam Celebrem vel maxime fecit suam erga Deiparam benè sana devotio. Templum hujus præcipuum à primis temporibus Mariæ dicatum esse omnibus notum est.

Circa annum octingentesimum septuagesimum

quintum, ibi plurima Dei matris vestimenta deposuit Carolus Calvus, quæ avus ejus Carolus Magnus à Constantinoplitanorum imperatoribus acceperat. Pretiosæ illæ in magnificâ capsâ ad nostrum usque tempus servatæ reliquiæ *Carnotensem ecclesiam* effecêre pietatis et devotionis *locum per entversum Christianum orbem LONGE CELEBERRIMUM!* Huc undique certatim affluere visi sunt à primordiis temporibus usque nunc Reges, Principes, populi, aut Mariæ favorem in afflictis rebus rogaturi aut de acceptis beneficiis grates reddituri. Hanc sibi peculiarem Dominam et Patronam elegit urbs Carnotensis : huic salutem suam debere se gloriata est anno præsertim nongentesimo nono, cum à Rollone Normannorum duce obsideretur. Hæc de Ganalino (seu Anthelmo) ejus tunc temporis Episcopo, narrant antiquæ Ecclesiæ Carnotensis chronicæ, cum coævis de hoc facto historiis consentientes:

Suscepta de Beata Virgine fiducia, de propugnaculis ostensa est Normannis sancta Camisia quæ in dicta Ecclesia huc usque servatur, HOSTES TERRITI ET QUASI AMENTES facti sunt.

Hinc dictus Episcopus assumpto alio ornamento quod *supparum* nominatur, et hastæ in modum vexilli imposito. à civitate cum suis exiens in ipsos inopinatò irruit et cædens de obsidine fugavit.

On lira avec un plaisir non moins grand la lettre autographe, à la fois *si humble et si vigoureuse*, si pleine de foi de l'immortel Évêque, lettre que M. l'abbé Bélouin m'annonçait comme une *autre relique :* avait-il tort ? Le lecteur en pourra juger.

Monsieur,

M. Bélouin doit vous envoyer une parcelle de la relique si précieuse, que nous conservons ici, et pour laquelle nous professons une vénération sans bornes (1). Je suis charmé que vous en ayez votre part pour votre Église. Elle recevra dans vos contrées, de cette religieuse Normandie, des hommages bien plus fervents, que ceux que lui adressent nos Baucerons, malheureusement trop rapprochés de la moderne Babylone.

Rien ne me touche autant que l'approbation de ceux qui, comme moi, sont ministres de Dieu, soit à cause de l'affection (2) que je leur porte, soit de la raison de la supériorité (3) de leurs lumières, dans tout ce qui a rapport aux grands intérêts et aux grandes vérités.

C'est donc un très-doux et très-précieux encouragement pour moi que la conformité de mes pen-

---

(1) Est-ce assez clair ? Et le grand Évêque y croit-il ?

(2) Quel noble cœur ! seule l'Église catholique inspire de tels sentiments.

(3) Quelle profonde humilité ! les vrais génies seront toujours les plus modestes.

sées avec les vôtres, Monsieur, et avec celles de vos dignes confrères.

Mais il s'agit d'un colosse(1) qui ne peut être renversé que par la petite pierre que la prière seule (2) peut détacher de la montagne et mettre en mouvement. Je crois donc qu'il est très-essentiel de faire prier beaucoup les bonnes âmes répandues dans toute la France. Je pense que sans ce secours et la *violence* de ce moyen, la parole des Évêques et des Prêtres ne sera qu'un *airain sonnant* fort inutilement.

L'endurcissement (3) est porté à un degré qui n'a peut-être pas eu d'exemple!....

Recevez l'assurance de ma considération très-distinguée et mes salutations cordiales, Monsieur.

Votre très-humble serviteur,

C. H., *Évêque de Chartres.*

Chartres, 28 juillet 1843.

P. S. Je vous remercie de votre anecdote très-curieuse.

A Monsieur Durand, Curé de Dozulé.

---

(1) Tout le monde religieux comprend à quel adversaire fait ici allusion le célèbre Évêque; on n'a point oublié ses luttes de 20 ans et ses victoires.

(2) Voilà toujours le moyen des moyens ! la prière !

(3) Que dirait aujourd'hui le saint Évêque ? Ah ! veillons sur le dépôt de la foi... Prions ! nos ennemis, eux, ne s'endorment pas...

2ᵉ QUESTION. Avons-nous bien réellement, à Dozulé, une parcelle de cette très-précieuse relique? Réponse : Il nous suffira de dire au lecteur intelligent et de bonne foi: Venez et vous verrez : *veni et vide*. Nous vous produirons non-seulement la Relique elle-même, ce qui prouverait peu, nous le savons ; mais nous vous montrerons : 1° Deux lettres d'un savant Prêtre de Chartres, qui démontrent que la *possession* seule et la *croyance par tradition*, conservées à Chartres depuis dix siècles, entre les faits d'histoire, sont des *arguments de prescription* assez péremptoires.

Nous vous offrirons: 2° Une *lettre autographe* (1) du très-illustre Évêque, Mgr Clausel de Montals, qui nous déclare professer pour cette incomparable relique, le saint voile de la Vierge Marie, une *vénération sans bornes*. Enfin ce qui clôt le débat :

3° Nous sommes en possession depuis 22 ans et plus (août 1843) d'un *authentique* (2) en règle avec

---

(1) Nous venons de la lire (voir ci-dessus).

(2) Voici les termes de cet authentique, que nous conservons comme un vrai titre de noblesse, dans les archives de Notre-Dame de Dozulé.

« CLAUDIUS-HIPPOLITUS CLAUSEL DE MONTALS, Dei
« gratiâ et *sancta Sedis Apostolicæ* auctoritate Episcopus
« Carnotensis. Fidem facimus ac testamur Reliquiam præ-
« sentibus per sigillum nostrum episcopale annexam VERAM
« ET AUTHENTICAM ESSE PARTICULAM VELI BEATÆ MA-

les *signatures et cachets* de l'Évêque de Chartres, reconnus et contre-signés par le vénérable et regretté M. Michel, vicaire général de Mgr de Bayeux, au nom de Mgr Robin, qui permet d'exposer à la vénération des fidèles.

Je ne sache pas de démonstration plus complète.

N. B. On n'ouvre plus jamais la châsse précieuse qui renferme le saint Voile ; et par conséquent, il n'en est plus concédé à personne.

La parcelle de la portion que Mgr Clausel a partagée pour Dozulé, fut détachée de celle octroyée, avec authentique, il y a des siècles, à la communauté de la Visitation de Chartres.

« Je vous charge, dit le Prélat à M. l'abbé Bélouin,
« Chapelain de ce monastère, de remettre cette pré-
« cieuse Relique au *pasteur courageux* de l'Eglise
« nouvelle de N.-D. de Dozulé : la Vierge *toujours*

« RIÆ VIRGINIS, quod asservatur in sanctissimâ capsâ in-
« signis *Ecclesiæ* nostræ Cathedralis. In quorum fidem præ-
« sentes litteras expediri *mandavimus.*
« Datum Carnutis sub signo et suscriptione Vic. nostri
« genlis.
« De mandato Ill. ac Re. Dl Dl. Episcopi Carnotensis, anno
« Dni 1843, Die verò—Julii 29e.

LEVASSORD, v. g.
OLIVIER, *secrét.*

« *et partout victorieuse de l'erreur* (1), se plaît à
« récompenser ses serviteurs fidèles, à bénir ses
« enfants. »

Qu'on me permette ici une réflexion. Elle est de
saint Jean Chrisostôme et vous en plaira davantage. « On ne voit personne, dit-il, entreprendre
« de longs voyages pour visiter les superbes mausolées, les tombeaux splendides des rois et des
« grands de la terre. Tout au contraire : tout au
« contraire, les rois eux-mêmes se lèveront en
« masse pour aller visiter les restes du plus
« humble des saints. » (2) — Preuve de nos jours,
et sous nos yeux, le curé d'Ars...

Mais si tels sont les saints, quelle ne sera pas la
Reine de tous les saints ? *Regina sanctorum omnium ?* Aussi, quels flots de populations, de fidèles,

---

(1) La modestie d'un très-illustre ami, qui a mérité plus
que moi dans cette affaire intéressante, et, peut-être, de
toutes la plus heureusement providentielle sur la chère
Eglise, m'interdit de m'expliquer plus largement sur ce
chapitre.

Quoiqu'il en soit, j'apprécie cette faveur insigne de Mgr
de Chartres à la hauteur de toutes les décorations, au-dessus des titres même de noblesse.

Cette sainte Relique, partout mon arme de défense, mon
bouclier pendant ma vie, longtemps après moi, restera de
mon Eglise la puissante protection.

(2) In hom. 26., in II ad Cor.

de Prêtres, de Pontifes, de Rois, n'a pas vu s'agenouiller devant elle, depuis dix siècles, dans l'antique basilique de Chartres, cette sainte relique, ce *voile miraculeux* de la Vierge Marie !

Pour le garder, nos pères ne crurent pas faire trop belle l'une des merveilles de la Chrétienté, Notre-Dame de Chartres. — Pour en posséder même une petite partie, est-ce trop des sacrifices légers que nous faisons pour Notre-Dame de Dozulé ?..

Vierge de Chartres ! (1), bonne Mère ! quand j'étais à vos pieds, il y a trente ans et plus (août 1834), si vous m'aviez tenu ce langage : « Tu me re-
« mets *ton avenir*, enfant !... va, encore un peu, et,
« toi aussi, tu m'auras élevé un assez brillant sanc-
« tuaire ; et je veux y placer ta part de mon saint
« voile, que tu viens ici vénérer ; il *recevra, dans*
« *ma fidèle Normandie, des hommages bien plus*
« *fervents que ceux que lui adressent les Bauce-*
« *rons, malheureusement trop rapprochés de la*
« *moderne Babylone* » (paroles extraites de la lettre de Mgr de Montals): assurément, j'aurais dû croire à un rêve, ou à quelque pieuse illusion, si la Vierge m'eût ainsi parlé !... Le rêve est aujourd'hui de la réalité ; la poésie est devenue enfin

---

(1) Noircie par ses vingt siècles d'existence, la statue de la Vierge de Chartres serait, croit-on, sur tradition fondée, la même que celle adorée jadis par les prêtres païens, les Druides.

de l'histoire. Merci ! merci ! douce Vierge Marie !
grande Notre-Dame de Chartres ! ô merci !

7ᵉ PARAGRAPHE.

LE BEAU CHRIST EN IVOIRE.

Un beau matin, j'entendis crier : *A vingt francs le beau Christ !* — Allez ! et promptement, mon cher abbé, dis-je aussitôt à mon fidèle vicaire, et qu'il ne soit pas dit que *si le bon Dieu est à vendre ici, et de nouveau mis à prix,* il ne s'est trouvé personne pour l'acheter ! — Mais à quel prix monterez-vous, Monsieur le Curé ? La mise à prix est à 20 fr.; je pousserai pour mon compte jusqu'à 30 fr. ; passé ce prix, je parlerai pour vous, Monsieur le Curé. — Entendu, convenu.

On s'arrête à 39 fr. 50. — Adjugé à M. le Curé !
Le jour même, un sieur Godefroy m'en offre 300 fr. Plus tard, un confrère m'en dit 500. Un troisième amateur pose sur ma cheminée, aux pieds du Christ, un billet de 1,000 fr.

Tout cela me séduisait peu, et pourtant m'éclairait déjà sur la valeur de ma trouvaille, mon Christ.

Dans le même temps, pour mon Eglise, je fais un nouveau voyage à Paris. Atteint de la *Christomanie,* et ne rêvant que Christs, que beaux ivoires, je me fis partout exhiber sur mon chemin, dans Caen, dans Rouen, dans Paris, les beaux Christs, réputés les plus beaux de l'espèce. Je vis plus grand, plus colossal ; mais plus beau, (du moins à mon sens de propriétaire) plus artistique, plus fini, je cherchais ; et, de l'avis de plus savants que moi, j'attends encore.

Assurément, je pouvais me tromper : je ne suis pas artiste. Cependant, il se fit des révélations ; la lumière se fit. Ce fut d'abord le bon Seigneur Robin, qui nous aimait, que nous aimions : « Où « donc, petit Curé, avez-vous déniché ce grand « bon Dieu là, me dit un jour, passant chez moi, « le paternel Evêque ? — Par devant notaire, Mon- « seigneur, il m'est venu pour moins de 40 fr. — « Pas possible ! le mien, destiné à l'infortunée « Princesse de Lamballe, et qui me vient des hé- « ritiers de M. Paris, mon prédécesseur, curé du « Havre, aurait coûté 5,000 fr. Il est bien vrai, « c'est autre chose que le vôtre : le mien est de « beaucoup plus grand.—Plus grand soit, Monsei- « gneur, plus beau, plus fini ? Je n'y connais « rien, Monseigneur ; mais vous, qui connaissez « les deux termes de la comparaison, les deux « Christs, qu'en pensez-vous ? — Quand vous vien- « drez à Bayeux, vous verrez. »

Rentré chez lui, le bon Seigneur Evêque m'écrit : « J'ai mesuré mon Christ : 21 pouces ! le vôtre n'en a que 16 (41 centimètres). Enorme différence ! »

Enfin, me voilà à Bayeux. Monseigneur me place devant son Christ : « Eh bien ! est-ce le vôtre ? — « Le vôtre, Monseigneur, est plus grand, mais... — « Hé bien ! — Mais, prononcez vous-même. »—Et le bon Evêque de dire avec loyale impartialité : « Le « vôtre est beaucoup mieux au point de vue de l'art. » — Voilà pour Mgr Robin.

Peu de temps après (c'était le 20 septembre 1845), passait à Dozulé un personnage des plus distingués, célèbre, on peut le dire, dans les quatre ou cinq parties du monde, qu'il avait parcourues comme marin, et que, converti miraculeusement, il se disposait à parcourir encore en apôtre, en véritable apôtre. J'ai assez désigné le regretté, si pieux, si saintement énergique, Auguste Marceau, lieutenant de vaisseau, commandant de l'*Arche-d'Alliance,* duquel on vient d'écrire la vie toute admirable.

Marceau vit l'Eglise, alors en active construction, vit mon Christ. L'Eglise était inachevée, vraiment informe, sans voûte, sans toiture. Mais de ce coup d'œil d'aigle qui caractérisait Marceau, enchanté d'ailleurs du genre de style adopté, il dit ce que bientôt elle serait.

« Quant à votre Christ, Monsieur le Curé, j'arrive « en ce moment de Rome, de Rome, la patrie des « beaux souvenirs, des chefs-d'œuvre, des beaux-« arts dans tous les genres ; à Rome, j'ai vu des « Christs, Monsieur le Curé, et, n'en soyez point for-

« malisé, des Christs plus beaux que le vôtre, mais
« *de beaucoup plus parfaits que le vôtre, j'en ai*
« *trouvé* EN PETIT NOMBRE..... »

Tout cela était loin de me faire regretter mes 39 fr. 50.

— Tout cela, néanmoins, direz-vous, opinions fort respectables sans doute, mais enfin opinions particulières de Prêtres, d'Evêques, de voyageurs, plus ou moins artistes, et peut-être un peu complaisants, exagérés.

Vous n'êtes pas encore pleinement satisfait, je l'aperçois ; il vous faudrait quelque chose de positif et peut-être d'*officiel*.

Prenez un peu de patience, et, à votre grand plaisir, autant qu'au mien, j'ai fini toutes mes histoires !

En septembre 1861, il est question d'une Exposition régionale, à Caen. Le Christ de Dozulé est bien connu dans la contrée (1). On le réclame à

---

(1) Tout ce qu'il y a de distingué, de savant dans le pays, les vrais connaisseurs, encore aujourd'hui curieux de le voir, des Préfets, des Evêques, et nos deux Métropolitains de Rouen, NN. SS. de Blanquart de Bailleul et de Bonnechose, s'en disent les admirateurs sincères. « Je vous défie, a dit un homme d'esprit et de foi, je vous défie de voir ce Christ sans aimer notre Rédempteur !... » Et c'est bien là, assurément, à mes yeux de chrétien et de prêtre, son plus grand mérite et sa principale valeur. L'*image* rappelle et fait aimer la *réalité*.....

Caen, et je l'envoie. Il se trouve placé, à cette Exposition, entre deux Christs de valeur incontestable, au moins pour l'un des deux, qui fut estimé à 4,000 fr. Eh bien ! en vérité, — et c'est la réflexion qui fut faite plus d'une fois, tout haut, par les connaisseurs, dans la Salle de l'Exposition, — le Christ de Dozulé avait vraiment l'air du Christ, *du Christ entre les deux voleurs. Le 4,000 fr.*, sans doute, était *le bon larron.*

Enfin, hâtons-nous d'en finir : le *jury officiel* composé de MM. Etex, Cogniet, Hippeau, Naigeon et A** Houssaye, président, *inspecteur des Musées du Louvre,* (1) estima à **10,000 fr.** le beau Christ de Dozulé. *Il pourra bien être payé plus cher*, disent MM. les jurés ; mais nous parlons de sa *valeur artistique et réelle.* Porté plus tard à Paris, de Caen, par notre savant professeur historien, M. Hippeau, et présenté à une Société d'artistes, de savants, le Christ fut estimé au moins au même prix, **10,000 fr.**, par ces savants de la capitale. Voilà des faits (2).

(1) Voilà des estimateurs, des noms qui, en même temps qu'ils sont, ceux-là, de cette fois, *officiels,* honorent la science et les arts, et dont le jugement doit s'imposer avec autorité, ce nous semble, même aux plus difficiles, à ce qu'il y aurait de plus exigeant parmi les vrais amateurs, les savants dans l'espèce.

(2) Assurément, je n'en trouverai *pas demain* 10,000 fr., mais enfin il les vaut : telle est, bien établie, sa *valeur*

N. B. Par mon testament bien en règle, après moi, mon Christ sera placé sur le Tabernacle de l'autel de la Vierge, à la condition d'*une Messe à mon intention, par semaine, à perpétuité,* Messe que devra fonder, *soit la fabrique, soit mon légataire universel.*

Nous ne nous arrêterons pas sur les *circonstances, vraiment singulières et très-curieuses,* dans lesquelles ce Christ serait arrivé aux mains de Mme veuve D***, de Paris, dont les héritiers, qui en ignoraient la valeur, l'ont mis en vente à Dozulé. Une *Comtesse,* ou *Marquise,* ou *Princesse,* avec une *simple servante,* jouent là un rôle peut-être assez vraisemblable. Mais les preuves nous font défaut, et nous ne voulons donner que des choses certaines, des faits incontestables.

A ces sept articles ou paragraphes que ne pourrions-nous pas ajouter? Je ne ferai plus qu'inscrire, enregistrer sans réflexions et sans commentaires.

très-réelle, ou bien les savants et maîtres de Caen et de Paris n'y entendent plus rien.....

J'ajouterai que je ne me sens pas du tout la vocation de *vendeur de bon Dieu !*

8ᵉ PARAGRAPHE.

PROPAGATION DE LA FOI.

Au nombre des trésors tout spirituels de N.-D. du Plessis, il faudrait ajouter la *Propagation de la foi*, non pas comme *association* seulement, mais comme *cérémonie*, fondée le 25 janvier 1864 par un véritable apôtre, Mgr Thomine-Desmasures, évêque de Sinopolis. Qu'il était beau de voir en chaire cet homme de Dieu, avec sa mitre de vicaire apostolique, cassé, moins par les ans que par les travaux, les fatigues, les persécutions, les privations de toutes sortes, racontant ce qu'il a *vu de ses yeux et touché de ses mains* (1) dans ces pays lointains et sauvages, redisant les misères sans nombre, *le sort affreux de tous les âges de la vie,* privés de la connaissance, de la foi en Dieu, en N. S. J.-C. ! Qu'il était touchant de voir ce Pontife vénéré portant lui-même en procession le T.-S. Sacrement, donnant le Salut solennel, accompagné de plus de vingt prêtres accourus, malgré l'hiver, à cette procession, en étoles, avec un cierge à la main, comme dans nos grandes villes auxquelles nos offices — nous y tenons — n'ont rien à envier. La foule était

---

(1) *Quod oculis nostris videmus et manus nostræ contractaverunt.* (Joan. 1. 1.)

compacte ; et 94 fr. furent le résultat de la quête faite par M. le Doyen de Cambremer, chiffre égal ou supérieur au *prorata* des grandes églises.

Nous nous proposons de recommencer et continuer.

9e PARAGRAPHE.

SAINTE ENFANCE.

De même pour la *fête*, entre l'*Association de la Sainte Enfance*, également fondée à Dozulé par une touchante instruction donnée par M. l'abbé Hébert, doyen de Saint-Pierre-sur-Dives. (M. l'abbé Noget, vicaire général, officiait le jour de l'Adoration perpétuelle, le 1er juillet 1865.)

10e PARAGRAPHE.

HEURE SANCTIFIÉE.

La pieuse association de l'*Heure sanctifiée* compte aussi un certain nombre de membres inscrits à Dozulé : rappel à ces bonnes âmes de ne pas négliger ce moyen *plein d'actualité et des plus faciles*, recommandé tout récemment par Monseigneur, dans la *Semaine religieuse*.

11ᵉ PARAGRAPHE.

TROIS INDULGENCES PLÉNIÈRES ACCORDÉES PAR PIE IX
A LA VISITE DE L'ÉGLISE DE DOZULÉ.

Oublierons-nous les *trois indulgences plénières*, libéralement et tout paternellement—*Peramenter!*—concédées par l'incomparable Pie IX, à ceux qui visiteront l'Église de Dozulé, en y communiant : 1° le 29 mars, jour de saint Joseph ;—2° le jour saint Jean-Baptiste, deuxième patron de Dozulé ;—3° le 3 novembre, anniversaire de la Dédicace de notre Eglise : providentielle coïncidence qui réunit en ce jour à jamais mémorable pour Dozulé, l'Église *de la terre* aux Églises *du Ciel* et *du Purgatoire*, qu'on a célébrées les deux jours précédents ! Enfin, le soir du même jour a lieu le salut solennel, avec le *Te Deum*, accordé par Mgr Robin, en action de grâces, pour cette dédicace. La reconnaissance attire de nouveaux bienfaits, comme l'ingratitude en tarirait la source.

Nous ne finirions pas. Enregistrons sans commentaires :

1° C'est une intelligente enfant qui fit jadis à Dozulé sa première communion, devenue grande dame à Paris, elle fait vœu à la sainte Vierge ; obtient *quatre fois plus* qu'elle n'avait demandé ; puis paie largement sa dette, sa promesse à Marie, en faisant un don à notre Chapelle de la Vierge;

2° C'est une mère qui a quitté, pour Chartres, Dozulé; elle fait un vœu à saint Joseph pour sa chère petite Marie; obtient aussi *au-delà de toute espérance*, et nous donne la statue du bon saint Joseph, pour la chapelle de la Vierge à Dozulé;

3° C'est un M. de S***, personnage mystérieux, des environs de Rhodez, qui, enchanté, me dit-il, du style et de l'exécution heureuse de notre Église, veut apporter aussi sa pierre: une jolie chasuble, qui n'a d'autre valeur, ajoute-t-il avec un tact délicat et la plus exquise modestie, que d'avoir été travaillée par les mains des Dames du Sacré-Cœur, à Paris, où reste l'une de ses six enfants, religieuse, dame de chœur;

4° C'est un anonyme qui nous écrit, à diverses reprises: Veuillez ouvrir les troncs de votre Église... et à chaque fois nous y trouvons des pièces d'or formant à la fin une somme considérable : satisfaction pour un vœu que l'HONNÊTE ET MODESTE ANONYME n'avait voulu, sans doute, être connu que de *Dieu seul*...;

5° C'est une enfant, *petite Marie* de 4 à 6 ans, que ses parents, riches d'ailleurs, honorables, religieux, ont formée à m'apporter, chaque année, pour la Vierge Marie, grande patronne de l'enfant, 30 ou 40 fr. de rente ;

6° Que vous dirai-je des couronnes diamantées, et du collier brillant, et du cœur en vermeil de N.-D. des Victoires, etc., cœur contenant les noms des enfants privilégiés ? autant de dons de mains généreuses et pieuses, et le plus souvent inconnues ?

7° Fermons cette série de *bénédictions toutes spirituelles* par deux traits vraiment attendrissants, qu'il ne conviendrait pas de séparer :

Une main virginale apportera sa pierre : c'est la PIERRE SACRÉE ! Cette pierre, c'est son cœur, nous dit-elle, parfois non moins froid, non moins dur que la plus dure pierre... Mais il s'attendrira, espère-t-elle, sous le FARDEAU DIVIN, qui sur elle désormais à chaque aurore s'immolera. — Non moins brûlante, non moins pure, une autre main vient apporter la lampe, et dans la douceur de l'huile sainte, *qui n'exclut point les épines sanglantes de la croix*, sans laquelle, pour le cœur généreux qui aime *tout est dur ;* dans les célestes flammes du chaste amour, elle entend se consumer, comme sa lampe, à petit feu, la nuit comme le jour !... O sentiments délicieux, incompris, méprisés des aveugles mondains !... Touchante harmonie de deux cœurs ! l'un n'entend vivre que d'amour ; et l'autre d'amour veut mourir !!!

M. D. G. ☩ J. M. J.

CONCLUSION.

Recueillons-nous! résumons-nous et concluons.

Je suis Prêtre! — Et savez-vous ce que c'est qu'un être? Prêtre et pasteur des âmes! — A ce titre, me dois tout entier et sans réserve à la gloire Dieu, au salut de mes frères, à ma sanctification personnelle,

1° *A Dieu d'abord :* et comme ni vous ni moi ne endrons essayer de sonder de la Divinité les inndables profondeurs, nous chercherons Dieu dans rie: *Marie!* de la *Divinité* la plus éclatante manifestation, comme aussi la plus douce expression.

2° *Au bonheur de mes frères :* passant toujours de bstrait au concret, de l'inconnu au mieux connu, ns les âmes nous chercherons l'état normal dans quel elles nous apparaîtront plus belles : la grâce rnaturelle, la belle *charité!*

3° Enfin notre *sanctification* qui ne peut s'opérer que dans l'*Église* de Dieu, nous la chercherons et nous l'atteindrons dans la portion du troupeau dont nous aurons à répondre, dans l'Église de N.-D. de Dozulé.

Vous m'avez bien suivi: trois mots.

La *Vierge*, dans la *Trinité;*
Les *Ames*, dans la *Charité;*
L'*Église,* dans *N.-D. de Dozulé,*

Et si je vous ai entretenu de bien des choses, je n'ai pu sortir de ces trois mots: *Dieu, les âmes, nous-mêmes.* Oubliez tout le reste. L'Univers est là tout entier: Dieu et ses ouvrages; le Créateur et la création,

1° La Vierge dans Dieu-Trinité.

Ave Maria, filia Dei Patris; ave Maria, mater Dei Filii; ave Maria, sponsa Spiritus Sancti; ave Maria, templum totius Trinitatis. (Belle prière de l'Église à la T.-S. V.) Rien, après Dieu de comparable à la Vierge Marie dans *le monde*, dans *l'Église* et dans *le Ciel*. Et cherchons tout d'abord dans le *monde physique* (1) : Non, ni les richesses perdues, ni les trésors entassés par mille et mille naufrages depuis 6000 ans dans les gouffres (2) de l'Océan,

(1) Et ce monde extérieur et visible nous présente trois grands objets que nous apercevons partout : sur nos têtes, *le Ciel*; *la Terre* sous nos pieds; en face de nous *l'Océan* : je veux vous faire voir que la Vierge est plus grande et plus riche et plus magnifique que tout cela, *le Ciel, la Terre, la Mer*.

(2) Vienne un coup de vent semblable à ce fameux coup de vent qui, *pour ouvrir un passage à pied sec* aux Hébreux, balaya devant lui les flots de la mer Rouge, et les gouffres de l'Océan vont mettre à nu sous nos regards au fond des mers, *plus de trésors probablement* que n'en renferme la terre dans ses entrailles ! Folie de l'homme avare ! Vanité des biens d'ici-bas ! O néant des richesses ! On le comprendra mieux, et l'on ne l'appréciera bien qu'*au grand jour*, alors que plus puissant que le vent, le feu de sa grande colère desséchera les flots étonnés et tremblants...

ni la fécondité de la terre et de ses productions, le froment, en particulier, qui nourrit le genre humain, par un prodige plus étonnant cent mille fois que la *multiplication des pains* dans le désert, prodige que l'homme ingrat, aveugle, admire beaucoup plus, parce qu'il est plus insolite. — *Assuela vilescant ;* — ni la splendeur du firmament, ses astres brillants, son soleil et ses feux, rien jamais n'approchera de Marie, le saviez-vous ?

1° Bien mieux que l'Océan, Marie, portant dans ses chastes flancs la perle des perles, la richesse de Dieu, le diamant incomparable, J.-C., la rançon, le prix infini, infini, infini, qui seul pouvait payer et racheter le monde ;

2° Bien mieux que la Terre, Marie, renfermant dans son sein le froment des élus, le PAIN VIVANT, bien supérieur à ce *pain mort* qui jamais n'empêcha personne de mourir ; J.-C., le pain vivant, nourriture ineffable des Anges, qui seul peut donner à nos corps comme à nos âmes le principe d'une vie immortelle ; et cela des milliers et des milliards de fois, dans la divine Eucharistie, où *la chair de J.-C. n'est autre que la chair de Marie: Caro Christi, Caro Mariæ.* (S. Aug.) ;

3° Bien mieux que le Ciel enfin, Marie, de son sein divinement fécond, produisant le Soleil de Justice, qui éclaire, non un monde de boue, mais le monde intellectuel, un monde tout spirituel, *omnem hominem venientem in hunc mundum ;* car qu'était le monde avant J.-C. ? — Ténèbres, barbarie, superstitions, infamies, nuit profonde, qui ne s'enfuit que devant le véritable astre du jour, J.-C.

Et déjà vous voyez Marie, par rapport au *monde physique,* monde perdu par le péché, auquel, *terre nouvelle, Océan nouveau, Ciel plus pur* et plus saint, Elle est heureusement substituée. *Et vidi cœlum novum et terram novam... Jerusalem novam... sponsam ornatam viro suo* (3).

Et quelle serait cette Jérusalem nouvelle, cette épouse unique de l'Eternel?

§ 1ᵉʳ.

Marie, TÊTE, COEUR *et* GLOIRE *de l'Église de J.-C., comme elle est* CIEL, TERRE *et* MER *au sens spirituel.*

J'interroge tous les Interprètes, tous les Docteurs; et tous d'une voix unanime de me répondre: c'est MARIE !... c'est l'ÉGLISE, si vous voulez, dont MARIE est, suivant la pensée et l'expression magnifique du pieux et savant Gerson, la *tête,* le *cœur,* le *diadème: caput cor et diadema!* Ce qui me dispense d'essayer à vous dire ce qu'est Marie, le rôle immense qui lui revient dans l'Église de Dieu. (V. Aug. Nicolas, *La Vierge Marie vivant dans l'Église.*)

(3) *Apoc.* 21. 12.

Rien donc de comparable à la Vierge au *Ciel*, sur la *Terre* ou dans l'*Océan*. Tout avait péri par Adam; *après Dieu*, tout est réparé par Marie. *Après Dieu...* car quoiqu'en dise l'ignorance ou la mauvaise foi, nous ne prétendons pas faire de la Vierge Marie une *quatrième personne de la* SEULE ADORABLE TRINITÉ. Cela seul excepté, vous direz de Marie ce qu'il vous plaira ; montez, montez encore ! et vous n'arriverez *jamais trop haut* ! même en grandissant Dieu, vous exaltez Marie. Voilà pour la CRÉATION :

§ 2.

Marie, fille du Père, mère du Fils, épouse du Saint-Esprit.

Mais, voyons la Vierge Marie par rapport au CRÉATEUR, à l'adorable TRINITÉ.

Et n'est-elle pas en effet : d'abord du Père *la fille bien-aimée ?* Avec quelles caresses divines il dut accueillir cette enfant de trois ans, quand, avec son calice tout plein de sa virginale candeur, pour la première fois, elle vint se présenter à lui dans son temple ?

Ensuite n'est-elle pas du Fils *la Mère respectée*, avec laquelle il partage l'empire du TEMPS (1), *de*

(1) Et n'entendez-vous pas cette grande voix de l'Église, de l'Église, tribunal infaillible, qui, par l'organe de ses

l'ESPACE *du* MONDE? Coriolan, Salomon, que font ici vos mères? Que leur pouvoir est loin du pouvoir de Marie!... Et cependant, *nefas est ut avertam faciem tuam,* dit à sa mère le grand roi.

Enfin, de l'Esprit Saint, Marie n'est-elle pas cette *Epouse chérie et toute-puissante? Omnipotentia suplex,* terrible, elle seule, comme toute une armée en ordre de bataille? *Terribilis ut castrorum acies ordinata?* en même temps qu'elle est son épouse sans tache, l'IMMACULÉE? Que dirons-nous de plus? De la Trinité tout entière, Marie est le *temple,* le

Conciles, *depuis* ÉPHÈSE *jusqu'à* TRENTE, et par les écrits immortels de ses Pontifes, de ses Docteurs et des plus grands Génies de tous les lieux, de toutes les époques, nous crie: Oui, Marie est Mère de Dieu! *Theotocon! Theotocon! Salve, salve, Mater et Regina!* Salut! Reine du monde entier! *O Regina mundi!* SALVE!!!

A tel point qu'un des plus éminents Docteurs de l'Église, St Bonaventure, n'hésite pas à lui appliquer ces paroles de l'Evangile qui, *littéralement,* on le sait, ne conviennent qu'à Jésus-Christ: *Toute puissance m'a été donnée et sur la terre et dans le Ciel! Data est mihi* OMNIS POTESTAS! TOUTE PUISSANCE! Non pas une PUISSANCE DE NATURE, *incommunicable et divine!*—jamais nous ne dirons cela,—mais une PUISSANCE DE DÉLÉGATION.

Et qu'importe pour nous? qui refuserait des mains d'une Reine ou d'une Impératrice,— et même d'un Ministre ou d'un Préfet,—des faveurs qu'il ne pourrait espérer d'obtenir directement, immédiatement du souverain?

sanctuaire: Templum totius Trinitatis! (1) Près d'elle, que ferez-vous, femmes mondaines, idoles insensées d'adorateurs plus insensés encore, qui vous

(1) S¹ Bernard va plus loin : il épuise les termes du langage, en appelant la Vierge, le *complément de l'Adorable Trinité* ! MARIA ! TOTIUS TRINITATIS COMPLEMENTUM ! On ne pourrait dire davantage ; mais S¹ Bernard, avec l'Eglise, pense ne pas trop s'avancer.

Rien n'est frappant comme l'accord constant de la Liturgie avec nos saints livres et toute la Tradition, pour unir inséparablement la VIERGE à DIEU, la MÈRE au FILS, JÉSUS avec MARIE.

— Ainsi, 3 fois par *jour,* au son de l'*Angelus,* on invoque Jésus, avec Marie.

— Ainsi, chaque *semaine,* le Dimanche à Dieu, et le Samedi à Marie ;

— Ainsi, chaque *année,* un *mois* tout entier, le plus beau mois, consacré à Marie.

Puis les fêtes, et les plus belles fêtes, partagées entre le Fils et la Mère.

Ainsi :

1° { Génération éternelle du Verbe ;
     Conception miraculeuse de la Mère.

2° { Incarnation du Verbe ;
     Annonciation de la V. M.

3° { Naissance de J.-C. ;
     Nativité de la T. S. V.

4° { Présentation de J.-C. ;
     Présentation de la T. S. V.

5° { Passion de N. S. J.-C. ;
     Compassion de la T. S. V.

plaisez à vous parer comme des temples, *circum ornatæ ut similitudo templi* (1). Vous êtes cependant ce qu'il y a de plus séduisant, de plus dangereux

6° { Résurrection du Fils ;
    { Résurrection de la Mère.
7° { Ascension de J.-C. ;
    { Assomption de la T. S. V.

De même, au S. Sacrifice, la Vierge est invoquée 3 fois, aux moments les plus solennels :

1° A *l'Offertoire*, immédiatement après la Très-Sainte Trinité : *Suscipe, Sancta Trinitas... et in honorem B. M.;*

2° Au Canon, un peu avant la *Consécration* : *Communicantes... IMPRIMIS B. M. semper Virginis ;*

3° Enfin, avant la Communion, au *Libera nos : et intercedente B. et gloriosâ semper Virgine...*

Quel éclatant et vraiment glorieux témoignage !... *Gloriosa dicta sunt de te, civitas Dei !* ô *Maria !!!*

(1) Qui ne sait que toutes les femmes illustres de l'Ancien Testament, depuis Ève, Rachel, Debora, Esther, Judith, ont toutes été des types, des figures de *la Vierge à venir*; qui devait remplir la mission de *Co-Rédemptrice du genre humain?* comme J.-C. devait en être le divin Rédempteur : J.-C. que figuraient aussi à leur manière les personnages les plus illustres, Joseph, Moïse, Josué, Samson, Gédéon, David, Salomon ?..

Epoux chrétiens, si vous avez pu accepter Lia, combien plus aimerez-vous votre Rachel, quand *Rachel* pour vous s'appellera *Marie !* Religion du Christ, combien tu relèves l'homme et plus encore, s'il se peut, la femme, qui fut la première coupable, mais qui nous rend dans Marie, nouvelle Ève, le salut et la vie en J.-C., nouvel Adam.

dans le monde. Mais, disons-le, rien de comparable à Marie, belle et bénie au-dessus de toutes les femmes, les plus belles, les plus bénies au Ciel et sur la terre.

§ 3.

Grandeurs étonnantes de la Vierge Marie, résultant de ses titres divers.

Et, quant à l'adorable Trinité, par les liens les plus étroits, les plus étonnants, les plus intimes, elle la confine, elle l'atteint, elle la pénètre!

Océan! Océan, as-tu vu la Vierge Marie, la Mère incomparable? Océan prends la fuite, *mare vidit et fugit!*—Devant elle, ô terre, enfonce-toi et disparaît!—Dérobe-toi, soleil! astre du jour, éclipse-toi! Vous n'avez, vous n'aurez jamais rien de pareil à la Vierge Marie...

Qu'auriez-vous, en effet, créatures inintelligentes, qui pût, même un instant, subsister devant Elle, quand, devant Elle, s'inclinent les Vertus des cieux, les Esprits séraphiques, les Dominations?

Dieu seul donc la dominera...

Cependant de Marie, les charmes le captiveront...

Car voilà que sa beauté de *fille bien-aimée*, sur Elle abaisse les regards du Père. Pour elle, il ne connaîtra jamais de refus, *non patiere repulsam*, comme nous l'apprend S¹ Ambroise.

Le Fils aussi s'abaissera jusqu'en son sein de *Mère respectée : Non horruisti Virginis uterum !*

Et, sans la rencontrer jamais, l'Esprit d'amour pourra chercher une *épouse* plus *accomplie*.

Non, je ne puis contempler les œuvres de la *Création* sans admirer bien plus *Marie*, ni songer au *Créateur* lui-même, sans aimer la plus parfaite image et le chef-d'œuvre de ses mains, l'*Incomparable Vierge Marie !*

Entre l'ouvrage et l'ouvrier, le Créateur et la création, il se rencontre donc une *Créature exceptionnelle* qui, comme une chaîne d'or, rattache l'homme à Dieu, la terre au Ciel !

Et cette Créature sans pareille, c'est la Vierge Marie !

§ 4.

Magnificence de langage de tous les Saints Docteurs pour louer la Vierge Marie.

Je ne m'étonne plus de l'éloquence toujours ancienne, toujours nouvelle, de ses innombrables admirateurs, dans tous temps, dans tous les lieux du monde.

Le poète parlera de poésie ; l'historien traitera de l'histoire ; le médecin, de médecine ; le magistrat, des lois ; l'homme d'État, du Gouvernement de son pays ; et, s'il est français, il vous entretiendra des intérêts majeurs, (sans oublier les misères non moins grandes peut-être d'un grand pays) oui, du plus beau pays du monde, puisqu'il s'agit de notre France. Et tous, poètes, historiens, hommes d'État, médecins, magistrats, Rois, Empereurs et Potentats (1) n'auront jamais de plus magnifique langage que quand ils vous parleront de Marie, de Marie, l'espérance, la joie, l'amour, le salut, la douceur, la vie et le bonheur du monde, la merveille, en un mot, de tous les siècles ; *negotium omnium sæculorum.* (S. Bern.)

Qu'est le monde, après tout, sans elle ? *Jàm mundus et omnia corruissent, ni Maria subveniret* (S. André de Crète.)

---

(1) Et viendrait-on nous dire encore que la dévotion à la Vierge est une dévotion de *femme*, de *peuple*, d'*enfant*, quand, depuis Charlemagne, en passant par nos plus illustres Monarques, les Louis XIII et les Louis XIV, sans oublier le Conquérant, duc de Normandie et Roi d'Angleterre, qui, par son testament, donnait à N.-D. de ses plus belles terres ; et arrivant jusque à nos modernes Napoléons, nous la voyons, par eux, reprendre son assez beau titre de Reine et de Patronne de la France ?

Esprits *dits forts!* esprits *très-faibles!*... esprits étroits et *trop bornés*; oui, en vérité, par excès et *beaucoup trop bornés*; devenez *peuple, femme, enfant,* à ce prix-là : en marchant sur de tels exemples, en imitant ces modèles, votre honneur et votre bon sens n'y auront, croyez-moi, rien perdu.

Et la France, qu'est-elle donc, sinon un petit coin du monde ? Oui, qu'est le monde entier, comparé à Celle qui, après Dieu, avec Dieu, règne sur l'univers, dans lequel Elle ne rencontre de Maître ou de rival que le Dieu-*Trinité !!!*

Qu'ai-je dit ? entre Dieu et Marie, il n'y a *aucune distance.* Je me garderai bien de dire : *aucune différence...* Je tiens à rester dans le vrai. Pourquoi exagérer, quand, de Marie, nous pouvons dire tant de merveilles parfaitement exactes ? Entre Dieu et Marie, il n'y a *rien ;* puisque Dieu qui, par Marie, est avec nous : Emmanuel ! *nobiscum Deus !* est d'abord, avant tout et surtout, en Marie, qui, de Dieu, est le trône, le temple, le sanctuaire et le vivant tabernacle, le Ciel enfin ! Oui, Marie est *le Ciel de Dieu, le Paradis même de Dieu !*

§ 5.

Rapports merveilleux entre l'âme fidèle et la Vierge Marie.

O que l'amour de Dieu pour les âmes est peu connu, malgré tout ce qu'il fait pour elles ! Car, qui viendra (1) nous empêcher d'appeler la Vierge

---

(1) MARIÆ VENTER COELUM EST, nous dit nettement l'un des plus éminents docteurs de l'Eglise, le grand S¹ Jean-Damascène, à qui nous empruntons ces pensées sublimes sur la Vierge Marie. (Serm. 2, sur la Nativ. de la T.-S.-V.)

Marie *le Paradis de Dieu*, quand le Saint-Esprit l'affirme de l'Eglise dont Marie est *la tête et le cœur ?* Quand il l'affirme de *toute âme et pieuse et fidèle, et plus spécialement des Vierges* qui ne sont, après tout, les plus saintes même, que des copies imparfaites et des émissions de *la Vierge par excellence*. *Virgines post eam... Emissiones tuæ paradisus !...*

Ecoutez bien plutôt un illustre docteur : « En « attendant qu'un jour, âme chérie, je fasse au « Ciel votre bonheur, je veux que vous fassiez le « mien dès ici-bas : *Mon Paradis, à moi, c'est votre* « *cœur...* » *Deliciæ suæ esse cum filiis hominum.* Que m'importent les êtres sans raison ? et quelle est leur intelligence pour me comprendre ? Mais ont-ils un cœur pour m'aimer ?... *Enfants des hommes, ô mes délices !* ah ! si vous connaissiez le don de Dieu *(si scires !)* Mieux encore : en faisant ma volonté sainte, vous devenez tout aussi bien que Marie, mon frère, ma sœur, ma *mère !!! Hic meus frater et soror et mater est !!!*

Tel est mon dernier mot, mon testament à mes enfants, à mes amis, par rapport à la Vierge Marie, de laquelle il ne sera jamais assez dit ni assez chanté : *de Mariæ nunquàm satis !*

Et telle donc Marie *au Ciel* et *dans l'Eglise* et *dans le Monde !*

§ 6.

Marie non moins BONNE *que* PUISSANTE.

Combien Elle est puissante! Mais aussi qu'Elle est bonne! *Reine* à la fois et *Mère! Salve* REGINA MATER! Mère de miséricorde, *mater misericordiæ!*

On sait — on ne sait pas!.. combien aime une mère!.. Dieu et les mères seules, peuvent le raconter: Preuve, l'histoire de cette bien connue jeune mère qui, sur les flots en courroux, au sein d'une horrible tempête, pour empêcher de mourir de faim son enfant, s'ouvre les veines et meurt; meurt au bout de son sang, heureuse d'avoir donné deux fois la vie à son enfant!

Et ramassez, dit saint Alphonse de Liguori, dans un seul cœur, s'il se pouvait, supposez dans une seule mère tous les sentiments les plus héroïques et les plus tendres de toutes les mères de tous les temps et de tous les pays du monde; condensez encore, amassez toujours... vous n'approchez pas, et vous n'approcherez jamais des sentiments de Marie pour les hommes (pour les hommes ingrats!) devenus *ses enfants* au Calvaire, comme elle y devint *notre Mère!*...

Est-ce assez? Imaginez toutes les ardeurs des Séraphins: glace, frimas, que tout cela, a dit un jour à l'une de ses servantes fidèles, *Elle-même*, la

Vierge-Mère. « L'univers, ajouta-t-elle, serait bien-
« tôt en cendres, si une seule étincelle des flam-
« mes de mon cœur pouvait l'atteindre !!! »

§ 7.

Conséquences à tirer de ces consolantes vérités

Donc l'*HONORER*, puisqu'aussi bien elle se partage avec son fils les honneurs de nos fêtes, de nos solennités de l'année entière, de nos temples les plus magnifiques, qui, pour la plupart, lui sont dédiés et consacrés.

Puis la *PRIER*, puisque *Reine la plus puissante*, et *Mère la plus tendre*, Elle *peut*, Elle *veut* nous faire tout le bien imaginable, plus même que nous ne pouvons imaginer.

Enfin, pour mériter justement ses faveurs l'*IMITER*; mais en quoi? Dans toutes ses vertus : *humilité, douceur, modestie; charité, obéissance, chasteté*. Oui, dans toutes les vertus dont Marie, pour tous les sexes, les âges, les états, et toutes les conditions, s'est montrée le plus parfait modèle : *Talis fuit Maria, ejus unius vita omnium sit disciplina*. (S. Ambr.) Mais l'imiter particulièrement dans son amour pour la *perfection*, dans les *petites choses*, à l'exemple de J.-C., son Fils, *qui BENE OMNIA fecit*.

Et viendrait-on nous demander après cela : Pourquoi donc aimez-vous, chantez-vous, prêchez-vous ainsi toujours la Vierge Marie?(1) Ah? Je vous comprendrais, à la bonne heure, si vous veniez me dire : Puisque, après Dieu, *vous lui devez tout,* vous devez *pour elle tout donner ;* assuré que vous êtes d'avoir ainsi *tout à gagner par Elle.* C'est toujours toute l'histoire de notre Eglise.

§ 8.

Moyen abrégé très-heureux de ressembler à la Vierge Marie: FAIRE LA VOLONTÉ DE DIEU EN TOUTES CHOSES.

Devenir, ainsi que Marie, non pas seulement le *frère,* la *sœur,* mais la *MÈRE* (2) de J.-C.! vous

---

(1) *Quid elucidant me,* ceux qui me feront connaître, disait naguère, en parlant de N.-D. de la Salette, notre immortel Pie IX, ceux qui chanteront mes louanges *s'assurent la vie éternelle; vitam æternam habebunt.*

(2) Sans en avoir les tristes inconvénients, souvent les noirs chagrins, les ennuis, les peines, les *dangers très-réels;* les Vierges, et dès ici-bas, jouissent de tous les avantages si doux de la *maternité:* nous enfantons à Dieu et à l'Eglise autant d'enfants que nous en formons ou ramenons par nos bons discours, nos souffrances et nos prières, à la vertu, à l'amour pur et véritable... *Prier, souffrir, aimer!!!* Consolants, doux secrets de la piété, que le monde vous comprend mal et qu'il vous connaît peu.

me direz : C'est à ne pas y croire ! Alors, ne croyez pas à l'Evangile, qui, j'en conviendrai, dans ce beau texte, *le plus beau peut-être de tous*, grandit l'homme, élève l'humanité au-delà de toute expression, puisque par cette *adoption incomprise et toute mystérieuse*, il nous élève à la dignité même de ses enfants ; *ut* FILII DEI *nominemur et* SIMUS ! (1. Jean, 3-1.)

Mais, ne vous en rapportez pas à moi : car, à qui d'expliquer l'Evangile, si ce n'est à l'Eglise par ses Docteurs ? En connaissez-vous de plus éminents, de plus respectables que les Chrysostôme, les Ambroise, les Bernard, les Augustin ? Tous entendent ce texte fameux de l'Evangile dans le sens que je viens de vous l'expliquer.

Ecoutez seulement deux d'entre eux, saint Ambroise et saint Augustin : « *Si, selon la chair*, il n'y « a qu'*une seule Mère de J.-C.* (qui est la Vierge « Marie), *selon la foi, J.-C. est le fruit*(1) *de tous: toute*

---

(1) FRUCTUS EST OMNIUM CHRISTUS ! — *Nécessairement en toutes choses*, Dieu ne regarde et n'aime jamais que son fils... L'INTÉRIEUR DE N.-S. est le PARADIS DE SON PÈRE *céleste*... Eh bien ! ce Paradis doit être *replanté et se replante à chaque instant dans l'Eglise de J.-C. Son corps mystique* : chaque *saint*, (A) chaque *condition*, chaque

(A) JÉSUS, la *pureté* des *Vierges* ;
JÉSUS, la *force* des *Martyrs* ;
JÉSUS, la *couronne* de tous les *Saints*...
On le voit, cette pensée n'est *pas nouvelle* ; elle est plutôt une *vérité élémentaire* reçue de tout temps dans l'Église.

« *âme, pour l'enfanter en soi, reçoit le Verbe di-*
« *vin*, nous dit positivement saint Ambroise.

« La Mère de J.-C., ajoute saint Augustin, est,
« *non pas seulement toute l'Eglise*, qui enfante à
« J.-C. les fidèles, qui sont ses membres ; mais, sa
« Mère, oui, la Mère de J.-C., *c'est toute âme*
« *pieuse et fidèle*, quand elle fait la volonté du
« Père, en lui enfantant, par la charité très-fé-

vocation, tout *ordre monastique*, manifeste ainsi quelque vertu de N.-S., qui *vit et règne*, de cette façon, *dans tous les siècles : Christus heri et hodie, ipse et in sæcula!* Oui! N.-S. J.-C. est vraiment *tout en toutes choses: Christus omnia in omnibus! Christus regnat, vincit et imperat.*

Convenons en : contemplée de ces éternelles hauteurs ; *illuminans tu mirabiliter a montibus æternis,* la Religion chrétienne ne vous semble-t-elle pas dérouler devant vous une *horizon* d'une majesté et d'une largeur, hélas ! trop inconnue? Et ne vous apparaît-elle pas, enfin, comme le royaume, le RÈGNE DE DIEU ; règne qui doit commencer dès ici-bas, par *sa volonté observée dans nos cœurs?* Enfin, n'est-elle pas, cette RELIGION divine, le vrai VESTIBULE DU CIEL et le splendide PORTIQUE DE L'ÉTERNITÉ?

Et le *verre d'eau froide*, suivant l'expression évangélique, nous mérite une part de cet *infini* dans *l'éternité!* Et à la suite des Saints de tous les états et de Marie, la Reine de tous les Saints, la plus parfaite image et la plus magnifique expression de la Divinité, nous arrivons à ce bonheur!..

« condé, ceux dans lesquels il veut être enfanté
« tout de nouveau. »

*Item, MATER est ejus OMNIS ANIMA hic faciens
voluntatem Patris ejus fœcundissima charitate in
iis quos parturit donec in ipsis ipse formetur.*
(S. Aug., lib. de Virg., C. 3 et 4.)

Un autre va plus loin, et ne balance pas à dire :
« Qu'eût servi à Marie d'avoir donné le jour à J.-C.
« selon la chair, *si tout d'abord elle ne l'avait pas
« enfanté selon l'esprit?*... Et ce n'est que parce
« qu'elle l'avait appelé dans son cœur par son hu-
« milité, par sa pudeur et son ardente charité,
« qu'elle a obtenu cet honneur insigne de devenir
« sa mère selon la chair, *quia respexit humilita-
« tem ancillæ suæ,* »

Que tout cela est beau pour la Vierge Marie !
Mais, que cela est consolant pour nous !

PETITE PARABOLE.

Chassé de ses états par ses sujets rebelles, un
monarque, jadis puissant, imagina de ramasser
tous ses trésors en une immense boule d'or : A
travers les flots de l'Océan, il fit passer cet or à
l'étranger, et sa fortune lui fut ainsi sauvée et
conservée...

Parabole, mes amis : Le Maître, lui aussi, souvent parlait en paraboles. Et moi, je résume en

trois mots les 600,000 *volumes* écrits sur la Vierge Marie...

Rien de pareil à la Vierge Marie au *Ciel*, sur la *Terre*, dans l'*Océan !*

Rien qui approche de Marie qui *complète*, comme Elle, *(ad extrà,* bien entendu) l'adorable Trinité, *Père*, *Fils* et *Saint-Esprit*.

Marie, la grande Merveille de tous les siècles, *negotium omnium sæculorum ;* Donc :

    L'HONORER ;

    LA PRIER ;

    L'IMITER !...

2° Les Ames dans la Charité,

OU LE SALUT DES AMES, LE BONHEUR DANS LA CHARITÉ, PRINCIPE ET COURONNEMENT DE TOUTES LES AUTRES VERTUS.

§ 1er.

La Charité, l'aumône faite aux PAUVRES, *aux* HOSPICES, *aux* ÉGLISES.

Délicat et pénible, assurément, très-pénible métier, je ne dis pas assez, très-héroïque dévouement que de se faire *solliciteur, mendiant, frère quêteur...* Saint Xavier, saint Vincent de Paul et mille autres en doivent savoir quelque chose...

Comment aurai-je pu rougir, en suivant ces modèles? D'ailleurs, en *faisant honneur* à ceux à qui je demande (1), je m'honore moi-même en ne demandant *rien pour moi.*

Et néanmoins, ô reine des vertus, *Charité*, que deviens-tu, dans la pratique, en réalité, si, sur le commandement du Grand Paul, pour les pauvres de Jérusalem, tu ne te fais *humilité* dans Vincent de Paul et cent mille autres, pour fon-

(1) N'est-ce pas les supposer *généreux?*...

der, pour *queter des hôpitaux;* trouver *seize millions dans un seul hiver* pour les pauvres de la Lorraine; *inventer les Sœurs de Charité* (1), pour sauver la *chasteté* d'un grand nombre; ramasser des

---

(1) O Protestants ! mais nous vous en portons le défi solennel, — défi depuis longtemps sans résultat possible.— Ô Protestants! formez-nous donc une seule *petite Sœur des pauvres,* la *Sœur de Charité;* ou même une *Sœur de Providence,* dont la vie, moins appréciée, n'en est pas moins un *rude métier,* et, de tous les métiers, le plus rude peut-être, le plus ingrat...

Et pourtant, à cette Sœur, disons mieux, à cette *unique Mère,* à cet *Ange de la terre* sont dues les autres Sœurs qu'on admire, non sans raison, aux hôpitaux, aux ambulances, et partout au chevet des malades. Non moins admirables néanmoins, — nous aimons à le proclamer, — que les *Sœurs de Charité* seront toujours, pour quiconque y réfléchit bien, les *Sœurs enseignantes,* ces *Maîtresses de toutes;* qui tiennent dans leurs mains les plus nobles vocations : le Prêtre, le Pontife, l'Apôtre, le Missionnaire ; comme aussi la Sœur Bénédictine, la Carmélite et la Trappistine, victimes incomprises, mais *vrais paratonnerres pour la société,* par leurs *prières,* leur *amour,* leurs *souffrances.*

Et qui nous les donnera toutes ces Sœurs et toutes ces Mères, sinon les *Sœurs de l'enseignement,* en provoquant et cultivant ces sublimes vocations ? Car, enfin, est-il vrai, oui ou non, que ces *Sœurs enseignantes,* au milieu de mille dégoûts, mille ennuis, mille insultes, mille injustes persécutions; ajoutons et mille dangers ; SEULES, elles

milliers d'orphelins qui périssaient sans asile et sans baptême : pour opérer enfin une *utile déri*forment *la mère de famille chrétienne*, qui, SEULE, à son tour, devine, éclaire et dirige (A) ces héroïques vocations, qui arrêtent encore pour un temps le monde dans sa chute dernière et sa catastrophe suprême ?

Oh ! si vous aviez vu, comme de mes yeux plus d'une fois j'ai pu voir, ce qu'il en coûte au cœur d'une enfant bien née ; si vous aviez assisté à ces scènes de séparations, déchirantes, de luttes formidables d'un cœur bien fait, pour suivre, *malgré pères et mères*, — (*heureux et enchantés plus tard*) — de pareilles inspirations ! Parlez ! généreuse Sœur S¹ J. de D. !... Parlez ! douce Sœur M.-ll¹¹ᵉ !...

Mais qui les soutiendra, qui les consolera, non pas un jour, non pas une année, mais 10 ans, mais 20 ans, mais 40 ans, quand il faudra, dans un air méphitique, empesté, soigner ces plaies dégoûtantes, entendre le râle des agonisants, ensevelir ces cadavres inconnus ?.. Qui les consolera, je vous le demande, et qui les soutiendra ?

O Protestant ! je vous comprends enfin ; pour nous, vous devenez moins inexplicable, quand, terrassé par l'évidence, à l'évidence enfin qui vous l'arrache, vous donnez pourtant cet aveu, aveu singulier, on en conviendra, et tout-à-fait incroyable, si de mes deux oreilles je ne venais de l'entendre de la bouche du plus intelligent et du plus justement célèbre de nos frères errants, dans ces temps de tristes et universelles contradictions :

Ecoutez plutôt, et soyez dans l'étonnement : Vous demandez qui consolera nos Sœurs dans leur angélique vo-

(A) A 7 ans, dit J⁶ de Maistre, l'homme moral est formé *sur les genoux de sa mère*... (*Soirées de St-Pétersb.*)

…cation un *détournement salutaire* à ces sommes énormes, à ces dépenses fabuleuses, qu'engloutit et dévore un luxe éhonté et sans frein…

…cation : — « *La Sainte Eucharistie*, vous répondra M. G***, la DIVINE COMMUNION ! ce pain des anges du paradis, qui convient mieux encore aux anges de la terre : car *le thermomètre de la moralité*, de la vertu chrétienne, pour moi, sera toujours la *Sainte Communion*. » Et c'est un protestant qui nous tient ce langage ! *Stupete gentes !*

Mais répondez, ô vous, *trois fois inconséquent*, qui nous parlez de *libre examen* et de *soumission aveugle* à je ne sais quelle *Confession d'Augsbourg*, à *je ne sais quel Synode*, que vous savez bien ne pouvoir devenir jamais infaillible ; qui *excommuniez* et *vous faites excommunier*, *sans cause et sans raison* ; répondez : Où le trouverez-vous ailleurs que dans nos temples catholiques cet *aliment des vierges et des anges ?* Ah ! peu s'en faut, vous le voyez assez, dès que vous voulez raisonner, *en cessant d'être inconséquent*, peu s'en faut que vous ne reveniez *Catholique-Romain, comme furent vos pères : car vous êtes sorti de nos rangs !*… Et *la raison*, qui vous éclaire assez, vous rappelle au seul véritable bercail de l'Eglise Romaine ; en attendant *la foi, la grâce* à laquelle vous résistez… Prenez garde ! tant de lumières à la fin, vous laisseraient sans excuse aucune, devant Dieu et devant les hommes…

Mais elles prieront, ces Sœurs et ces vraies Mères, ces anges de la terre ; tous les jours, pour vous et pour tous, elles prient ; avec eux, ô priez ! *et prions tous ensemble !* Le Ciel pourrait-il rester sourd à tant d'instances, à tant d'amour, à tant de larmes ?… Non ! Dieu s'incline à la prière des Vierges !…

Cessez les quêtes, et toutes ces bonnes œuvres disparaissent anéanties. L'enfer le voudrait bien ; et c'est pour cela même qu'il fait si beau tapage.

RÉPONSE A UNE OBJECTION BANALE.

Encore une quête ! Toujours des quêtes !..

— Hé ! mon Dieu, oui, mes bons amis, *toujours des quêtes !* et il en sera longtemps encore ainsi, il faut bien l'espérer, n'est-ce pas ?

Oui, elle est si bonne, notre Mère la sainte Eglise Romaine, qu'il devra en être toujours de même, tant qu'il y aura des misères, des infortunes *parmi les siens.*

Parmi les siens ?.. Je me trompais : toutes les infortunes la touchent, l'attendrissent ; et elle tient à consoler toutes les misères.

« Voyez-vous ces chrétiens ! disaient, et dès la
« naissance de l'Eglise, les Païens stupéfaits : mais,
« comment ! ils nourrissent leurs pauvres et les
« nôtres ? »

Il en est de même aujourd'hui. Est-ce que la sœur de charité, aux ambulances et sur les champs de bataille, à Berlin comme à Sébastopol, en présence d'un mutilé par la poudre ou par le sabre, par la bombe ou le *fusil à aiguille*, est-ce qu'elle s'enquiert s'il est russe ou païen, turc ou prussien?

Mais, oui, *toujours des quêtes!* vous voyez qu'il en faut et qu'il en faudra longtemps encore.

Etes-vous bien sûrs de n'en avoir jamais besoin?.. Et, VOTRE TOUR VENU, vous plaindrez-vous quand pour vous-même, ou pour vos enfants, orphelins par la guerre ou par le choléra, on quêtera, l'Eglise quêtera?... Et direz-vous encore avec impatience, avec un orgueil égoïste: TOUJOURS DES QUÊTES!...

Oh! non! ce n'est pas vous, mes bien aimés paroissiens, mes vrais amis, qui tiendrez jamais ce langage, qui pèche autant par l'esprit que par le cœur.

Je vous ai mieux connus, et je vous connais mieux depuis assez longtemps.

Oui, je vous ai connus dans mille circonstances pour votre Église, si belle, si pieuse! je vous ai connus récemment pour cette grande catastrophe qui atteignit profondément notre vieille cité Rouennaise, cette antique capitale normande; dans la détresse qui étreignit les ouvriers cotonniers, auxquels, à l'instar de Pie IX le Magnanime, vous envoyâtes de votre *superflu*, et quelques-uns peut-être, de votre *nécessaire*....

Et je vous attends aujourd'hui, mes amis, pour obvier à l'immense désastre, au terrible fléau qui vient de tout anéantir, oui, tout absolument, dans notre colonie d'Afrique, cette autre France, qui nourrit au besoin la patrie-mère.

N. B. — *Dans certaine Église*, le jour de l'Assomption 1866, ces simples réflexions, données de l'autel en forme d'allocution, amenèrent, on peut le dire, une quête *relativement magnifique*. Nous les consignons ici parce qu'elles auront *toujours*, malheureusement, leur *actuelle application*.

Béni soit le peuple qui a ainsi l'intelligence du pauvre et de l'indigent, *qui intelligit super egenum et pauperem !*

O, ennemis aveugles et insensés de l'Eglise de J.-C., que le Ciel vous pardonne! Avez-vous jamais su ce que vous dites, ou ce que vous faites?..

Aussi, combien as-tu raison, ô prodige, ô miracle, naguère encore vivant, des temps modernes, destiné à rendre plus croyables la sainteté, la pénitence, incomprises de notre siècle abâtardi, la sainte mortification des siècles de ferveur ! Combien tu raisonnes parfaitement, saint curé d'Ars, quand tu nous dis: « Le Grappin est furieux quand
« il voit que de ce même argent dont il se sert
« pour corrompre les âmes, nous faisons sortir
« leur salut... » (*Vie du saint curé d'Ars*, t. II, p. 610.)

Or, parmi les œuvres bonnes, saintes, utiles et méritoires, en est-il une supérieure à cette *Charité divine*, qui vous inspire et qui vous porte à

orner ses autels, sur lesquels jour et nuit, EN PER-
SONNE, pour vous, il daigne s'abaisser et résider ?

Depuis quand, par une aberration de jugement sans exemple, contraire à toutes les règles de la logique et du simple bon sens, respecterez-vous— et vous devez les respecter, les soulager, sous peine d'éternelle damnation,—les derniers de ses membres, les pauvres, même les plus indignes, les plus coupables ; alors que vous n'auriez que de l'indifférence et que du mépris pour *la PERSONNE DIVINE et le Chef adorable?* Que faites-vous donc de la *foi,* de la *logique* et du simple *bon sens?*...

Sachez-le bien cependant, et ne l'oubliez plus jamais. Celui qui a dit: « Ce que vous faites pour
« le pauvre, je le tiens pour fait A MOI-MÊME:
« *MIHI fecistis!* » dit à la même page de son Evangile éternel : « NE MOLESTEZ PAS CETTE FEMME!...
« Quoi! ne voyez-vous pas que c'est sur MA PER-
« SONNE MÊME que je lui permets d'opérer cette
« œuvre qui l'honore: *Opus enim bonum operata*
« *è IN ME!!!* — En vérité, je vous l'affirme, par-
« tout, partout! où sera prêché mon Evangile —
« et bientôt, à sa gloire autant qu'à la mienne, il
« le sera partout le monde,—on racontera ce qu'elle
« a fait pour moi, *in memoriam ejus.*

« Ainsi, de quiconque travaille, en me bâtissant
« des temples, en ornant mes autels, à me faire
« connaître, aimer et servir ici-bas. » Car enfin le bien fait aux pauvres n'atteint que les mem-

bres du *corps mystique* de Jésus-Christ, alors que le bien offert aux églises, aux autels, aux tabernacles, atteint, honore sa PRÉSENCE RÉELLE !...

Qu'on cesse de quêter, comme de prier, *la foi, la charité, toute religion s'exile de la terre*. Où en serions-nous de notre Eglise de Dozulé, sans la générosité pieuse de nos mille Bienfaiteurs ? Et croyez qu'*il en coûte toujours plus, de demander que de donner*... (1) Et sans le sou hebdomadaire, que devient l'œuvre incomparable de la *Propagation de la foi ?* Le Ciel le sait ; l'Enfer aussi.

Mais à peine concevrait-on ces *esprits arriérés* qui regrettent ce que l'on peut faire pour nos Eglises.

§ 2.

GRANDS EXEMPLES DONNÉS DANS TOUS LES SIÈCLES

1° *Par Napoléon I*er *et Napoléon III.*

Nous avons cité Napoléon III, qui, récemment, en face de la belle basilique de l'Abbaye-aux-Dames, à Caen, déclarait que sa pensée bien arrêtée était de *mettre sa gloire à réparer nos monuments religieux ;* mais, en remontant le cours des siècles, on verra que Napoléon III, digne successeur de Napoléon Ier qui, *pour faire rentrer dans leur lit*

---

(1) Et c'est une des belles paroles de J.-C. lui-même : *Beatius est dare quam accipere* (Act 20. 35).

les torrents débordés des révolutions (1), comprit l'impérieuse et très-urgente nécessité de *rappeler nos prêtres de l'exil et de rouvrir nos Eglises*; Napoléon se montre intelligent du bien-être même matériel de ses sujets, et marche sur les traces des plus illustres Souverains.

Il y aurait trop à citer. Rappelons seulement deux noms des plus glorieux pour les Annales de la France et de notre beau pays de Normandie.

§ 3.

2° *Par Saint Louis.*

Louis IX, saint Louis, ne se contenta pas de porter la gloire de nos armes et le courage de sa foi au-delà des plus lointaines mers, *il couvrit le pays de monuments religieux.* Qui ne sait que son époque, le siècle de saint Louis, longtemps qualifié de *barbare* par une misérable coterie, dont la stupide impiété n'aurait eu rien d'égal si elle n'était outrepassée par la plus insigne *mauvaise foi*, doublée d'une *ignorance* à la même hauteur; l'époque de saint Louis fut l'époque de la gloire la plus pure de notre Architecture Chrétienne ? Et *la Sainte-Chapelle* est là, et restera comme le chef-d'œuvre, le diamant de l'art dans l'espèce.

Voilà ce que chacun connaît, fût-il encore aux rudiments, à l'A, B, C de son histoire. Mais ce que

(1) Expression de Napoléon III, à l'occasion du débordement de nos grands fleuves, en 1856.

l'on ne sait pas assez, ou ce que l'on affecte d'ignorer, c'est que saint Louis ne travailla pas uniquement pour Paris, sa capitale, mais, nous devons le redire, *il couvrit* littéralement, *il couvrit le sol français de ces précieux monuments* qui font la gloire du pays : partout des Abbayes, des Hôpitaux, des Basiliques, qui redisent le nom de saint Louis Allez de Paris à Marseille, allez ailleurs, allez partout, et, de vos yeux, vous aurez vu. Mais ne quittez pas le pays, et, si vous l'ignorez, apprenez-le : à quelques kilomètres de notre bourg de Dozulé, vous auriez vu, il y a à peine 20 ans, tout près de nous, *à Royal-Pré*, l'une des plus splendides églises que j'aie nulle part rencontrée, bâtie du temps de saint Louis. Il a fallu — j'en suis témoin avec tout le pays, — il a fallu le courage froidement féroce, oui, la férocité vandale d'un démolisseur cupide, enragé, pour renverser le monument, qui, du reste, on se le rappelle, l'ensevelit sous ses décombres... Dieu a ses heures de justice, de terrible vengeance, même ici-bas!, notamment pour l'honneur de ses Temples. (1)

Et sur la montagne voisine, le plus beau point de vue peut-être de notre belle Normandie, qui offre *l'horizon à peu près parfait*, sur la gracieuse montagne de *Basse-Bourg* (ou *Bazebourg*), on vit longtemps, dit-on, une autre abbaye bâtie par saint Louis, sœur de son *Abbaye de Royal-Pré*.

(1) Jamais cette *terrible et consolante vérité* ne fut mieux démontrée que contre les profanateurs de 1793.

§ 4.

3° *Par Guillaume-le-Conquérant.*

Enfin nous arrivons, en remontant le fleuve des âges, à notre Guillaume. Nous ne sommes point de ceux qui, pour grandir leur héros, souvent imaginaire, d'un trait de plume lui enlèvent tous ses défauts pour le couronner, à leur aise, de toutes les qualités et vertus possibles et imaginables.

Non. Le Conquérant pécha; et il pécha bien plus encore par des défauts personnels et réels, que par le vice connu de sa naissance. Il était, non pas seulement ambitieux, comme on pardonne trop souvent de l'avoir été quelquefois, mais il était emporté, violent, très-despote ; ajoutez : et d'une moralité plus qu'équivoque.

Guillaume avait donc ses défauts. Et qui n'a pas les siens ?... Mais il savait les racheter; et il avait compris la parole de nos Saints livres: *Rachetez vos péchés par l'aumône : peccata tua eleemosynis redime.* Il fonda lui aussi, comme le pieux Louis IX, des Monastères, des Abbayes, des Basiliques, et telle est bien de Guillaume-le-Conquérant la gloire la plus pure, celle qui restera.

Nous avons parlé de l'*Abbaye-aux-Dames* (aujourd'hui *la Trinité*), fondée, comme chacun sait, par la Reine Mathilde, son épouse, qui, là, a son tombeau, comme Guillaume conserve le sien à Saint-Etienne.

Un mot, seulement, de ce dernier monument, si justement célèbre. Nous verrons ce que Guillaume savait *penser* de ces monuments, ce qu'il savait *faire* pour leur conservation. Nous citons ici la *grande Charte de fondation de Saint-Etienne*. Le début de ce document est vraiment sublime: c'est Guillaume qui va parler: « Les dons que nous offrons à Dieu (1) et que nous consacrons à sa « gloire *ne sont pas pour nous des pertes et des* « *sacrifices;* nous ne faisons ainsi que *conserver nos* « *richesses*, et NOUS LES MULTIPLIONS, avec l'es- « pérance de la vie éternelle. Cet avantage, nous « le devons à la généreuse munificence de notre « Créateur et à sa tendre affection pour ses créa- « tures. »

La libéralité du fondateur répondait à la grandeur de ses pensées; car il donnait immédiatement à l'Abbaye naissante ses terres *de Rots, de Cheux, d'Allemagne, d'Étavaux, d'Ifs, d'Hubert-Folie, de Bourguébus, de Bras, de Dives et de Cabourg* (2). Ce ne fut là que le début: *quarante autres titres* sui-

---

(1) V. *l'Histoire de l'abbaye de Saint-Etienne*, par le savant M. Hippeau.

(2) Voir le numéro très-intéressant du 17 juin 1866 de la *Semaine religieuse* du diocèse de Bayeux, toujours, elle aussi, parfaitement intéressante.

virent bientôt ces *dix premiers* (1). Les compagnons de Guillaume ne se montrèrent pas moins généreux que leur maître, et offrirent aussi leurs dons.

Sur le point de mourir, Guillaume, dans une sorte de Confession publique, disait: « J'ai grande« ment péché, c'est trop vrai; mais Dieu, infini« ment miséricordieux, me pardonnera, je l'es« père, à raison du bien que par moi il lui a plu « de faire: et il citait avec confiance les *six cou« vents de femmes* et les *dix-sept monastères d'hom« mes* qu'il avait construits: *Ce sont là*, disait-il, LES « FORTERESSES QUI DÉFENDENT LA NORMANDIE; « *et c'est là que les Normands apprennent à com« battre le démon et les vices de la chair!!!* (2). »

En vérité, un semblable langage est-il celui d'un *Conquérant à peine chrétien*, ou bien celui d'un Évêque ou d'un Cénobite? Voilà *l'histoire vraie* néanmoins; nous citons *textuellement*.

---

(1) ROYALE BASILIQUE! dont m'écrivait un jour une aimable et pieuse Éminence (Mgr Matthieu): « Je suis venu « à Caen, où j'ai visité Saint-Étienne, pour apprendre à « conquérir les âmes, comme Guillaume conquérait les « provinces et les royaumes. »

Très-illustre Abbaye de Saint-Étienne, impérissable monument, ferais-tu depuis ces *huit siècles* le légitime orgueil, l'une des grandes gloires de notre Normandie, si Guillaume avait fait de ses trésors l'abus, l'usage détestable qu'on en fait aujourd'hui?

(2) Rohrbacher, t. XIV, p. 116.

Tel fut Guillaume (1). Qu'il y a loin de ces hauts faits et de ces sentiments à certains sentiments et certains faits notoires, trop publics, de ces esprits égoïstes, étroits de notre époque !

(1) Et si l'on demande quel fut le dogme générateur de ces grandes et sublimes constructions, prodigieuses pour un siècle barbare ; nous répondrons sans hésiter : ce fut la PRÉSENCE RÉELLE. Sur ce point, comme sur les autres articles de la foi catholique, la croyance de Guillaume était connue. Ecoutons son chapelain, Guillaume de Poitiers : « Guillaume, dit-il, honorait et recevait la *salutaire hostie,* « *le corps et le sang du Seigneur*, croyant avec une foi sin-« cère ce que lui avait enseigné la *vraie doctrine*, la PRÉ-« SENCE RÉELLE. Près de mourir, il se félicitait d'avoir ap-« pelé aux dignités ecclésiastiques des hommes d'un grand « mérite ; et il nommait, entre autres, LANFRANC, ANSELME « et DURAND DE TROARN. » Or, il est bien connu de tous que Guillaume, comme Napoléon et tous les grands organisateurs, fondateurs et législateurs, se connaissait en hommes, se les attachait et s'en entourait.

Ce n'est pas une des moindres gloires de nos voisins de Troarn d'avoir compté, parmi les illustres Abbés de leur très-célèbre Abbaye, l'un de ces trois grands hommes, des plus illustres de leur époque, le savant Abbé Durand, de Troarn.

« DURAND DE TROARN, nous dit dans son *Dictionnaire* « *des grands hommes*, le très-judicieux Feller, né au Neu-« bourg, diocèse d'Evreux, DURAND, moine de Fécamp, « puis abbé de Troarn, est auteur d'un remarquable *Traité* « *sur l'Eucharistie, contre Béranger, en faveur du dogme*

Empêcheront-ils cependant la vérité de se faire [jo]ur? Et feront-ils que les âmes, les âmes immor[te]lles se sauvent et trouvent le vrai bonheur ailleurs [q]ue par *la foi*, la *charité*, mère de *l'espérance* ? [O]ù trouveront-ils ces vertus *ailleurs que dans* [l'É]glise de J.-C., qui civilisa les Normands.

Fortunés habitants de Dozulé, qui l'avez si bien [c]ompris, à la manière de ces nobles intelligences [e]t de ces illustres modèles, aimez donc l'Église de [D]ieu, aimez bien votre Église, sur laquelle lisez ce [d]ernier mot :

de la PRÉSENCE RÉELLE. Guillaume-le-Conquérant, duc de Normandie, faisait grand cas de ses conseils, qu'il réclamait souvent. Il lui donna plus d'une fois des marques publiques de sa très-haute estime. »

Un pays a raison de se montrer fier de tels génies. Une [fo]is de plus, ils démontrent la *foi de nos pères sur le plus [a]uguste, le plus touchant de nos mystères.*

3° Nous-mêmes sauvés par l'Église et dans l'Église

(POUR NOUS N.-D. DE DOZULÉ).

Où l'avenir du pays dans le retour aux principes et devoirs religieux.

Au fond, tout le malheur de l'homme vient uniquement d'une VIE DE DÉSORDRE, qui fait l'Enfer, dès ici-bas, pour ceux qui *passent* ainsi, — soyons plus exacts ; —*perdent* ainsi le temps si court de notre existence, qui nous fut donné, pour une tout autre fin, dans la pensée et dans le *droit rigoureux du Créateur*.

Donc, à ce *désordre*, il faudra nécessairement substituer une *vie d'Ordre et de Règle* (1) ; et dans

---

(1) Est-elle possible avec les dérangements du S. Ministère ?

R. Laissons là les raisonnements, pour mieux répondre par des faits :

Quand, à *près de 80 ans*, on est levé dès 4 à 5 heures du matin, dites: *cet homme est un homme de règle !*.. Et voilà pourquoi *la voix du peuple* l'appellera *le saint prêtre...*

Et quand un autre, plus jeune (curé d'une paroisse immense) ne sort jamais sans un livre pour *lire même en*

Église seulement nous le trouverons, ce bel rdre, qui, de la *volonté de Dieu, fera notre nouriture habituelle, délicieuse!*

Nous passons sous silence tout ce qu'il y a de ouchant et de sublime dans nos fêtes et le cercle cclésiastique; de notre année liturgique.

Qu'on trouve quelque chose de pareil, même au oint de vue de *l'hygiène publique!* Il suffira de e rappeler la fameuse *Décade*, l'une des impiétés, lisons mieux, des aberrations révoltantes, des aburdités révolutionnaires, qu'on avait essayé de ubstituer à la période septennaire de notre semaine hrétienne, qui remonte à la Création !...

Les animaux eux-mêmes, montrant en cela plus l'instinct conservateur que *ceux qui se permetaient de les mener*, de les *si mal mener!*.. Les animaux répugnent à la Décade, *ne supportent pas la Décade!*... Il faut un repos après les 6 jours de travail. Dieu, qui a bien voulu le prendre pour lui même, l'impose à l'homme; et l'ÉGLISE INFAILLIBLE lui en fait un précepte. Obéissons à DIEU, NOTRE

---

marchant, dites: *Voilà un homme d'études, un vrai Religieux dans le monde!* Et il aura peut-être autant de mérite qu'un autre dans le cloître...

Or, ces modèles qui m'édifient et me confondent, je les rencontre *assez souvent autour de moi.*

Et leurs jours seront des jours pleins, *et dies pleni inventientur in eis.* (Ps. 72. 10.)

Et parmi les laïques, n'est-ce pas celui qui sera *positif et réglé*, qui toujours *fera mieux ses affaires?*..

PÈRE; et respectons, aimons, L'ÉGLISE NOTRE MÈRE. Ah! l'ivrogne lui-même, l'être abruti qui, pire que la bête de somme, travaillera le dimanche, aura son *dimanche de Satan*, son repos d'orgie, *le St-Lundi!* Que voyons-nous tous les jours sous nos yeux, et dans tous les pays du monde?

Revenons à l'Église; aimons notre Église; fréquentons nos Églises. Nous l'avons vu: pas de Religion, et, partant, pas de morale sans cela. Hélas! que devient un pays, où cessent les fêtes si touchantes de l'Église: ne disons rien des Églises fermées par les Révolutions: que sera bientôt *une toute petite paroisse* que vous laisserez... *seulement un an sans pasteur?*.. L'expérience en est faite cent mille fois : on redevient rapidement païen...

Mais nous ne voulons plus que vous dire un mot sur ce que nous regardons comme un *point fondamental et capital* d'une vie régulière et chrétienne : la *prière dans l'Église, en commun, autant que possible, le soir.*

§ 1er.

La prière du soir, à l'Église, en commun.

L'essai que nous en avons fait, *depuis vingt ans*, nous a puissamment consolé. Nous tenons à redire que *nous n'y obligeons personne;* nous sommes plus satisfaits *que l'on se succède à l'Église,* comme en *adoration alternative,* depuis la fin du jour (vers 5 heures en hiver), jusqu'à la retraite, vers 9 heures, en tout temps.

Tous les soirs (1), LA PRIÈRE EN COMMUN, comme *point capital* d'une VIE DE RÈGLE (2) : tel est mon

(1) *La veille de sa mort,* Mgr Didiot fit encore faire *en commun* la prière du soir *au pied de son lit.*

(2) Et quand les Olier, les Vincent de Paul, les Mollevaut, les Charbonnel, tous les grands Maîtres et tous les Saints — car, *hanc viam tenuere omnes sancti* — sont unanimes à nous montrer la vie de Règle comme la meilleure et la plus *facile pénitence* pour les uns, le *Paradis en terre* pour tous, puisque le *Règlement* sera toujours L'EXPRESSION LA PLUS INFAILLIBLE DE LA VOLONTÉ DE DIEU *qui fait les Saints et les heureux dès ici-bas* : qui sommes-nous, en vérité, qui sommes-nous pour contrebalancer de telles autorités ?.. Nuit et jour, à chaque minute, par chaque mouvement de respiration, être assuré de faire la volonté de Dieu, *comme les Saints la font dans le ciel!* N'est-ce pas le paradis anticipé? Et n'est-ce pas la vie divine de J.-C. lui-même, qui n'est venu en ce bas monde que pour faire cette volonté de son Père : *Ecce venio ut faciam, Deus, voluntatem tuam?* Qui en faisait sa nourriture, ses délices ; *MEUS CIBUS?..* et qui l'a faite et accomplie *à la lettre,* jusqu'à la fin : *Quæ PLACITA sunt ei facio SEMPER... factus OBEDIENS USQUE AD MORTEM!..*

Et n'est-ce pas aussi la parole de notre poète Caennais :

« VOULOIR CE QUE DIEU VEUT, est la seule science
   « Qui nous met en repos. »

(Malherbe, à un ami, sur la mort de sa fille unique.)

Tout le monde sait par cœur cette ode sublime du *père de la poésie française* :

« La mort a des rigueurs à nulle autre pareilles... »

grand secret et *moyen de succès : la vie réglée;* secret que l'on m'a souvent demandé, secret que je voudrais pouvoir publier sur les toits. Et je n'ai qu'un regret: c'est d'y avoir été trop infidèle. — Donc, en plein droit d'affirmer et de prononcer, je prononce et j'affirme (1) que la *vie de règle,* sera toujours, à tous égards, *plus gaie, plus saine* et *plus heureuse;* ajoutons : et pardessus tout, *plus méritoire,* et *plus sûre pour le salut.* Or, cette *prière du soir,* et *l'heure réglée du coucher, de laquelle dépend celle du lever,* et la journée du lendemain; tel est ce point *fondamental* d'un Règlement. L'une des essentielles différences de la vie de règle et de la vie mondaine, n'est-ce pas ce temps perdu à table dans des *repas* (2) *interminables*, dont le moindre inconvénient, sans parler du reste, est la perte d'un temps *court, précieux,* et *irréparable,* au milieu d'un monde hélas! redevenu païen; esclave d'un luxe sans frein qui

---

(1) Quand, d'une vie longue déjà, et *qui passe la soixantaine,* on en a passé *le grand quart* en vie de communauté, dans les séminaires de Lisieux (7 ans), de Bayeux (4 ans), de Paris, à la Solitude d'Issy (une année), au petit Séminaire de Caen (3 ans), on doit être entendu à se prononcer sur les avantages trop peu appréciés d'une vie régulière: *Experto credite.*

(2) L'HOMME RAISONNABLE ne mange que pour vivre. Que devra faire LE CHRÉTIEN !...

le dévore (1)? Combien de belles fortunes *RUINÉES PAR LES DÉPENSES DE LA TABLE !...*

§ 2.

Vie de règle, même au milieu du monde.

Mais pourra-t-on *vivre de règle* dans le monde ? Job aura répondu : *une vie de désordre* C'EST L'EN-

---

(1) Sans doute, et, avant tout *la charité*, les convenances même et la *nécessité* dispensent de la Règle ; mais tout n'en ira que mieux après : Ainsi, nous disait récemment l'aimable Mgr de Charbonnel, *redevenu Capucin :* le bon S. Joseph est *appelé à minuit pour aller PORTER LE BON DIEU au fond de l'Égypte...* Dérangement considérable !... Saint Joseph dormira plus tard... Et c'est ainsi que Saint Bernard, forcé de voyager beaucoup pour gouverner et diriger *les Rois, les Papes, le monde,* dont il fut l'oracle en même temps qu'il fut *la merveille de son siècle ;* sans pouvoir emporter partout, avec lui, *sa cellule,* emportait admirablement partout *sa solitude;* sa *solitude intérieure, cette union continuelle avec Dieu,* qui le suivait partout, jusque dans les palais des Rois.

De même, Sainte Catherine de Sienne, Sainte Thérèse, qui nous dit, dans sa *vie écrite par elle-même, et par obéissance à ses directeurs :* « On pourra blâmer mes *voyages,* mais Dieu sait ce qu'ils me valent... »

Et même, ces dérangements inévitables, en *rompant la monotonie* de la Règle, placent parfois fort agréablement *belle variété* dans la *nécessaire unité.*

FER (1) ! L'Enfer, *ubi nullus ordo, sed sempiternus horror inhabitat.*

Par contre, une *vie bien réglée* (2) sera *le Paradis sur la terre.* Et j'affirme de plus, au besoin, je le jure, appuyé sur la plus constante expérience, que, *sans cette vie* (3) *de règle, on ne bâtira jamais rien,*

---

(1) Et même devant la raison, il est démontré que les *gens sans ordre* vivent très-malheureux : Qui s'ennuie si ce n'est celui qui vit sans règle et *tue son temps?*....

(2) Quand est-ce que j'ai été *plus content, plus heureux?* et quand est-ce que *j'ai mieux réussi? —* Ah! c'est lorsque, *même en voyage* (ce qui n'est *point du tout impossible*), j'ai observé, sans petitesses, *sans minuties* toutefois, mon Règlement *à la lettre, à la lettre! ad litteram, ad litteram!* comme nous dit le grand S. Fr. Xavier, qui, lui aussi, vivait de règle, au milieu des sauvages.

(3) Et, avec tout cela, demandez à Dieu, si vous tenez à réussir : une *grande droiture d'intention,* une *immense discrétion,* une *INVINCIBLE PERSISTANCE;* (A) une *prudence consommée,* une *patience à toute épreuve,* une *douce énergie : — Douce énergie, énergique douceur, DOUCEUR ET FERMETÉ!* tous synonimes — ce fut toujours notre devise. — Pourquoi tant y avoir manqué ? — Ah! c'est qu'elle est difficile et bien rare, la vraie *sagesse en action !*)

Enfin demandez, déployez une ACTIVITÉ DÉVORANTE !... Alors vous pourrez dire avec vérité: Le zèle de votre

---

(A) Telle affaire devra être emportée d'assaut, c'est le *violenti rapiunt...* et pour telle autre, il faudra *savoir attendre;* car attendre est un art, une science : Je ne puis obtenir aujourd'hui, j'attendrai à demain; j'attendrai six mois, j'attendrai six années !... *Expectans expectavi!...*

ou bien, en ruinant les autres, bien vite on se ruinera; de même qu'*avec de l'ordre on arrive à tout et toujours.* « Quand on ménage bien son temps, on « en trouve pour tout, » dit l'aimable et sage Fénelon.

De quoi s'agit-il donc et qu'est-ce enfin, qu'on vous demande, ô mes amis? Ecoutez! Ecoutez!

§ 3.

Facilité étonnante d'arriver à ce but, quand on le veut sincèrement, JUVANTE DEO.

Car je prends à témoins, et le ciel et la terre que le commandement que Dieu vous fait n'est ni au-dessus de vos forces, ni loin de vous : *non est suprà te, neque longè à te... Testes invoco cœlum et terram !...*

Que vous demande-t-on?

Vous avez bâti votre Eglise : hé bien ! dans cette Eglise, qui est à vous :

Maison, Seigneur, M'A DÉVORÉ ! *Zelus Domus tuæ* COMEDIT ME.

Et vous n'aurez encore rien de trop. O combien eussé-je mieux réussi si tout cela ne m'avait pas fait défaut ! Mon Dieu, pardonnez-moi ! Oui, et telle est ma bien sincère conviction: J'ai plutôt été un obstacle réel; et avec tout cela je n'ai qu'une crainte... crainte hélas trop fondée ! Ah ! c'est qu'au jour du jugement je ne sois trouvé *un peu pire que je ne puis dire...*

1° *Chaque jour* venez y prier le soir (1) ainsi que le matin ; autant qu'il vous sera loisible.

2° *Chaque semaine*, montrez-vous y fidèles aux saints offices ; ne manquez jamais à la messe (2). La semaine est-elle heureuse sans cela ?....

Et 3° *chaque mois*, tout au moins *chaque année*, venez y recevoir les sacrements (3).

Nous entendons, par ce moyen, *simplement ouvrir et commencer*, vers la fin du jour, la prière, les *Visites à N. S. et à N.-D.* qui se continuent ici, grâces à Dieu, *avec les confessions,* jusques à la Retraite, vers 9 heures.

---

(1) En faveur de ceux *qui peuvent facilement y assister* nous faisons tous les soirs, en commun, à l'église, la prière, suivie de deux dizaines de chapelet.

(2) Pour assister à une basse-messe, dite *à minuit, en cachette,* le plus souvent sous un toit de chaume, nos pères faisaient, à pied, 4, 6, 10 lieues !... *Foi de nos pères !*

Et sainte Thérèse disait : *Pour la plus petite cérémonie de la sainte Eglise,* JE DONNERAIS MA VIE !...

(3) Par ces trois moyens, si simples, et qui, en définitive, *renferment tout,* — *Prière, Offices, Sacrements,* — ne donnons-nous pas satisfaction aux plaintes trop fondées de la *Grande Dame* de la Sainte-Montagne, contre les horribles *Blasphèmes,* la profanation du *Dimanche,* et la violation de cette loi de l'*Abstinence,* qui a pris naissance au berceau même du monde?... Dieu sera-t-il le maître, oui, ou non ? Et aura-t-il le droit de commander et de se faire enfin respecter ?...

Saint François de Sales parlait, avec profit, devant 7 *personnes*, et J.-C. n'en demande que 2 *ou* 3 pour se rendre présent au milieu d'elles: *ubi sunt duo, vel tres... ibi sum, in medio eorum.*

Ne soyons pas plus exigeants.

D'ailleurs on peut prier chez soi.

Nous laissons toute liberté.

Mais enfin, quand on le peut, *l'Eglise convient mieux,* il faut le reconnaître. Oh! quand viendra l'heureux jour, où, à l'instar du S. Curé d'Ars, nous verrions *un commencement d'Adoration vraiment Perpétuelle* à Dozulé !!! (1)

Et voilà tout! Voilà la *règle de justice, toute la loi.* Faudra-t-il, pour nous maintenir dans le devoir (2), que Dieu ait toujours la verge à la main? Et attendrons-nous de nouveaux malheurs?

Maintenant, ne m'écoutez plus! Donnons la pa-

---

(1) Nos prêtres, dans l'exil, s'étaient engagés à faire, chaque année, *une heure d'adoration* Et par là, à n'en pas douter, en préparant le retour d'une nation hospitalière, ils sauvaient déjà la patrie absente et ingrate, qui les avait proscrits.

(2) *Le bonheur de faire des heureux!* nous disait un jour Mgr de Marguerie; mais n'est-ce pas le grand bonheur de Dieu lui-même?.. Et ce bonheur, qui donc m'empêchera d'essayer à le procurer à mes *enfants*, à mes *amis*, voire même à mes *jeunes Confrères*, leur rappelant les beaux modèles, l'exemple touchant de nos Pères ?.

role au S. Evêque d'Hippone, qui vous dira mieux ma pensée, dans son magnifique langage :

« Quels sont donc près de vous mes désirs, mes
« prières, mes vœux ? Pourquoi serait-ce que je
« vis, sinon dans le désir que nous vivions en-
« semble en J.-C. ?

« Oui! voilà mon désir, et voilà mon honneur;
« telle est aussi ma joie, telle toute ma gloire et
« telle ma richesse. Mais si vous ne m'écoutiez pas,
« pourvu que je ne me taise pas, JE DÉLIVRE MON
« AME! *Libero animam meam.* Et cependant, JE
« NE VEUX PAS ÊTRE SAUVÉ SANS VOUS! *Nolo sal-
« vus esse sine vobis,* »

Quelle foi ! quel zèle ! et quelle charité ! quelle plus touchante tendresse d'un bon père! ah! c'est bien là le cœur d'un Evêque, d'un Prêtre! Oui, je le sens profondément : Si toutefois l'ennui pouvait monter si haut, il m'est avis qu'il m'ennuierait sans vous, ô mes enfants, en Paradis: *Nolo salvus esse si ne vobis!*

ORIGINE DE DOZULÉ. — ÉTYMOLOGIE.

Nous sommes sûrs d'intéresser nos lecteurs par quelques lignes, hélas ! trop restreintes, — tant la nuit pèse obscure et profonde sur l'histoire du pays, ravagé à diverses époques par les guerres civiles et de religion ! — Nous ne pouvons donner que ce que nous trouvons ; plus tard, peut-être, serons-plus heureux.

DOZULÉ, *Dorsum ustum* (1) ; *la montagne en feu, la montagne qui brûle, la montagne brûlée.* Même dans la bonne latinité, le mot *dorsum* se prend souvent pour *montagne* : les *montagnes* sont les *hauteurs*, le *dos*, et comme les *épaules* de la terre. Donc, la montagne qui brûle, *Dorsum ustum*, la montagne brûlée (2) ; tel fut naturellement le cri

---

(1) Nous devons à un savant antiquaire cette étymologie de Dozulé. — On en citerait de plus forcées et beaucoup moins probables. D'ailleurs, elle nous est aussi donnée par le *Pouillé* (*Registres officiels* de notre ancien diocèse de Lisieux.) Inclinez-vous et respectez !

(2) Où fut sis le Plessis-Esmangard, que brûla Edouard III, roi d'Angleterre.

d'effroi qui vint se poser sur toutes les lèvres dans la contrée, le 13 août 1347.

Que se passait-il donc, et qu'apercevait-on de tous les points de cette immense vallée d'Auge, d'où l'œil étonné contemple ce magnifique panorama qui s'étend de Saint-Pierre-sur-Dives, de Crèvecœur, Falaise, Saint-Clair-de-la-Pommeraye, Clécy, Thury-Harcourt, Caumont, et jusque par delà Saint-Lô, dit-on; puis, se repliant sur Caen, sur les clochers si populaires de Bernières et de Langrune, que nous apercevons de tous les points, même à l'œil nu; panorama qui n'a d'autres limites que celles de l'Océan; l'Océan, que l'on découvre aussi depuis l'embouchure de l'Orne, à Ouistreham, jusqu'à l'embouchure de la Dives, à Cabourg-les-Bains, et enfin jusques au Havre et la partie littorale du beau pays de Caux !

§ 1er.

Incendie de la ville du Plessis-Esmangard,
ou le VIEUX DOZULÉ.

Que se passait-il ? Que voyait-on ? — L'incendie dévorait notre ville, qui paraissait au loin comme une montagne en feu, *Dorsum ustum*, avec les vastes bois qui la couvraient. En effet, il est plus que probable qu'après la ville brûlée, le feu prit au bois qui lui était adossé ! Quel horrible et quel vaste incendie !!! Toute cette chaîne de montagnes en feu ? *Dorsum ustum!* D'où plus tard Dos-uré (1). Et enfin, de nos jours, *Dozulé,* par une légère corruption de langage, le *changement d'une lettre,* la substitution de la lettre L à la lettre R, ce qui tient même et très-probablement, à la diversité de prononciation, *Dozuré—Dozulé.*

§ 2.

LE DOZULÉ INTERMÉDIAIRE.

Donc, de notre antique petite ville, Le Plessis-Esmangard, que le barbare anglais, Edouard III, incendiait, en nous tombant, avec tous les fléaux des guerres, par l'ancienne voie romaine, la chaussée de Varaville, et se dirigeant sur Pont-l'Evêque, Touques, Honfleur et Pont-Audemer, qu'il n'épargna pas davantage : de l'antique Plessis-Esmangard, il ne restait plus que des cendres, la montagne brûlée, *Dorsum ustum. Dos-uré—Dozulé.*

Le Plessis y perdit même son nom : mais, de ces cendres, naquit un jour Dozulé, qui fut ainsi baptisé de son nom nouveau, dans un *vrai baptême de flammes !*

Plus d'une fois, la position topographique aura

(1) Et n'avons-nous pas, entre Avranches et Mortain, la *Chapelle-Urée* (la *Chapelle-Brûlée?)* Le mot n'est donc pas insolite, inconnu, même assez près de nous, en notre Normandie: *uré* pour *brûlé?*

changé. Il est probable que le reste des habitants se groupa autour du vieux manoir des Silly, près de la chapelle Sainte-Anne, qui devint plus tard Eglise Paroissiale ; titre auquel nommaient alternativement avec nos seigneurs de Silly (1), les Abbés de Sainte-Barbe-en-Auge, près Mézidon.

Les anciens du pays ont encore parfaitement connu le Prieur Bobée, dont on m'a bien souvent entretenu, dernier Curé avant la Révolution de 93, nommé par l'Abbé de Sainte Barbe-en-Auge.

Les dictionnaires géographiques de cette époque portent le chiffre de la population de Dozulé à 276 habitants. L'Eglise, le presbytère et le village, très-peu important, étaient sis derrière *le Champ de foire* actuel, sur le versant oriental de la Butte-du-Bois, à l'ouest du château.

§ 3.

LE NOUVEAU DOZULÉ.

Vers le commencement du siècle, de 1795 à 1805, la belle route départementale, n° 3, de Caen à Rouen, vint à passer tout près de là, à cent mètre environ de ce même *Champ de foire*, où se tient de temps immémorial, avec les deux foires (*la foire de Saint-*

---

(1) Et plus tard, les seigneurs de Brancas, dont l'un des derniers et très-illustres membres, Mgr Henry-Ignace de Brancas, fut notre pénultième Evêque de Lisieux. (V. l'*Allocution à M. le Préfet actuel du Calvados*, 27 mai 1861).

Jean, fête patronale de Dozulé et *la foire du mardi de Pâques*) un *marché hebdomadaire*, le *mardi* de chaque semaine, *et non le vendredi*, comme le dit, avec *mille autres inexactitudes*, certaine statistique de Pont-l'Evêque se couvrant d'un grand nom que souvent elle compromet.

Dès lors le Plessis-Esmangard, Dozulé, va subir une transformation nouvelle et prendre une troisième position géographique.

Nous avons vu ce changement. Les anciens du pays se souviennent parfaitement d'avoir compté jusqu'à trois et même deux assez pauvres maisonnettes à Dozulé ; à Dozulé, qui compte aujourd'hui un millier d'habitants, presque tous dans son bourg si brillant, si coquet ! Car de ce village du bois autour de l'ancienne église si pauvre, si mal solide ; *au fond d'un bois;* à une distance d'un kilomètre de la nouvelle population ; de l'antique village il n'est bientôt plus question ; pas plus que des rares habitants de la vallée qui, tous, de plus en plus et dans un intérêt bien compris, tiennent à se rapprocher de la jolie Eglise.

Ce fut d'abord *la Poste aux chevaux*, puis un *Bureau de Poste aux lettres*, une *Brigade de Gendarmerie*, le *Bureau de l'Enregistrement*, un *Bureau de Tabac*, puis les *Halles à blé* comme à *viande*, des Auberges, *de trop nombreux Cafés*... Enfin le *Canton civil*, la *Justice de paix*, que restitua le passage du roi Louis-Philippe en 1830, en l'enlevant à Dives, alors inabordable; et qui, d'ailleurs, malencontreusement placé *non loin des dunes de la Manche*, et cependant *assez loin du rivage (à un grand kilomètre* aujourd'hui de la mer) (1), ne peut jamais prétendre à la *Centralité* pour le Canton. Ainsi, en peu d'années, s'improvisa le jeune et joli bourg de Dozulé, succédant à l'antique Plessis-Esmangard.

Nos archives municipales (anciens registres paroissiaux) nous offrent sur le vieux château des Silly des anecdotes vraiment curieuses. Nous y renvoyons le lecteur,

§ 4.

Très-curieuse et très-authentique statistique sur notre ancien DIOCÈSE DE LISIEUX.

Mais voici quelque chose de plus positif fort intéressant, et tout à fait authentique: Nous avons pu enfin nous procurer *le Pouillé de l'ancien diocèse de Lisieux,* dû aux laborieuses recherches de M. Auguste Leprévost (Lexovien), ancien Député, savant connu dans toutes nos Académies.

Simple nomenclature, ce *Pouillé*, qui a toute l'autorité des *anciens Registres officiels du Diocèse*, est par là même on ne peut plus précieux.

Le Diocèse se composait de 4 Archidiaconés, qui, tous ensemble, formaient les 14 cantons.

(1) Les *constructions à neuf* se font presque exclusivement sur Beuzeval et Cabourg-les-Bains.

Les 4 Archidiaconés étaient celui du *Lieuvain*, celui *d'Auge*, de *Pont-Audemer* et de *Gacé*.

1° L'Archidiaconé du Lieuvain comptait 4 cantons: *Orbec, Moyaux, Bernay, Cormeilles;*

2° Celui de Pont-Audemer en avait 3: *Touques, Honfleur* et *Pont-Audemer;*

3° Celui d'Auge, également 3 : *Mesnil-Mauger, Beuvron, Beaumont;*

4° L'Archidiaconé de Gacé comptait 4 cantons: *Livarot, Vimoutiers, Montreuil, Gacé.*

Voilà pour l'ensemble de notre ancien Diocèse de Lisieux, l'un des beaux Diocèses de France ; un Diocèse de faveur, à raison de son rapprochement de la Capitale; Diocèse dont les Evêques étaient *COMTES de la Ville épiscopale:* titre dont jouissaient eux-mêmes les Chanoines du Chapitre pendant les jours de l'octave du second Patron de la Cathédrale, Saint-Ursin (1). Ce fut, dit-on, une réserve faite par l'un de ces Chanoines, ancien titulaire du Comtat de Lisieux, qui, à sa mort, passa son titre à l'Evêque, et ne le lui concéda qu'à cette assez bizarre condition.

---

(1) C'est une tradition bien connue dans Lisieux, que, pendant l'octave et la foire Saint-Ursin, nos COMTES-CHANOINES parcouraient la cité, montés sur des chevaux richement caparaçonnés, en faisant joyeuse ostentation de leur puissance éphémère.

§ 5.

Renseignements non moins positifs sur l'antique importance du Plessis-Esmangard.

Mais ce qui intéresse Dozulé mérite bien d'être cité.

Il y est fait mention, à diverses reprises, de la *Paroisse* du *Prieuré*, du *Château* seigneurial, et enfin de la VILLE DE DOZULÉ : Que l'on nous explique, si l'on peut, comment, de nos 14 Doyennés, dont 4 seulement, Pont-Audemer, Honfleur, Orbec et Bernay, avec la ville épiscopale (Lisieux), possédaient, de temps immémorial, et possèdent encore, le titre de ville (1); comment des dix autres Doyennés, *non pas même un seul*, dans toute l'étendue de ce *Pouillé (Registres authentiques du Diocèse)*, n'obtient *pas même une seule fois*, ce titre de ville? alors que, *seul*, Dozulé, en lettres majuscules, est appelé (page 51) dès l'année 1519, LA VILLE DE DOZULÉ ?... Cet argument nous paraît péremptoire pour démontrer cette fois encore l'antique importance de la localité.

Dieu veuille lui rendre, par sa belle Église,

---

(1) Comme on le voit, Pont-l'Evêque, ainsi que Dives, relevait du Doyenné de Beaumont-en-Auge.

quelque chose au moins de sa splendeur religieuse, plus précieuse mille fois que tout le reste.

N. B. Tout prêtre Lexovien devrait, à mon avis, se procurer ce document, le *Pouillé* de Lisieux.

§ 6.
Étymologie de Pouillé.

POUILLÉ, en grec : Πολυπτυχος de deux mots grecs, Πολυ beaucoup, et Πτυξ, *pli :* c'est-à-dire objet qui a *beaucoup de plis, très-plié, bien roulé.*

On sait que les livres anciens étaient de vrais *rouleaux de parchemin ou de papyrus;* d'où vient évidemment le terme *volume,* qui lui-même doit sa racine au verbe *volvere,* rouler : mot qui, par conséquent, convient bien moins aujourd'hui, ou, si l'on veut, ne convient pas du tout — que comme terme *conventionnel,* absolument comme on dit, cheval *ferré d'argent* — à la forme moderne de nos livres, qui *ne se roulent plus,* mais *se couchent* feuille sur feuille reliées par le dos.

Ce mot *Pouillé,* vieux terme français, inintelligible aujourd'hui, même pour des érudits, justifiera cette explication, que nous passeront les savants, qui la connaissaient, ou étaient censés la connaître.

Pourquoi faut-il que de nouveaux Vandales, qui, dans leur stupide fureur, renversent des monuments qu'après tout on peut relever, et que notre époque s'honore enfin de restaurer un peu partout ; pourquoi faut-il que, non contents du fer, ils s'arment de la flamme ? Pourquoi, avec des monceaux de ruines, ils ne nous laissent que des monceaux de cendres ?..

Ainsi s'envolent, avec les chefs-d'œuvre d'esprit de nos aïeux, les souvenirs de notre histoire locale, pour tous si palpitante d'un patriotique intérêt !

Au moins aurons-nous retrouvé quelque chose de nos *Pouillés (Registres officiels)* de l'ancien diocèse de Lisieux.

Chaque paroisse, et *des plus petites aujourd'hui, souvent importantes jadis,* trouverait des choses curieuses, pieuses, sur les patrons, etc.

Ainsi que le Plessis-Esmangard, Beuvron (1), Beaumont (2), Moyaux (3), Mesnil-Mauger (4), bril-

(1) Dans les caveaux d'une chapelle aujourd'hui à usage de sacristie, l'Eglise de Beuvron conserve plusieurs tombeaux des Ducs d'Harcourt, l'une des plus nobles familles de Normandie, à laquelle appartenait notre très-illustre Patriarche de Jérusalem, Louis d'Harcourt, Evêque de Bayeux, qui bâtit la belle tour centrale de notre Cathédrale, qu'on relève en ce moment. Par les soins intelligents du bon et respectable M. Mainfray, curé actuel, ces restes ont été pieusement recueillis, puis reconnus par le Duc présent, héritier des d'Harcourt de Beuvron. Il a été placé sur ces tombeaux une inscription dorée sur marbre noir.

(2) Beaumont conserve de beaux restes de son antique Prieuré : le presbytère actuel était la *maison du Prieur*.

(3) Moyaux nous laisse peu de souvenirs : il se recommande aujourd'hui de la présence de l'éminent M. Troplong, président du Sénat, qui l'habite en été.

(4) Enfin Mesnil-Mauger, dans ses vastes prairies, pas

lèrent, sans doute, autrefois, dans le pays, d'un vif éclat : *Sic transit gloria mundi !*

On aime à se rappeler ces splendeurs évanouies, ces gloires éteintes : c'est le culte des souvenirs.

§ 7.
Conclusion des précédents.

Quelque pauvre et défectueux que vous ait paru ce récit, cette histoire encore incomplète de N.-D. de Dozulé, je me fais ce raisonnement : Nous payerions, vous et moi, n'est-ce pas ? même assez cher, une histoire quelconque que l'on nous présenterait *sur le vieux Plessis-Esmangard ?* (1) Espérons que l'impartiale postérité, si cette Notice a le hasard de traverser quelques siècles, ne lira pas sans intérêt des faits que nous avons vus de nos yeux, et dont quelques-uns, en les étonnant, pourront édifier nos arrière-neveux.

Qu'A DIEU SEUL en revienne tout l'honneur et toute la gloire :

SOLI DEO HONOR ET GLORIA !

---

plus que Moyaux, dans ses magnifiques terres à blé, n'offre pas même de vestiges de ses ruines ; à part l'assez jolie Eglise, qui a été *badigeonnée et mutilée* — ainsi que celle de Surville, près Pont-l'Evêque.

Mauger (MAUGERIUS) fut l'un des compagnons de Guillaume qui lui donna cette terre : elle a gardé son nom : *Mesnil-Mauger* ; *Mesnil-Manoir, demeure de Mauger.*

(1) Comme sur toute autre localité des environs.

ÉPILOGUE.

§ 1ᵉʳ.

Exemples du saint Curé d'Ars.

On lit dans la vie du saint Curé d'Ars : « Il ne se
« tenait pas de joie (1) en *déballant* les caisses qui
« lui apportaient les dons des fidèles, les ornements
« pour son Église. Il appelait voisins et voisines,
« et par les exclamations de son admiration, on l'eût
« pris pour un *grand enfant !* »

Hélas ! avec le saint Curé, je n'ai que ce seul trait
de ressemblance ! Qu'il puisse servir du moins à
me faire pardonner ce que le monde appellera de
grands enfantillages !

Mais croyez-vous, de bonne foi, que le saint
homme admirât des *colifichets*, et même la beauté

---

(1) Joie, du reste, permise, et bien connue du Grand
Roi qui a dit : « J'ai vu, Seigneur, avec un immense bon-
« heur, votre peuple vous apporter, pour votre temple, ses
« dons. »

*Populum tuum, Domine, vidi cum ingenti gaudio tibi
afferre donaria.* (PARAB., 27. 17.)

réelle, mais matérielle, des ornements? (1) — Un autre trait délicieux d'une si belle vie nous révèle son âme tout entière : à un enfant qu'il préparait à jeter, à la Fête-Dieu, des fleurs devant le Très-Saint Sacrement : *Ton cœur, mon enfant, c'est ton cœur que tu jetteras au bon Jésus, n'est-ce pas,* lui disait-il ? — Donc l'honneur et l'amour de Dieu, le bonheur, le salut des âmes ! voilà ce que voyait, ce que cherchait en tout le saint Curé.

Et croyez-vous que si, avec *la vraie Croix* (dont il pouvait avoir une parcelle) il avait eu *le Christ en ivoire* et *le saint Voile* (2), il n'eût entonné plus éclatant encore son *Magnificate Dominum mecum ?*

(1) Je remercie ici cordialement tous ceux qui ont donné, donnent encore, et donneront, *avec foi et amour*, même les objets les plus minimes : ce n'est pas *le présent*, mais *le cœur* que Dieu considère : *Dominus intuetur cor*. Je veux que nos chers Bienfaiteurs sachent bien qu'il est prié pour eux chaque jour *à l'Oraison* du matin, *au Chapelet* le soir, et particulièrement *au Saint Sacrifice* de la Messe.

Or, ces Offrandes, à notre grande joie, continuent : *Vidi ! cum ingenti gaudio!* L'une des dernières est une JOLIE CORBEILLE *en fil de fer doré*, d'un travail exquis, d'un goût charmant, offerte à N.-D. de Dozulé, par M. A. M*** d'Orbec.

(2) A deux genoux sur un prie-Dieu simple et modeste, on dit que la fille du Roi-martyr priait avec ferveur sur des restes précieux du Roi son père et de Marie-Antoinette, sa mère infortunée...

Et nous, devant *la Croix* et le *saint Voile*?..... Ah ! n'avons-nous pas là aussi les précieux souvenirs d'une Mère, d'un Père aux cieux ?

Après Jésus, après Marie, Dieu ne se choisit-il pas de temps à autre, de grandes victimes ? — Jeanne d'Arc,

§ 2.

Et de Mgr Clausel de Montals.

Comment! le très-illustre Mgr Clausel de Montals, surnommé justement l'Athanase du Nord, le Basyle de son siècle, le Bossuet moderne, me prêche de parole et d'exemple, en déclarant que *l'endurcissement des Pharaons modernes est porté à un excès qui n'a peut-être pas eu d'exemple,* et que, par conséquent, *il faut prier et faire prier les saintes âmes dans toute la France*, et on le voit lui-même, aveugle et plus qu'octogénaire, chaque jour pendant de grandes heures, *à genoux devant Notre Seigneur et la sainte Relique*, pour laquelle il professe une vénération sans bornes : plein de confiance que la Vierge, qui a sauvé jadis sa ville de Chartres, qui tant de fois aussi sauva la France, la sauvera de nouveau : et nous resterions spectateurs indifférents, et nous ne ferions rien! Et, riches, d'un pareil trésor, nous négligerions d'en tirer parti ! — *Absit à me !...*

Mais le grand nombre ne comprend pas et ne croit pas. — Que nous fait ce *grand nombre ?* Ne fut-il pas toujours le grand nombre des réprouvés? *Ne craignez pas, petit troupeau,* dit Jésus-Christ. *Agir* toujours *en conscience, et laisser dire..*

Louis XVI, Mgr Affre ?... et aujourd'hui Pie IX ?... des Vierges, des Pontifes, des Rois ?... Appaisons sa colère sur des crimes continuels, qui toujours nous menacent de désastres nouveaux...

Puis répéter encore: *ma tête?—quand on voudra; ma conscience (1)?—jamais!*

§ 3.

Conclusion pratique.

Et maintenant, quand par A plus B, j'ai pu trop aisément démontrer que le plus souvent *sans moi*, quelquefois même à mon insu, d'autres fois aussi *malgré moi* (2), le bien s'est fait ici, et reste dû :

1° *A Dieu*, de qui nous vient *tout don parfait*;

2° *A la Vierge* Immaculée, par qui il *nous veut tout donner*; TOTUM *nos habere voluit per MARIAM;*

3° *A la prière* des saintes âmes, des Communautés ferventes, et *des plus petits enfants* (3):

(1) On est bien fort, a dit quelqu'un, quand on a pour soi *Dieu et la conscience: Studeo sine offendiculo conscientiam habere ad Deum et ad homines semper.* (ACT. 24. 16.)

(2) Voir l'histoire de la Confrérie du Rosaire, *établie, A MA HONTE, comme malgré moi* (p. 148).

(3) Mme de Cheverus *excommuniait* de la prière en commun, le soir, l'enfant qui n'avait pas été sage dans la journée: *il aurait tout gâté,* lui disait-elle sévèrement; et il était condamné à prier *seul dans un coin :* moyen puissant d'émulation pour engager à être sage afin de *prier efficacement...*

Aurions-nous Saint-Louis sans sa mère, la reine Blanche, qui lui disait souvent : « Je vous aime, mon fils ! et Dieu « seul sait combien je vous aime ! Hé bien ! j'aimerais

Que me reste-t-il donc à faire, pour peu que j'aie encore de cœur, de saine logique et de bon sens; sinon de chanter:

Louanges à Dieu!

Amour à notre bonne et toute-puissante Mère!

A vous, merci! âmes saintes, enfants chéris, Vierges du Christ!

Merci! Merci! Il est donc vrai que *Dieu s'incline à vos prières!*

Et quand je rechercherai véhémentement désormais encore quelque chose, j'aurai recours à Dieu, à la Vierge, aux Anges, aux Saints de la terre et des cieux. Et je veux qu'on appelle cela une juste et nécessaire et même intelligente reconnaissance: *Clamabo! clamabo ad eum qui benè fecit mihi.*

« mieux *vous voir tomber mort à mes pieds,* que de vous
« voir tomber dans un *seul péché mortel!..* »
De même, sans leurs saintes et *énergiquement Chrétiennes* mères, aurions-nous Saint François de Sales, le cardinal de Cheverus, le curé d'Ars et cent mille autres?...
Oui! oui! de plus en plus, le sort des familles, l'avenir de la religion, de la société, du monde, est *dans la main,* et mieux *dans le cœur,* des *mères chrétiennes!..* Saintes Religieuses, épouses du Christ, formez-nous des femmes *vraiment chrétiennes;* et tout est gagné, tout est dit...
O SUBLIME VOCATION!!!
Est-ce à dire que nous ne ferions pas cas des Sœurs *hospitalières* et autres, dont la vocation n'est pas directement *d'enseigner?* Mais elles *enseignent à bien mourir!* Et c'est par là surtout qu'elles sont *Religieuses...* Monde aveugle! tu ne vois que les soins matériels du corps!..
Il nous semble que celles qui *enseignent* aux autres *l'art de montrer comment il faut mourir,* méritent bien une *mention honorable.*

Prions donc encore ensemble et toujours, ô mes enfants, mes vrais amis! pour que Dieu, J.-C., soit plus connu (1), mieux aimé, mieux servi!

Prions pour que les âmes échappent à l'enfer pour le ciel!

Prions pour que nos frères, autres amis, qui nous précèdent et que nous allons suivre, entrent au plus tôt dans le lieu désiré de *rafraîchissement*, de *lumière* et de *paix!*

Car, en vérité, si, comme il est vrai, TOUT EST LA! on ne doit, en BATISSANT DES ÉGLISES comme en *faisant tout autre chose*, se proposer d'autre but que celui-là : DIEU ET LE SALUT DES AMES!

Et pour obtenir ce résultat, appliquons-nous de plus en plus à gagner *toutes les indulgences possibles* (2), sûrs de devenir ainsi *bientôt aisément de grands Saints*, au dire d'un grand Saint (S. Lig.) (3).

(1) Tout le mal vient de là : Dieu *mal servi*, parce qu'il n'est *pas connu*, pas aimé! DEI IMMEMORATIO!... IGNOTO DEO!...

(2) Mon fils, disait sur son lit de mort à son fils le grand roi Saint Louis, mon fils, appliquez-vous à gagner toutes les indulgences de la Sainte Eglise Romaine.—*Foi de nos pères!* où te rencontrer aujourd'hui?..

(3) Mgr de Charbonnel nous racontait dernièrement l'histoire d'un Saint Dominicain, dont la *bulle de Canonisation —jugement assez respectable* de la Sainte Eglise Romaine— fait mention d'une révélation, qui nous apprend que ce Saint Religieux aurait délivré, par ses prières, pénitences

MON DERNIER VOEU.

Pas une pierre dans cette église — qui en tient 40,000 pieds cubes (1);

Pas un mot dans cet opuscule — comptez-les si vous le voulez;

Pas un soupir de mon cœur — dans ma déjà bien longue vie,

Qui ne redise et qui ne chante à sa manière;

DIEU! la Vierge MARIE, et l'EGLISE de J.-C.!!!

et *indulgences gagnées,* 1,400,000 âmes du Purgatoire! — Et saviez-vous qu'*une génuflexion* bien faite devant le T.-S. Sacrement vaut 200 *jours d'indulgence?*... O ignorance et endurcissement! Un Saint Evêque disait: je connais *mes gens* à leurs *signes de croix* et à leurs *génuflexions*.....   (Mgr de Belley).

(1) De la plus belle pierre d'Allemagne près Caen, pierre qu'on exporte jusqu'en Angleterre, pour bâtir les vastes palais de l'immense capitale.

UN DERNIER MOT

A LA CI-DEVANT OPPOSITION

AVEC LAQUELLE ENFIN LA PAIX EST FAITE

§ 1er.

Utilité, MÊME MATÉRIELLE, *de l'Eglise.*

Finissons. Et savez-vous pourquoi, *commandé par mon Chef,* par mon Évêque, j'ai tenu à vous dire la vérité, la vérité tout entière, *dût-elle blesser quelquefois?*

Et, d'abord, il le fallait bien pour rendre *avant tout gloire à Dieu.* Dieu est pour tout le succès très-manifestement, on en convient, dans cette opération, comme partout, comme toujours.

Mais ensuite, *pour l'instruction des générations à venir* et aussi et surtout pour vous-mêmes, ô mes *amis actuels* de la *ci-devant Opposition.*

Aurait-on jamais cru, auriez-vous cru vous-mêmes (car j'aime à supposer toujours une certaine bonne foi dans mes adversaires, quand on fait une

Opposition loyale, souvent utile), auriez-vous cru de bonne foi que les affaires eussent ainsi tourné? Que le bonheur réel et la *prospérité, même matérielle, de la localité dépendaient de l'Eglise*, comme il est aujourd'hui mille fois démontré?

Les personnes d'intelligence, les hommes à la foi la plus robuste le soupçonnaient à peine…… Hé bien, ô mes amis, moi qui vous prêchais, il y a 30 ans, ces *choses alors très-incroyables — aujourd'hui démontrées par les faits* les plus patents, — je suis bien en droit d'espérer que vous me croirez quand je vous prêche en ce moment ce que d'ailleurs je vous prêche aussi depuis 30 ans que je suis avec vous, depuis mes 40 ans de sacerdoce, et que je veux prêcher toujours comme *la plus intéressante et la plus sérieuse de toutes les vérités:*
IL EN COUTE PLUS POUR SE DAMNER QUE POUR SE SAUVER!!!… Et rien n'est plus facile à démontrer.

§ 2.

Folie, crime et malheur des méchants.

Ceux qui ne le croient pas aujourd'hui le verront clairement un jour… Attendront-ils qu'il soit trop tard aussi pour eux? Et qu'ils en soient réduits à dire avec les réprouvés: *nous nous sommes donc trompés! Ergo erravimus!!!*

SANTÉ, FORTUNE, HONNEUR! tout est sacrifié,

n'est-il pas vrai, le plus souvent, par celui qui renonce à ses engagements d'*honnête homme* et de *chrétien ?* car je ne sépare pas ces deux qualifications: *pas d'honnêteté, de probité durables sans la foi!* — L'expérience est là qui le démontre à chaque instant: *Pas de morale sans la religion !*

HONNEUR, FORTUNE et SANTÉ, même avec la plus rigide pénitence (1): voilà bien, au contraire, le sort heureux de tout chrétien intrépide et sincère! J'en appelle encore ici à la plus *quotidienne expérience!*

Mais s'il en est ainsi, comme je défie d'en douter, donc *on est plus heureux, même ici-bas, en tra-*

---

(1) Allez voir à la Trappe : nous avons rencontré là (en 1831) un vieillard de 91 ans, entré à 14 ans dans la maison, qui reconnaissait devoir sa longévité, sa robuste santé au régime sévère...

Abandonné des médecins d'une grande ville (Nantes en Bretagne), le Père Abbé nous affirmait devoir son *rétablissement inespéré*, à ce même régime de la Communauté, qu'il observait comme le dernier de ses Religieux.

Et le Père Abbé d'Aiguebelle n'a-t-il pas vécu 96 ans ?.. Il s'était fait Religieux à 48 ans, *portant,* croyait-il, comme le Père Abbé de Mortagne, *pour y mourir au plus tôt, ses os à la Trappe*...

Et après un *demi-siècle* d'existence, il vit encore un *demi-siècle !*... Ainsi, ne vivant guères que d'herbes et de racines, les Paul et les Antoine vivaient des 110 ans, des 120 ans !... Qu'aurez-vous à répondre mondains, qui osez contrôler la conduite des Saints, et VOUS SUICIDEZ pa des excès de tout genre ?

vaillant à son salut éternel qu'en y renonçant lâchement ! Donc il en coûte plus réellement pour se damner que pour se sauver ; c'est le mot sublime de saint Paul : *Piétas ad omnia utilis est...*, mot traduit par Montesquieu, Châteaubriant et cent mille autres, par cette exclamation vraie.

« Chose admirable ! notre sainte Religion, qui
« semble n'avoir d'autre but que le bonheur de
« l'autre vie, fait encore notre bonheur ici-bas
« même ! AD OMNIA *utilis est* ! »

§ 3.

Appel à mes chers paroissiens.

O mes enfants et mes amis ! je vais mourir ! Que peut-on espérer à mon âge, quand l'âge le plus tendre est souvent le plus menacé et le plus exposé ? Hé bien ! un pied dans cette tombe, que j'ai pu *creuser de mes mains* et dans laquelle enfin *j'ai voulu prendre ma mesure,* j'ai droit d'être écouté : JE VOUS ADJURE de m'entendre ! *Voulez-vous être heureux ici-bas ? travaillez à mériter le Ciel*; et, pour cela, aimez Dieu par-dessus toutes choses, aimez-vous bien les uns les autres. Aimons-nous tous *en Dieu* et pour *Dieu seul !!!*

Je regretterais de faire une peine injuste, ou inutile, même au plus petit de ces enfants. — Vous devez le savoir, et enfin me connaître. — Et si j'ai dû rappeler des faits d'ailleurs publics, des faits accomplis *en plein soleil*, je l'ai fait pour l'instruction de tous.

Car, enfin, ceux qui se trouveraient ici atteints, *persistent* dans l'erreur ou bien *sont revenus* sincèrement.

Dans le premier cas, ils doivent avoir *le courage de leur opinion :* libre à eux de *penser comme personne ;* mais libre à nous de ne pas penser comme eux. *Suum cuique : à chacun le sien*, c'est justice.

Dans le second cas, nous les félicitons cordialement, nous l'avons dit déjà. Il y aura souvent plus de mérite et plus de gloire de convenir d'un tort réel qu'à ne pas s'être trompé. (1) Nous aimons à le redire bien haut : Ah ! *nous sommes loin de nous préférer à personne !* (2) *Que celui qui se tient debout prenne garde de ne pas tomber !*

---

(1) V. Histoire de la Chapelle, p. 48.

(2) Voyez-vous ce *galérien*, disait un jour l'admirable saint Vincent de Paul : si Dieu cessait de m'assister un seul moment, *je deviendrais pire que lui...*

« Voyez-vous cette tour ? me dit aussi un jour, *à diverses*
« *reprises*, en me montrant le beau clocher de N.-D. de la
« Délivrande, le vénérable P. Saulet : Je veux que vous sa-
« chiez bien que *votre Église en est la mère :* sans vous et
« sans *certaine offrande*, nous ne songions pas à bâtir...
« *Je tiens à vous le dire* pour vous porter à en bénir
« Dieu avec nous... Dieu ! oui, *Dieu seul !* Car :

« Voyez-vous, là-bas, ces *pierres brutes ?*—en me mon-
« trant un tas de pierres au fond de la cour :—Si Dieu

Pasteur des âmes, père et ami des pécheurs, pécheur moi-même et des plus coupables, *par là même qu'il m'aura été plus donné;* je n'ai formé qu'un vœu : c'est à l'exemple du Prince des pasteurs, lui aussi, mon Patron et *mon 1er Patron, de donner ma vie pour mon troupeau !*

§ 4.

Grand désir de mon âme.

Indigne du martyre, et moins heureux que vous, *ô mon tout récent Patron* que j'invoque avec amour, PIERRE-MARIE-GABRIEL DURAND (1) apôtre fortuné qui venez, à 30 ans à peine, de verser au Thibet votre sang pour J.-C. (2). Combien votre sort est

---

« voulait, il pourrait, sans peine, en susciter des enfants
« d'Abraham, meilleurs que vous et moi... »

Ainsi, toujours, gloire à DIEU SEUL ! *Non nobis !* Dieu se sert quelquefois de nous, voilà tout : *Narrabant Barnabas et Paulus quanta DEUS facisset PER EOS.*

(Act. 12. 15.)

(1) PIERRE-GABRIEL DURAND, mes trois principaux noms de *baptême,* de *religion,* de *famille !*... Saint Martyr ! vous êtes donc bien aussi mon Patron ! Je vous réclame ! Appelez à vous le pauvre pasteur !

(2) M. Durand fut tué, le 28 septembre 1865, de deux balles qui l'atteignirent en pleine poitrine pendant que, poursuivi par les barbares infidèles du Thibet, *en haine de J.-C. qu'il leur annonçait,* il traversait un fleuve immense, sur un de ces *ponts-poulies* de ces pays sauvages. (Voir le dernier n° de la *Foi,* juillet 1866, n° 227, p. 287.)

digne d'envie!!! *Je n'ai formé qu'un vœu :* Nous sommes sans cesse menacés d'un *terrible fléau!... s'il doit sévir sur mon troupeau,* mon Dieu, en union à la mort de mon Sauveur Jésus, JE VOUS OFFRE MA VIE, JE DEMANDE A MOURIR DU CHOLÉRA, ou de tout autre genre de mort, si telle est votre volonté sainte (1), pour la *conversion* des uns, pour la *persévérance* des autres; pour ceux-là surtout envers qui mes fautes sans nombre me rendent plus redevable; enfin pour le *salut de tous!*

Après cela, *je vis heureux,* JE MEURS EN PAIX, (2) dans l'espoir de rejoindre au séjour des Bienheu-

---

(1) Comme tout récemment l'Évêque d'Amiens, comme Mgr Belzunce, Évêque de Marseille, dans la peste de 1720, tous les ans, publiquement et solennellement, depuis 30 ans, je consacre ma paroisse au Sacré-Cœur de Jésus le jour même de la fête; je ne manquerais pas à renouveler cette consécration dans le cas de l'apparition du fléau. *Le bon Pasteur donne sa vie pour ses brebis,* répétait, après J.-C., l'Archevêque-Martyr, Mgr Affre : Ah! *que mon sang soit le dernier versé!* Et moi, mille fois indigne que j'en suis, je serai heureux, je mourrai satisfait si Dieu daigne accepter ma vie, *par tel genre de mort qu'il lui plaira,* le choléra ou autrement, *pour le salut de mon troupeau!* Néanmoins, je ne refuse point le travail : *non recuso laborem, si populo tuo sum necessarius* (S. Martin) : *NON RECUSO LABOREM !*

(2) Mourir *sans argent et sans dettes;* tel est, depuis longtemps, l'un de mes grands désirs.

reux mes enfants, mes amis d'ORBEC, de CAEN, de DOZULÉ ! (1) *Amen ! fiat ! fiat !*

(1) J'aime à consigner ici une observation qui, à certains esprits légers, pourra paraître futile, et me touche, moi, profondément : Sur les trois théâtres où j'ai été appelé, *depuis 40 années déjà*, à exercer le saint ministère, partout j'ai rencontré pour Patrons *la Sainte Vierge et S*^{t}*-J.-B.* : à Orbec, où je fus si heureux six ans vicaire : 1re Patronne, l'Assomption, 2e Patron, St-J.-B ; à Caen, où je fus trois ans Directeur du Petit Séminaire : 1re Patronne, la Conception, sur la paroisse St-Jean ; enfin à Dozulé, où je suis encore depuis déjà 30 ans : 1re Patronne, l'Assomption, comme à Orbec, et, comme à Orbec, 2e Patron, St-J.-B. — Je ne demande point à changer de tels patrons ! Je reconnais tout leur devoir, comme aux bons anges, après Dieu. Et si l'on s'obstine à me parler de *hasard*, je m'obstinerai, jusqu'à *réponse honnête*, à demander ce que c'est donc que le *hasard ?..* Moi je suis trop heureux de croire à la Providence, sans petitesses, croyez-le ; mais j'y croirai toujours, *etiam in minimis*, quand j'ai pour moi l'Evangile qui me répète : UN CHEVEU ne tombera pas, sans mes ordres, de votre tête : *et CAPILLUS de capite vestro non peribit...*

RÉPONSE A 2 OU 3 PETITES OBJECTIONS :

Le culte de Marie, superflétation nullement nécessaire, et qui convient assez peu à nos génies du XIXe siècle...

Dévotion de peuple, et de femme, et d'enfant...

Abandon filial dans les SS. Cœurs de Jésus et de Marie, source unique de paix, et de bonheur, et de véritable progrès.

OBJECTION :

Mais laissons pour le *peuple,* et le monde pieux,
Pour la *femme,* et l'*enfant,* tout ce culte ennuyeux,
Dit l'impie : A quoi bon ce fatras de prières?
C'est insulter, vraiment, un siècle de lumières !

RÉPONSE :

Du siècle dix-neuvième, *incroyables génies,*
Qui blasphémez le Ciel en vos propos impies,
De grâce, respectez Celle que l'Univers
Exalte dans sa prose et chante dans ses vers.
Pour les temps, pour les lieux, culte tout catholique,
Culte enfin qui remonte à l'ère apostolique.
A l'Occident, au Sud, au Nord, à l'Orient,
Montrez-nous, quelque part, un culte plus riant :

La Nature, elle-même, à vos yeux, *adorable*,
En ses plus beaux atours, est-elle plus aimable ?
La Vierge, jeune mère, à sa fécondité,
Unissant la pudeur de sa virginité !
Un enfant souriant du maternel sourire,
Au peuple agenouillé qui l'implore et soupire,
Tendant ses petits bras, montrant son tendre cœur ;
De l'œil fixant le Ciel, terme du vrai bonheur :
Des temples merveilleux, de distance en distance,
A sa gloire élevés, trônes de sa clémence ;
De superbes autels, étincelants de feux,
Et des plus riches fleurs éblouissant les yeux :
La modeste chapelle, au haut de la montagne,
Qui protège la mer, la cité, la campagne,
Vrai phare d'espérance et brillant au sommet,
Ou bien se dérobant dans le vallon secret ;
Nid de paix et d'amour, asile de concorde,
Où s'embrassent les pleurs et la miséricorde.
Des cantiques naïfs et les plus doux concerts,
De chastes harmonies en parfumant les airs,
Qui montent jusqu'aux Cieux sur les ailes des anges,
De cette Reine-Mère en chantant les louanges :
« Si tu n'étais pas *Reine* (1), oh ! je te comprendrais,
« Et si tu n'étais *Mère*, oui, je pardonnerais.....
« Mais, *Reine*, n'as-tu pas en ta main la puissance ?
« Et *Mère*, ta bonté grandit ma confiance.
« Comment pourrais-tu donc m'envoyer un refus
« Quand, dans tes bras, tu tiens *notre frère, JÉSUS ?* »
Nous le redemandons, qui pourrait dire encore

(1) Touchante et naïve prière de l'aimable Evêque de Genève à la V. M.

Que ton culte, ô Marie, avilit, déshonore ?
Dévotion de *peuple* et de *femme* et d'*enfant !*...
Entends-tu, Chrysostôme ? O Grégoire-le-Grand !
Répondez, ô Bernard ! Gerson, Bonaventure ;
Hommes de vrai génie, et de doctrine pure.
Grand Anselme, Epiphane, et toi, Thomas-d'Aquin !
Maîtres de la pensée, Athanase, Augustin,
Bossuet, Fénelon ! (1) fières intelligences,
Courbez vos fronts flétris sous d'injustes sentences :
VOUS ÊTES DES ENFANTS ! — Vous, monarques fameux,
Vous croyez à la Vierge ! — *Enfants, enfants comme eux !*..
Des peuples et des rois, Potentat, qui te railles,
Mais quoi donc ! aussi toi, toi géant des batailles,
Quoi ! devant cette Idole, ENFANT ! à deux genoux,
Je te vois prosterné, le plus humble de tous !
Devant la Vierge aussi, pour comble de délire,
Tu veux voir se courber le plus illustre Empire !
Pour fête unique, enfin, la grande nation,
La France, n'aura plus que son Assomption !...
Va, tu n'es qu'*un enfant*, Empereur, et Dieu même
Qui l'adopte pour Mère, ah ! n'est-ce que... le blasphème
Sur mes lèvres expire : esprits légers, frondeurs,
Ah ! puisse-t-il ainsi s'éteindre dans vos cœurs !
Vous ne comprenez pas la belle poésie,
Je ne dis pas assez, non, la philosophie,
De ce culte touchant, et sublime et divin,

(1) Voilà, parmi les *dévots à Marie*, une *douzaine de noms*, qui en valent bien quelques autres ! Nous pourrions les multiplier à l'infini ; et notre embarras très-réel serait de dire qui, parmi les saints et les vrais génies, n'a pas aimé, n'a pas chanté Marie !...

8

Qui prend l'homme au berceau, le conduit à sa fin.
DÉVOTION DE PEUPLE!—Hé! le peuple, c'est l'homme!
Et pour tous ses chagrins, elle est un doux arôme:
Pourquoi vanter toujours, menteuse *humanité*,
Ton amour pour le peuple, amour de cruauté!...
DÉVOTION DE FEMME!—Ah! du moins, de la mère
Respecte les chagrins et la douleur amère;
C'est sa dévotion, c'est celle de la sœur;
Ne leur dispute pas ce débris de bonheur.
Epargne aussi, crois-moi, dans ta fureur jalouse,
Ce qui consolera ta fille et ton épouse.
Si, sur cent criminels l'homme est pour quatre-vingt,
Tu dois, sexe, à ta foi, d'être bien moins atteint (1).
DÉVOTION D'ENFANT!—Mais elle fut la tienne,
Tant que ton cœur fut pur et ton âme chrétienne....
Dans le deuil, la souffrance, au milieu du danger, (2)
Tu la retiens encore... Pourquoi vouloir changer?
Vois plutôt, à ses pieds, cette candide enfance
Offrir l'hommage heureux de sa tendre innocence:
La douce et jeune fille, avec nos jeunes gens,
Lui consacrer la fleur de leurs joyeux printemps,
Dans de chastes liens, les liens les plus doux;
Vois tomber à ses pieds ces deux jeunes époux:
Après de longs chagrins, âmes infortunées,
Les vieillards lui vouer leurs dernières années.

(1) Voir, en note, p. 138, une *très-curieuse statistique*.
(2) Nous pourrions citer tel père de famille, *qui ne passe pas pour être trop dévot*, et qu'on a vu, pour un enfant malade, entreprendre *à pied, nu-tête*, le pèlerinage de la Délivrande... Combien d'autres y sont allés *pieds nuds*, de 4, 6 et 10 lieues!...

Venez à son autel, magnanimes Guerriers,
Déposer votre gloire et vos brillants lauriers :
Nautonnier, tes périls ; Commerçant, tes affaires ;
Riche, ton opulence ; Indigent, tes misères ;
Malade, tes douleurs ; tes angoisses, Mourant !
Vierge de J.-C. ton cœur pur et brûlant :
Prêtre, ton zèle ardent, ton âme courageuse,
Rois, Reines, votre sceptre et fortune orageuse.
Oui, tout sexe, tout âge, état, condition,
Dans la Vierge, a trouvé sa consolation !
L'homme a besoin d'amour (1), et de force (2) et de vie (3) ;
Son appui, son espoir, sa joie (4) est en Marie.
Oui, la *Foi*, la *Raison*, comme deux tendres sœurs,
Se donnent donc la main, réunissent leurs cœurs
Pour démontrer à tous que la *Théologie*
Ici, comme toujours, c'est la *Philosophie* (5).

ABANDON FILIAL DANS LES SS. CC. DE J. ET DE M.

Du Soleil de justice, Aurore éblouissante,
Entendez les soupirs d'une âme gémissante :
Quand mon cœur affligé, dans ses déchirements,
Peut porter jusqu'à vous ses chagrins, ses tourments,

(1) *Mater pulchræ dilectionis.*
(2) *Terribilis ut castrorum acies...*
(3) *Vita, dulcedo, spes nostra.*
(4) *Causa nostræ lætitiæ.*
(5) On l'a dit avant nous :

La RAISON, *dans mes vers, conduit l'homme à la* FOI.
(RACINE fils, *Poëme de la Religion*.)

Mon âme jusque-là brisée, inconsolable,
D'un sentiment de paix pure, indéfinissable,
Tressaille transportée ; et, lorsque dans vos bras,
Je puis avec amour précipiter mes pas ;
Quand sur le CŒUR D'UN DIEU je jette mes souffrances,
Mes troubles, mes désirs, avec mes espérances,
Un sentiment céleste a pénétré mon cœur,
Et je sens aussitôt renaître le bonheur.
Mes maux ne sont plus rien, car, là, je les soulage,
Et mon cœur abattu retrouve son courage.
Plus tendre, votre cœur, que tous les cœurs aimants,
Bat sans cesse pour nous qui sommes vos enfants :
Est-il donc étonnant que mon âme flétrie
Puise dans votre cœur une nouvelle vie ?
Car, tout en conservant votre Virginité,
VIERGE, vous obtenez double fécondité.
Dans Jésus, l'Esprit-Saint vous donne la première,
Et l'autre, par Jésus, vous vient sur le Calvaire.
Jésus, dans Bethléem, sera le *Premier-né*,
Mais par vous, à la Croix, *le Monde est enfanté.*

COUP-D'ŒIL AUTOUR DE NOUS

SUR L'IMPULSION HEUREUSE, LE MOUVEMENT DONNÉ

DE CONSTRUCTIONS NOUVELLES

ET RESTAURATIONS DE NOS ÉGLISES

DEPUIS UN QUART DE SIÈCLE.

S'il y a de l'exagération à voir *tout en beau, tout en blanc*, n'y aurait-il point quelque injustice à voir *tout en noir ?* Tel est le sentiment, parfaitement bien raisonné, d'un homme éminent à tous égards, comme intelligence et comme caractère : M. de Falloux, déjà cité dans ce petit ouvrage. (V. p. 101, 2ᵐᵉ partie de cette notice).

Nous le disions aussi dès le début : (1) avec l'œuvre incomparable de la *Propagation de la foi*, jointe à la *dévotion à la Sainte Vierge*, qui nous ferait volontiers proclamer le siècle XIXᵉ, malgré ses aberrations nombreuses et ses tristes défaillances, *LE SIÈCLE DE MARIE* ; nous n'hésitons pas à regarder ces *Constructions à neuf* et ces *Restaurations* uni-

(1) Voir *Avant-Propos* de cet opuscule, p. 13.

verselles de nos Eglises, comme l'un des *signes du temps,* et des signes et symptômes les plus merveilleux, les plus rassurants de l'époque pour l'avenir de la foi parmi nous ; et en même temps comme une preuve de plus de la vitalité de cette religion de Jésus-Christ, toujours attaquée, toujours persécutée, et toujours victorieuse, toujours impérissable, comme son immortel Fondateur.

« *La religion se meurt ! Nous assistons aux funérailles d'un grand culte !* » disait audacieusement, il y a 25 ans (vers 1840) un homme du Gouvernement de Juillet : c'était ni plus, ni moins, un Recteur de l'Université (1), au milieu d'une solennité publique, qui parlait ainsi, au centre de la France, dans la belle ville de Nantes.

« *Avant cent ans, on chantera la Messe à Saint-Paul de Londres.....* » prédisait, à son tour, un peu moins sinistre, un homme bien connu, qui valait le Recteur de Nantes, s'il ne le surpassait de toute la hauteur de son talent, de son génie, Joseph de Maistre. (V. *Soirées de St-Pétersbourg).*

Voilà, il faut en convenir, voilà deux prophéties bien différentes !

Laquelle aura raison ? Laquelle aura dit vrai ?

---

(1) Les Desrosiers, les Théry, les Daniel, à Caen, Recteurs illustres, démontrent qu'il se peut rencontrer des Recteurs éminents et fervents catholiques : l'exception confirme la règle.

« *La religion se meurt!* et vous nous parlez de *ses*
« *funérailles ?* »—« Hé bien! pourrions-nous vous
« répondre, avec un orateur connu dans notre ri-
« che diocèse: Hé bien! creusez sa tombe! pré-
« parez son linceul! Mais qu'il soit vaste surtout,
« vaste comme le monde, ce linceul; car il devra
« couvrir en entier les deux hémisphères!!!
« Creusez sa tombe! creusez, creusez encore!
« creusez jusqu'aux enfers! — Allez, aveugles, in-
« sensés! Il y a bien longtemps, il y a de 14 à
« 1,500 ans que l'apostat Julien, qui, ainsi que
« Judas, aura des imitateurs dans tous les pays
« et dans tous les siècles, un jour, demandait, lui
« aussi, par une dérision blasphématoire : « Que
« fait en ce moment le fils du charpentier de
« Nazareth?—Et il lui fut répondu: le jeune char-
« pentier fabrique des cercueils..... pour ses blas-
« phémateurs!!! Bientôt aussi vous mourrez, et
« lui rendrez vos comptes... Tandis que, lui seul, il
« règnera ; il règnera en Dieu, ainsi que sa divine
« religion, sur vos mausolées inconnus et sur vos
« tombes oubliées... (1) »

Mais nous ne prétendons point faire ici de l'éloquence; pas même de l'histoire ancienne; tout
simplement donner un aperçu rapide, *un coup-*

---

(1) M. l'abbé Hugot, actuellement curé de Saint-Pierre de Caen, dans un de ses magnifiques discours sur la *Propagation de la Foi.*

d'œil de statistique contemporaine et locale. Après quoi vous pourrez juger, et vous nous direz qui aura raison de l'impie et téméraire Recteur qui osa dire : *La religion se meurt ;* ou du profond penseur qui a dit : *Dans cent ans, on chantera la Messe à Saint-Paul de Londres.*

Je vous ai promis *un coup-d'œil, une statistique ;* je tiens à mes engagements ! Je vais être positif et rapide : Je ne sortirai guères ni du pays, ni de l'époque.

Commençons par notre CANTON ; puis viendra le DIOCÈSE, la FRANCE, le MONDE.

Canton de Dozulé.

Sans plus rien dire du chef-lieu, nous parlerons de nos honorables voisins. Ainsi :

1° BEUZEVAL : M. ANNE (Gabriel), curé depuis 1854. — Beuzeval est, sans contredit, la localité la plus en progrès du canton de Dozulé : Beuzeval répond au progrès matériel de ses constructions de tout genre, de ses magnifiques hôtels, par des constructions religieuses. Cette charmante localité ne possède pas moins, dès ce moment, de 4 à 5 Eglises et Chapelles, où s'offre le Saint Sacrifice. Nous comptons : 1° l'ancienne Eglise paroissiale ; 2° l'ancienne paroisse d'Auberville y annexée ; 3° l'assez jolie chapelle de Houlgate ; toute récente construction, qui vient d'être livrée au culte en faveur des nombreux et pieux baigneurs et promeneurs. Et comme cette chapelle, assez vaste pourtant et susceptible d'un certain agrandissement, serait, d'après les prévisions très-probables, loin de suffire à la foule qui l'envahit dès maintenant, toujours croissante, aux jours de fêtes, il est fortement question,—et le terrain même, avec le plan, en seraient déjà arrêtés—de la construction très-prochaine d'une plus vaste Eglise, dans le genre, nous dit-on, de celle de Dozulé : en face, tout juste en face d'un *temple protestant,* qui ne paraît avoir d'autre chance d'avenir que dans l'opulence de ceux par qui et pour qui seuls il fut construit. Là, comme partout ailleurs, le prosélytisme est frappé d'une *très-remarquable stérilité.* Et, qu'on y fasse attention, ceux qui pour le schisme ou l'hérésie, désertent nos rangs, ne nous enlèvent pas plus d'honneur qu'ils n'en portent à nos adversaires.

Mais je suis déjà long sur cette première localité de notre *Canton.* Beuzeval le méritait. J'oubliais d'ajouter que le Saint Sacrifice est autorisé dans un ou deux oratoires privés.

Revenons à la *statistique pure et simple :*

2° SAINT-SAMSON : M. FOUQUET, curé depuis 1852.—Eglise, ou chœur au moins, de construction toute récente, quoique non pas des plus heureuses.

3° SAINT-LÉGER-DU-BOSQ : M. LEVAVASSEUR,

curé depuis 1845. — Sanctuaire reconstruit à neuf avec sacristie ; et projet de remaniement à peu près complet de l'Eglise et du presbytère.

4° DANESTAL: M. LECARPENTIER (jeune), curé depuis 1865. — Eglise et presbytère en réparation complète.

5° GONNEVILLE-SUR-DIVES : M. ROUSSEL, curé depuis 1854. — Restauration toute récente d'un magnifique autel, mutilé en 1793 ; très-riche pavage du chœur, etc.

6° GOUSTRANVILLE-SAINT-CLAIR ; M. BRETTEVILLE, curé depuis 1861.—Restauration du chœur, avec projet de sacristie.

7° BRANVILLE : M. LECOQ, curé depuis 1858. — Consolidation et réparation du beau chœur ogival.

8° SAINT-JOUIN: M. FEREY, curé depuis 1865.— Réparation du presbytère et de l'Eglise.

9° BRUCOURT: M. LECARPENTIER, curé depuis 1856. — Projet de sacristie, embellissement de l'Eglise.

Mais il me faudrait tout citer ; et je serais plus empêché de *dire où l'on ne travaille pas, que de dire où les travaux sont en projet, ou en activité* (1).

---

(1) Avant de quitter Dozulé, laisse-moi, je t'en prie, ami lecteur, pour ton plaisir et pour le mien, consigner encore ici quelques pieux souvenirs, qui honorent *la foi, le passé* du *riche Canton.*

Dans un rayon de *quelques kilomètres seulement,* au-

Passons dans les cantons voisins:

tour de notre Bourg, on comptait, il n'y a pas longtemps encore, ni plus ni moins 14 sanctuaires, lesquels, hélas! comme tant d'autres choses intéressantes, ont succombé sous la dent corrosive, l'action dévorante du temps! *Tempus edax*.....

Citons sans commentaires:

1° Chapelle du château de Dozulé;
2° Chapelle du château de Grangues;
3° Chapelle du château d'Héroussart, à St-Jouin;
4° Chapelle du Mont-Botin, à St-Léger-du-Bosq;
5° Chapelle de Saint-Marc (Angerville);
6° Chapelle de Gémare (sur Heuland);
7° Chapelle des Hoybel (Goustranville); jadis de la Trinité des Brezolles, sur St-Clair-de-Basneville;
8° Chapelle du château Saint-Germain (Putot);
9° Eglise de l'Abbaye de Royal-Pré;
10° Eglise paroissiale d'Angoville;
11° Eglise de Saint-Clair (Goustranville);
12° Eglise de Clermont (Beuvron);
13° Eglise de Caudemuche (Cresseveuille);
14° Eglise de N.-D. de Dozulé.

Et des 14 sanctuaires, *et de beaucoup d'autres, sans doute, dont le souvenir a péri*... un seul reste debout; Clermont, annexe de Beuvron. Un seul est remplacé: N.-D. de Dozulé!.. Foi de nos Pères! où te rencontrer de nos jours?..

Disons néanmoins, et toujours, que non-seulement à Dozulé, mais un peu partout, on rebâtit ou l'on restaure en ce moment.

Canton de Cambremer.

1° CAMBREMER : M. l'abbé HÉBERT, Doyen depuis 1853. — Remarquable par la vieille tour, qui, malencontreusement placée sur le centre, empêche des développements plus considérables; l'Eglise cantonnale, sous les honorables doyens Lerenard et Hébert, doyen actuel, a subi d'utiles et intéressantes modifications : prolongement de la nef ; vaste tribune; *sacristie modèle*, etc., etc.;

2° ST-AUBIN-LÉBIZEY : M. PETIT, curé depuis 1821! — Chœur et sacristie tout à neuf: *tenue de l'Église irréprochable et admirable :* On en peut dire autant de la plupart de nos Églises du Pays-d'Auge;

3° AUVILLARS : M. POTIER, curé depuis 1863. — Antique et belle Église; chœur monumental (style roman) dans un état parfait de récente et intelligente restauration; trois belles cloches neuves ;

4° BEAUFOUR : M. DURAND (Amand), curé depuis 1833. — Sacristie neuve et beau clocher en construction; principal autel neuf;

5° BEUVRON : (1) M. MAINFRAY, curé depuis 1834. — Restauration récente et à peu près complète, au moins en projet, à l'intérieur comme à l'extérieur; belle chaire neuve ;

6° BONNEBOSQ : M. HAREL, curé depuis 1857. —

---

(1) Voir p. 231 et 231.

vastes projets de reconstruction totale, indispensable depuis longtemps, malheureusement contrecarrés, et pour longtemps peut-être ;

7° FORMENTIN : M. BEAUDRY, curé depuis 1824. —Chœur reconstruit nouvellement ;

8° HOTTOT-EN-AUGE : M. BEAUDROUET, curé depuis 1865.—Nef toute neuve assez bien réussie ;

9° ST-OUEN-LE-PEINGT : M. VALBRUN, curé depuis 1857. — Clocher et presbytère reconstruits tout à neuf ;

10° RUMESNIL : M. GONDOUIN, curé depuis 1866. —Clocher neuf ;

11° VALSEMÉ. M. HAVRON, curé depuis 1855.— Beau pavage ; clocher en projet.

Ainsi, partout, *chœurs, nefs, sacristies, autels, clochers et tours* en bois et en pierre, à neuf ou en projet.

Canton de Troarn.

Le mouvement de construction est, on doit le dire, prodigieux dans cet *heureux Canton*.

1° TROARN : M. l'abbé DASSEVILLE, Curé-Doyen depuis 1846. — Tour neuve, avec projet de remaniement de l'Eglise cantonale ;

2° ARGENCES : M. LANGLOIS, curé depuis 1825. —Sommes considérables dépensées pour embellissement et travaux de tout genre ;

3° AMFRÉVILLE : M. VALLÉE, curé depuis 1857. —Eglise toute neuve ;

4° BANNEVILLE-LA-CAMPAGNE : M. LEFÈVRE, curé depuis 1864.—Clocher neuf ;

5° BAVENT : M. BOSCHER, curé depuis 1823. — Chœur neuf et fort remarquable, en style ogival ;

6° BURES : M. BERTRAND, curé depuis 1857.— Église en reconstruction ;

7° CABOURG-LES-BAINS : M. LANCELOT, curé depuis 1857.—Charmante, toute neuve, mais trop petite Église, qui va déjà subir de regrettables, quoique nécessaires, remaniements ;

8° CLÉVILLE : M. ACQUÉRIN, curé depuis 1864. —Clocher neuf, travaux divers ;

9° PETIVILLE : M. JOUANNE, curé depuis 1857. —Petit clocher neuf et fort élégant ;

10° ROBEHOMME : M. GERVAIS, curé depuis 1854. —Église entièrement neuve et des mieux réussies ;

11° RANVILLE : M. VARIN, curé depuis 1854. — *La plus jolie Eglise neuve de la contrée* (s'il nous est permis, d'excepter et de préférer *Notre-Dame de Dozulé;* ne fût-ce que par le respect que nous devons au jugement des connaisseurs neutres dans l'appréciation et nos maîtres à tous égards, les Ducellier, les Noget-Lacoudre, les Didiot, et mille autres).... Mais, *après ces réserves*, exemptes de passion et de prévention, nous déclarons admirer très-sincèrement les *jolies proportions intérieures* de l'Église de Ranville.

Loin des atteintes d'une d'ailleurs *inexplicable zélotypie*, une fois de plus, et *jamais trop*, en rapportant *à Dieu toute la gloire* qui ne peut revenir qu'*à lui seul*, nous déclarons que notre plus grand bonheur serait de voir *tout le monde prophétiser, annoncer Jésus-Christ*, par la splendeur de ses Églises, en faisant, et très-facilement, bien mieux que nous : *Dummodò, Christus annuntietur, in hoc gaudes sed et gaudebo!* Est-ce que je puis avoir un autre but, même en poursuivant ces énumérations *glorieuses* pour *Dieu*, pour la *Religion* et ses *ministres*, mes maîtres et bien-aimés frères et confrères ?

Ranville et Dozulé, comme les Cathédrales de Bayeux, de Lisieux et de partout ailleurs — *si parva licet componere magnis* — auront *leurs défauts*, comme *leurs beautés*.

Qu'y a-t-il de parfait sous le ciel ?...

Canton de Pont-l'Évêque.

1° ÉGLISE SAINT-MICHEL DE PONT-L'ÉVÊQUE : M. l'abbé BEAUMONT, Archiprêtre, depuis 1846. — Pour 100,000 fr., au moins, de travaux de consolidation et de réparations sont votés, et même en pleine activité d'exécution pour la belle Église de St-Michel de Pont-l'Évêque ; il est assez probable que ce chiffre sera outrepassé, tant nos monuments religieux ont souffert, *abandonnés ou dégradés dans la tourmente de 1793!*

2° BEAUMONT-EN-AUGE : M. DALLIBERT, curé depuis 1861.—Ancien Prieuré, fondé en 1060 : L'Église actuelle est l'Église ancienne du Prieuré ; beau chœur, avec bas-côtés, avec large transept ; mais sans *point circulaire* dans la partie supérieure (orientale) sans nef dans la partie inférieure (occidentale). Cette nef, qu'on a démolie à l'époque de la Révolution de 93, servait d'Église paroissiale. On vient de la remplacer par une construction fort élégante ; trop élégante et trop légère, en présence de cette masse de construction antique et lourde qui, comme on dit, *jure*, blesse et choque l'œil le moins exigeant,—le moins exercé.

La première pensée qui vous vient, en apercevant ce mélange bizarre d'antique et de moderne, de pesanteur et d'élégance, c'est tout naturellement cet hémistiche de Boileau :

« De quel nom te dirai-je ?... OU NEF ? OU BIEN PORTAIL ?... »

A l'intérieur, l'effet est plus satisfaisant, et c'est, somme toute, un *très-beau travail*, dû au beau talent de M. Pelfresne ;

3° CANAPVILLE : M. LECONTE, curé depuis 1850.—Chœur neuf, en briques, d'un assez maigre effet ;

4° SAINT-MARTIN-AUX-CHARTRAINS : M. BAGOT, curé depuis 1862.—Même travail, même résultat ;

5° TOURGÉVILLE : M. LEPORTIER, curé depuis

1863. — Grande et bien belle Église; réparations intelligentes et considérables;

6° TOUQUES: M. LAURENT curé depuis 1864. — Vaste Église dédiée à Saint-Thomas de Contorbéry (1): On parle de consolidations nécessaires:

Enfin, nous arrivons à:

7° { TROUVILLE: M. BOURGEOIS, curé depuis 1837;
HENNEQUEVILLE: M. BEAUZAMY, curé depuis 1863;
DEAUVILLE: M. NONANT, curé depuis 1865.

—C'est le pays incroyable, féerique!... Sans nous permettre aucune réflexion, bien moins encore une critique quelconque sur ces trois constructions d'Eglises, dont il a été tant parlé, il nous sera permis d'affirmer que N.-D. du Plessis les voit sans jalousie, et n'a rien, rien à leur envier !

Qu'il nous soit aussi permis de payer, en passant, un juste tribut de sincère admiration à l'excel-

---

(1) C'est une tradition constante et sûre, dans le pays, que l'Archevêque Thomas Becquet, de Cantorbéry, passant à Touques, pendant que l'on y bâtissait la nouvelle Église destinée à remplacer celle de Saint-Pierre, devenue insuffisante, fut consulté pour savoir à quel saint il convenait de la dédier : « —Au premier Martyr qui mourra pour la cause de Jésus-Christ et de son Église, » répondit l'inspiré Prélat. Peu de temps après, on l'assommait, à l'âge de 52 ans, dans le chœur de sa cathédrale, et il devint ainsi le Patron de Saint-Thomas de Touques.

lent *confrère en maçonnerie*, le bon curé Bourgeois, qui a montré un zèle, qu'on peut dire *héroïque*, dans cette opération, et qui en a été *si mal payé!*... Il pourra bien être appelé, celui-là, *le 1er martyr de son Eglise!*

Nous nous bornons à constater que le mouvement est grand dans un pays, quand *trois Eglises paroissiales!* s'élèvent presqu'en même temps dans la même *cité naissante*: Progrès! Progrès! Le ciel leur vienne en aide !

Diocèse de Bayeux et Lisieux.

Rien qu'en parcourant ces quatre cantons: *Pont-l'Evêque, Troarn, Cambremer et Dozulé*, nous pouvons estimer combien est considérable l'impulsion donnée. Que serait-ce si nous voulions, si nous essayions de passer en revue *les mille édifices religieux du vaste diocèse?*

Chacun de nous sait trop bien ce qui s'est fait, ce qui se fait encore, tout ce qui reste à faire, pour nos deux magnifiques Cathédrales de Bayeux et de Lisieux, comme pour nos deux incomparables Basiliques normandes, de Saint-Étienne de Caen et de Saint-Pierre-sur-Dives, pour que je me permette aucun détail! Tous les Gouvernements prennent au sérieux aujourd'hui ces réparations et reconstructions.

Ce n'est plus par centaines de mille francs, c'est par millions (1) que l'on entend procéder aujourd'hui : et c'est *de mes oreilles*, que, le 4 août 1858, j'entendais, avec tant de bonheur, l'Empereur Napoléon III répondre à Mgr Didiot, que S. M. qualifiait justement de *Prélat distingué*. « Non, Monsei« gneur, elle ne périra pas, votre très-magnifique « cathédrale ! ce scrait une calamité, non pas pour « votre Diocèse seulement, mais ce serait un *trop* « *grand désastre pour la France!....* L'Empereur y « mettra son *veto*. » Et l'Empereur a tenu largement sa parole. Du reste, la plupart de nos édifices religieux, dans le Diocèse, comme ailleurs, soit *vétusté*, soit *dégradation*, demandent tous d'immenses réparations.

Tout le monde sait que Livarot, Sainte-Anne de

(1) Six millions viennent d'être votés, m'assure-t-on, rien que pour consolider notre merveilleuse Métropole Normande, afin de lui faire supporter sa gigantesque flèche en fonte de fer qu'il s'agit enfin de terminer. On se souvient que le 8 septembre 1822, la tour en pierre s'écroulait écrasée par la foudre.

De même Saint-Pierre de Caen, se restaure à l'intérieur comme à l'extérieur, après avoir aussi vu se consolider sa *tour incomparable!* Il est bien vrai qu'on l'a dégagé pour l'enfouir du côté de l'abside, qui a perdu tout son prestige, prestige que lui donnait la profondeur de la rivière de laquelle il semblait s'élancer vers le ciel. Tant il est difficile que nous fassions mieux que nos pères!

Vire, Isigny, etc., etc., etc., sont en pleine reconstruction d'Églises, faites ou à faire, en exécution ou en projet. Pour la seule Église d'Orbec, antique construction *d'époques différentes*, et de *parfaite irrégularité*, qui a bien ses beautés, l'architecte en titre du département, M. Marcotte, parlerait de 60 à 80,000 fr., *rien que pour consolider le vieux Donjon*, qui, peut-être 6 ou 7 fois séculaire, avait défié jusqu'à nos jours les ravages du temps.

France.

De la France (1), pour avoir trop à dire, je ne veux hasarder que ce mot, qui, s'il est hardi, reste vrai, et ne rencontrera, je le crois, point ou peu de contradicteurs.

Sur nos 50,000 Églises et Chapelles, Basiliques, Cathédrales et Métropoles, je maintiens que depuis un quart de siècle, il y a bien 10,000 *constructions*

(1) Et qu'on ne dise pas que ce serait la Province seulement; la Capitale donne le ton: en 1834 (V. le *Conducteur dans Paris*, pour cette année 1834, p. 343), nous comptions à peine trois douzaines de paroisses dans Paris; si vous comptez en ce moment, vous en rencontrerez plus de soixante.

Et ce qui n'est pas un des symptômes les moins piquants de l'époque, c'est une Église, une fort belle Église, dit-on, qui se construit au beau milieu du Palais de l'Exposition pour 1867, au Champ-de-Mars, à Paris!

à neuf, et 30,000 *restaurations ou réparations* plus ou moins complètes. C'est *les quatre cinquièmes* en plein mouvement de *Réparation*, ou *Reconstruction* à neuf, *à fundamentis*.

Catholicité.

En quittant notre France, parcourez maintenant les 4 ou 5 parties du monde connu; prenez en main, ce qui vous sera plus aisé, vos Atlas, vos Mappemondes et vos Cartes d'Europe, d'Asie, d'Afrique, d'Amérique; lisez ces *Actes de nos nouveaux Apôtres*, si profondément intéressants au double point de vue de *la foi*, et de la *seule vraie, seule possible, et seule durable civilisation*; les *Annales de la Propagation de la foi:* puis, dites-moi, je ne demande pas, *où l'on bâtit* mais *où l'on ne bâtit? ou ne rebâtit-on pas des Eglises, et des Eglises catholiques,* entendez-vous? Ô vous, qui voudriez ne vous pas faire pitié à vous-même, quand vous osez redire: *La religion s'en va! la religion se meurt!* — Oh non! — *Dieu merci pour la civilisation et pour l'humanité, ainsi que pour la foi* (1). J'aime mieux espérer et pré-

- - - -

(1) Entendons-nous bien cependant : Sans doute la Religion ne peut périr; nous en avons l'expérience de dix-huit siècles avec la promesse divine : *porta inferi non prævalebunt*... « La Religion, dit Fénelon, est un flambeau qui ne
« doit pas s'éteindre; un flambeau toutefois que Dieu peut

dire que, prochainement, *on chantera l'office public*, solennel et catholique, dans *Saint-Paul de Londres;* et voyez si je ne suis pas assez fondé à le croire, quand la Reine d'Angleterre donne 500 livres sterling pour l'achèvement de la superbe cathédrale de Cologne, la plus belle église du monde après Saint-Pierre de Rome ? Quand la même Reine Victoria, protestante un peu malgré elle, aujourd'hui, nous assure-t-on, laisse s'élever sous ses

« bien changer de place, en prêtant sa lumière à des peuples
« moins ingrats... Qu'êtes-vous devenues illustres et anti-
« ques Eglises d'Asie, d'Afrique, et, tout près de nous,
« Église de la terre des saints, infortunée Église d'Angle-
« terre ?... » Courage néanmoins ! Ah ! nous voyons déjà des jours meilleurs... (A)

(A) Voici une statistique curieuse qui prouve le mouvement catholique en Angleterre : On sait qu'il y a un demi-siècle, à peine, comptait-on *quelques prêtres catholiques* avec *quelques chapelles privées et isolées* en Angleterre. Et l'on y compte aujourd'hui :

Vicaires apostoliques. 4;
Evêques. 18;
Prêtres. . . . . plus de 1,500;
Communautés d'hommes . . . . près de 60;
  Id. de femmes . . . . plus de 200 !

Ces chiffres parlent haut, et nous remplissent d'espérance pour l'avenir prochain du catholicisme dans l'*antique terre des Saints*, comme l'appelle le vénérable Bède, qui lui-même s'en est montré l'une des fleurs les plus brillantes.

yeux, *au centre de London*, une vraie Cathédrale catholique, qui promet d'être magnifique!.. (1)

Après cette *excursion rapide autour du monde*, revenons à notre cher Plessis (Dozulé). Dans ce mouvement général, au milieu de cette heureuse impulsion donnée, le moment, dira-t-on, pour nous fut heureux. Je ne viendrai pas le nier. Le moment fut heureux, mais *non choisi :* nous cédions au *besoin :* il y avait *nécessité, urgence*, et la nécessité, on le sait, *est la mère de l'industrie, industriam parit necessitas.*

Au moins nous aurons eu le bénéfice de l'antériorité (2) : Je doute fort, à parler très-sincèrement, qu'aujourd'hui nous obtiendrions le même succès.... Peu de constructions dans le genre, arriveront à recueillir, EN DONS SPONTANÉS; les CINQ SIXIÈMES de la somme administrative : *CENT*

---

(1) Monument qui s'érige à la mémoire du Cardinal Wiseman, l'homme peut-être le plus remarquable du siècle après Pie IX. Dans un premier Meeting tenu pour en délibérer, 400,000 fr. furent votés spontanément par acclamation, le jour même des funérailles de l'éminent Cardinal. La Cathédrale coûtera des millions, et on les trouvera..., tant le mouvement catholique est prononcé en Angleterre !

(2) Il est bien vrai, nous arrivions des premiers : N.-D. de Dozulé serait la *deuxième église ogivale construite en France* dans ces temps derniers : la première est St-Nicolas de Nantes, qui eut aussi pour architecte notre *Alexandre Piel, Lexovien, mort Dominicain.*

SOIXANTE MILLE FRANCS de souscriptions volontaires, contre TRENTE MILLE FRANCS à peine, votés comme à regret, à diverses reprises, par les Conseils de la Commune et de la Fabrique!!! LAUS DEO! et *B. M. V.*

Tant de fois nous avions fait à Dieu cette douce prière, enfin largement exaucée : « Faites éclater, Seigneur, sur moi ce signe de votre bonté, afin que ceux qui, à cause de vous, me haïssent, le voient et en demeurent confondus : quand ils verront qu'enfin vous m'avez assisté, Seigneur, et BIEN CONSOLÉ!... *Fac mecum Signum in bonum, ut videant qui oderunt me, et confundatur: quoniam tu, Domine, adjuvisti me, et CONSOLATUS ES ME.* » (Ps. 85. 17.)

COUP-D'ŒIL RÉTROSPECTIF.

A ce *coup d'œil autour de nous*, que j'appellerai volontiers *coup-d'œil contemporain*, joignons, sur le passé, un *coup d'œil rétrospectif*; nous pourrons établir quelques comparaisons. Nos *Pouillés lexoviens* nous serviront beaucoup dans ce petit travail.

Je ne résiste pas au plaisir de donner au lecteur, après la *Notice générale* sur la belle constitution de notre ancien diocèse de Lisieux, divisé en 4 Archidiaconés et 14 Cantons, une *Notice particulière*, un *aperçu rapide* sur les 37 paroisses de notre ancien doyenné de Beuvron, sans parler des 7 prieurés, 3 ou 4 chapelles et léproseries qui en relevaient.

Sûrs d'intéresser les confrères, titulaires actuels des paroisses conservées, et même les fidèles pieux, érudits et intelligents, nous donnerons *peu, ou même rien du tout, à la science conjecturale, nous reposant uniquement sur des données sûres et très-positives.*

DECANATUS DE BEURONE.

(DOYENNÉ DE BEUVRON.)

1° DOZULÉ : Sans revenir sur ce que nous avons écrit sur le Plessis-Esmangard (Voir de la p. 225 à la p. 235), il paraît bien que notre Dozulé, par son titre de VILLE, par son CHATEAU seigneurial et son antique PRIEURÉ, devait bien être la première paroisse de notre canton de Beuvron.

2° BEUVRON: (1) *Ecclesia de* BEUVRONE, dit le *Pouillé*. On trouve aussi BEVERON, dans une charte du XI° siècle. — BREVON, en 1571 ; et enfin Beuron, en 1579.

On lit sur un pilastre qui sépare la nef du chœur dans l'Eglise actuelle : 1640 : *Hœc œdes mutata solo, ope divina, et impensis DD. de Harcourt, Equitis ordinis nobilis consensu et app. DD. Ep. Lesovien*, c'est-à-dire : cette église fut ici transportée en 1640, par le secours de Dieu, et aux dépens de noble seigneur le Duc d'Harcourt, du consentement et avec l'approbation de S. G. Mgr l'Evêque de Lisieux.

D'autre part, nous lisons dans la sacristie l'inscription dont question, p. 234 de cet ouvrage.

---

(1) Voir aussi ce que nous disons de Beuvron, p. 231 et 234.

Ici reposent :
> Pierre de Harcourt, M{is} de Beuvron-Thury, etc., mort à Caen, en 1627.
> Gillonne de Goyon-Matignon, sa femme, morte le 20 décembre 1641.
> Jacques de Harcourt, M{is} de Beuvron, tué au siège de Montpellier, en 1622.
> François de Harcourt, fils de Pierre, M{is} de Beuvron, lieutenant général au gouvernement de Normandie, mort à Paris, le 30 janvier 1658.
> Renée d'Epinay-St-Leu, sa femme, morte à Paris le 29 mai 1639.

Qu'ils reposent en paix !

« Ces restes, profanés en 1793, et dispersés depuis, ont été recueillis pieusement par les soins du duc d'Harcourt, en 1863. »

Voilà tout ce que nous avons, pu, jusqu'à ce jour, recueillir sur l'antique Eglise décanale de Beuvron.

Nous ne pouvons nous arrêter à croire que l'Eglise actuelle, qui, à part deux petites fenestrelles dans le style du XVe siècle, n'offre aucun cachet architectural, soit l'ancienne église rapportée dans les mêmes proportions. Il n'est pas probable que Beuvron, qui a commandé le pays, au point de vue religieux par son DOYENNÉ comme au point de vue civil par sa SERGENTERIE, depuis Manerbe, à l'Orient, jusqu'à Robehomme, à l'Occident ; ainsi que depuis Annebault, au Nord, jusqu'à Troarn, au Midi, n'ait pas possédé un autre monument religieux. Les guerres civiles et de religion, les épidémies, les révolutions de tout genre expliquent ce triste silence de l'histoire.

Nous voulons néanmoins revoir sur ce point qui nous touche, le savant Gabriel Dumoulin, le curé de Menneval, près Bernay, et les divers historiens de Normandie, à la belle bibliothèque de Caen, qui nous a déjà bien servi, ainsi que les archives de la Préfecture, si parfaitement tenues par l'honorable M. Châtel. (V. aussi M. de Caumont sur la *Confrérie des SS. Anges à Beuvron*).

Poursuivons, d'après les *Pouillés* lexoviens, ce qui concerne les 35 autres paroisses du Doyenné.

3° Ecclesia DE AUVILLARIBUS, 1ᵉ et 2ᵉ *portio ejusdem* ; patron, S. Germain (Aujourd'hui Auvillers); seigneurs de Tournebu au XIVᵉ siècle.

4° Ecclesia DE BONEBOS, Bonnebors, Bonnebosc, aujourd'hui Bonnebosq (S. Martin, patron) : le seigneur J. de Bonnebos.

5° Ecclesia S. SANSONIS, S. Samson-en-Auge (S. Samson, 1579) ; seigneur : l'Abbé de Troarn.

6° Ecclesia DE PUTOT, 1ᵉ et 2ᵉ *portio ejusdem* ; patron, S. Pierre.— Seigneur du lieu : le duc de Normandie, au XIVᵉ siècle, le roi au XVᵉ.

7° Ecclesia DE ALTARIBUS, les Authieux-sur-Corbon ; patronne, Notre-Dame.

8° Ecclesia DE VIQUETOT, aujourd'hui Victot-Pontfol ; patron, S. Denis.

9° Ecclesia DE HAYNO, S. Martinus de hamo, aujourd'hui le Ham-sur-Dives.
10° Ecclesia DE CRESEVEULLA, aujourd'hui Cresseveulle ; patronne, Notre-Dame.
11° Ecclesia DE BARNEVILLA, 1° et 2° *portio ejusdem* ; Notre-Dame-de-Barneville, Basneville, aujourd'hui Basseneville.
12° Ecclesia S. LEODEGARII DE BOSCO, près du château de Silly, S.-Léger-du-Bosq ; seigneur Th. de Silly.
13° Ecclesia DE GUIROZ, Guirros, S.-Martin-de-Gerrots.
14° Ecclesia DE PONT-FOLI, Pont-Fol, S.-Martin-de-Pontfol ; patron: le prieur de Ste-Barbe.
15° Ecclesia DE CAUDEMUCHE, *calida mucia*, 1653, S.-Martin-de-Caudemuche.
16° Ecclesia S.-ALBINI-LESBIZAY, S.-Aubin-Lébizey ; seigneur de Mortemer, aux XIV° et XVI° siècles.
17° Ecclesia DE BOEMESNILLO, de Doumesnillo, S.-Pierre-de-Rumesnil ; seigneur, Abbé du Val-Richer.
18° Ecclesia DE FOURNETO, S.-Pierre-du-Fournet ; le Chapitre de Lisieux.
19° Ecclesia DE AQUA PERTICA, de Aqua Partita, S.-Germain-de-Léaupartie ; le seigneur de Brucourt.
20° Ecclesia S.-CLARI-IN-ALGIO, S.-Clair-de-Barneville ; l'Abbé du Bec, seigneur.

21° Ecclesia DE CLAROMONTE, S.-Michel-de-Clermont, sur Beuvron.

22° Ecclesia DE STREZ, 1ᵉ et 2ᵉ *portio ejusdem de TRABIBUS*, au XVIᵉ siècle; N.-D.-d'Estrées-en-Auge.

23° Ecclesia DE REPENTIGNEYO, S.-Martin-de-Repentigny ; seigneur, abbé de Belle-Étoile.

24° Ecclesia Sᵗᵉ EUGENIÆ, St-Eugène, dépendant des Seigneurs de Formentin.

25° Ecclesia DE BELLAFAGO, Belfou, Beaufou, Beaufour; patronne, N.-D. ; Seigneur, de Mortemer, au XIVᵉ siècle ; de Beurnes, au XVIᵉ.

26° Ecclesia DE HOTOT, Hottot-en-Auge; S. George, patron; Seigneur, l'Abbé du Bec.

27° Ecclesia S. NICOLAI DE CORBON (*deest*), S. Nicolas de Corbon.—Supprimé.

28° Ecclesia DE ROQUA, de Roqua Baignardi, la Roque-Baignard; Patron, S. Martin; Seigneur, l'Evêque de Lisieux.

29° Ecclesia DE GOTRANVILLA (1184), B. M. de Goutranvilla, Goustranville ; le Seigneur d'Hermanville.

30° Ecclesia DE CORBON, S. Martinus de Corbone, au XVIᵉ siècle ; Corbon.

31° Ecclesia S. EGIDII DE LYVETO, St-Gilles-de-Livet ; abbé du Val-Richer.

32° Ecclesia DE DRUVALLE, N.-D. de Druval; abbé du Bec.

33° Ecclesia S. JOUVINUS, S. Jouin-en-Auge; abbé de S. Barbe.

} Les Seigneurs cités ici sont du XVIᵉ siècle.

34º Ecclesia DE FOURMENTINO, S. Martin-de-Formentin.—Le Prébendaire du lieu.

35º Ecclesia et Prioratus DE BRICOTES, prieuré et paroisse.—Seigneur du lieu, l'Abbé de S. Ouen de Rouen, l'Abbé de Belle-Étoile.

36º Ecclesia et Prioratus DE GOUSELLIERS (N.-D.), les Groiselliers ; paroisse et Prieuré ; l'Abbé de Villedieu.

Nous ne serions pas complet, si nous ne donnions au moins aussi la *simple nomenclature* des 40 *paroisses* du *Doyenné de Beaumont*, duquel dépendaient la plupart des paroisses de notre CANTON ACTUEL DE DOZULÉ.

Cet immense Doyenné avait pour limites : au nord, la Touques, et la Dives au midi ; à l'orient, tout le parcours de notre jolie rivière de l'Ancre, dans la délicieuse vallée de Longueval, et la Manche à l'occident : c'est-à-dire qu'il s'étendait, du nord au sud, de Pont-l'Evêque jusqu'à Brucourt ; puis de l'ouest à l'est, de Dives jusques aux portes de notre ville épiscopale, puisqu'il tenait Coquainvilliers, ne laissant que la petite paroisse d'Ouilly-le-Vicomte entre ses limites et celles de Lisieux.

DECANATUS DE BELLOMONTE

(DOYENNÉ DE BEAUMONT).

1° Ecclesia DE BELLOMONTE, Beaumont-en-Auge ; S. Sauveur, Patron ; l'abbé de S.-Ouen-de-Rouen, Seigneur, au XIV° siècle ; au XVIII° le Prieur du lieu. (Dom Bride, mort Curé de Bolbec, est le dernier Prieur, avant la catastrophe de 93). (V. p. 59 de cet ouvrage).
2° Ecclesia DE CAUQUAINVILLARI, St-Martin-de-Coquainvilliers ; le Chapitre de Lisieux.
3° Ecclesia DE TORTA QUERCU (1160) : N.-D. du Torquesne (*sic* dès 1317 et 1318) ; le Seigneur du lieu.
4° Ecclesia DE PETRA FICTA, S. Denis-de-Pierrefict (1312) ; Cartulaire de S. Hymer.
5° Ecclesia DE ROTIS, de *Ratis* ; S.-Etienne-de-REUX ; Henricus Chambellenc (XIV° siècle).
6° Ecclesia S. YMERII, S. Hymer ; l'abbé du Bec, et plus tard, le Seigneur du lieu. Il y eut, là aussi, un Prieuré très-célèbre. (V. M. de Caumont, *Statist. de Pont-l'Évêque*). Le dernier Prieur fut le vénérable Abbé de Gricu, contemporain et ami de D. Bride de Beaumont, notre grand oncle maternel.
7° Ecclesia DE DRUBECCO, de Doubeco ; S. Germain-de-Drubec ; le Chapitre de Cléri.

8° Ecclesia DE CLAROBECCO, de Clarobeco; S. André; le Seigneur du lieu.

9° Ecclesia DE VALLE SEMINATA et VALLE-SATA, S. Gabriel; les Seigneurs de Clarbec, Patrons, au XIV° siècle; de Fervaques, au XVI°; le Duc d'Orléans, au XVIII°.

10° Ecclesia DE PONTE EPISCOPI, S.-Michel-de-Pont-l'Evêque; le duc de Normandie, etc. (V. p. 240 de cet opuscule).

11° Ecclesia DE CAPELLA HERFREDI, Capella de HAMFREDI, HAYNFRIDI, Capella Hainfrèdi; la Chapelle Hainfray, N.-D.; le Seigneur d'Annebault, au XIV° siècle, et de Drumare, au XVI°.

12° Ecclesia DE ONNEBANCO, *S.-Remigii-de-Olnebac, Olnebanc, Onnebanc, Ognabac et Ognebac*, et enfin (1579) Onnebault; aujourd'hui à son 8° *nom :* Annebault-en-Auge; S. Remi, Patron; Seigneur, abbé de Troarn.

13° Ecclesia DE TILLEYA, S.-Stephanus-de-Tilleys, St-Etienne-la-Thillaye; abbé de St-Ouen-de-Rouen, puis les Religieux de Beaumont.

14° Ecclesia S. ARNULPHI, *S. Arnulphus super Touquam,* S.-Arnoul-sur-Touques.

15° Ecclesia DE BENERVILLA, N.-D. de Benerville; le Seigneur du lieu.

16° Ecclesia DE TOURGIEVILLA, Turgivilla; patron St-Pierre; les Abbés de S.-Ouen-de-Rouen, puis les Prieurs de Beaumont, seigneurs temporels.

17° Ecclesia DE VAUVILLA, Vauville-la-Haute; duc de Normandie; le Chapitre de Cléri.

18° Ecclesia S. PETRI DES ID, S. Petrus ad Ifs, St-Pierre-Azif; le Prébendaire du lieu.

19° Ecclesia DE BOURGNEAUVILLA (Borgelvilla 1195); S.-Martin-de-Bourgeauville; le Seigneur du lieu.

20° Ecclesia DE BRANVILLA, S.-Germain-de-Branville; abbé de Ste-Catherine-de-Rouen.

21° Ecclesia DE GLANVILLA, Glavilla, Glainvilla; N.-D. de Glanville; le Seigneur du lieu.

22° Ecclesia DE DENESTALLO, Danestallo, Darnestal (Darnetal, 1315); Cartulaire de S. Hymer au XIV° siècle); S.-Germain-de-Danestal; duc de Normandie, Ch. de Cléry, XVI° siècle.

23° Ecclesia DE HOULANTO, Hoilant (Hoitant, XVI° siècle); N.-D.-de-Houland; le Seigneur du lieu au XIV°, le Roi au XVI° siècle.

24° Ecclesia S. VEDASTI, St-Vaast-en-Auge; l'Evêque de Lisieux.

25° Ecclesia DE VILLARIBUS, 1° *et* 2° *portio ejusdem*, Villare supra mare; St-Martin-de-Villers-sur-Mer; les Mathurins de Lisieux.

26° Ecclesia DE OSBERVILLA, Aubervilla, N.-D.-d'Auberville-sur-Mer; le Seigneur du lieu.

27° Ecclesia DE BEUSEVAL, de Beuzevalle, St-Aubin-de-Beuzeval; duc de Normandie, etc.

28° Ecclesia DE GONNEVILLA, 1ᵉ *et* 2ᵉ *portio ejusdem,* N.-D.-de-Gonneville-sur-Dives; le Seigneur d'Annebault et du lieu.
29° Ecclesia DE CRESENEVILLA, St-Martin-de-Trousseauville; le Seigneur du lieu.
30° Ecclesia DE GRENGUEZ, de Grenchils, Gerenges, Gerengiæ; N.-D.-de-Grangues; le Seigneur du lieu.
31° Ecclesia DE DIVA (1) (*B. M. de Diva :* XVIᵉ siècle); N.-D.-de-Dives; l'abbé de Troarn.
32° Ecclesia DE PIRIS, S.-Maria-de-Piris; N.-D.-de-Périers-en-Auge; l'Abbé de Pratelles.
33° Ecclesia DE BRUCOURT, *Bruccuria,* Brucuria; St-Vigor-de-Brucourt; le même Abbé de Pratelles.
34° Ecclesia DE ANGOVILLA, S.-Martin-d'Angoville; l'abbé de Royal-Pré.

(1) *L'importance monumentale* de l'Eglise de Dives, aujourd'hui Doyenné, ferait toute la gloire de la localité, si l'on se mettait enfin en peine et en devoir de l'empêcher de s'écrouler... Mais où trouver, dira-t-on, *plusieurs centaines de mille francs reconnus nécessaires* à sa complète restauration, quand le mouvement et la vogue se portent entièrement sur Cabourg et sur Beuzeval?

Dives, certainement, eut jadis une grande importance, puisque de là s'embarqua Guillaume pour la conquête d'Angleterre. Mais allez voir aujourd'hui Dives et ses environs! Malgré vous viendra se placer sur vos lèvres ce souvenir classique... *Et campos ubi Troja fuit...*

35° Ecclesia DE CREQUEVILLA, 1ᵉ et 2ᵉ portio ejusdem : *Crechevilla, Creqvilla, Kerkevilla, Kuerkevilla;* à son 6ᵉ nom : Cricqueville-en-Auge ; duc de Normandie ; Thomas de Silly, au XIVᵉ siècle ; Seigneur de Cléry et du lieu, aux XVIᵉ et XVIIIᵉ siècle. (V. M. de Caumont).

36° Ecclesia DE DOUVILLA, Douville-en-Auge ; N.-D. ; le duc de Normandie et le Seigneur du lieu, aux XIVᵉ et XVIᵉ siècles.

37° Ecclesia DE ANGERVILLA, de Angovilla, *(sic)* S.-Léger-d'Angerville-en-Auge ; duc de Normandie, au XIVᵉ ; et le roi, au XVIᵉ ; et le Chapitre de Cléri, au XVIIIᵉ.

38° Ecclesia DE BLONVILLA, N.-D.-de-Blonville ; le duc de Normandie, au XIVᵉ siècle ; le Chapitre de Cléry, aux XVIᵉ et XVIIIᵉ.

39° Ecclesia DE RONCHEVILLA (*Runlia villa* 1014) ; S.-Nicolas-de-Roncheville ; Baronus (*sic*) loci ; au XVIᵉ, et le duc d'Orléans, au XVIIIᵉ.

40° Ecclesia DE DEAUVILLA Yauville ; (Cartulaire de S. Hymer) ; S.-Laurent-de-Deauville ; le Prébendaire du lieu, au XVIᵉ siècle.

Outre ces 40 Paroisses, que ne nous resterait-il pas à dire sur les Chapelles et Prieurés dépendant de ces deux riches Doyennés ?

Ainsi, les Prieurés si célèbres de *Beaumont*, de *Dozulé*, de *Royal-Pré*, de *Bastebourg*, de *Montargis*; de *Fribois*, de *Brocottes*, de *Rouville*, des *Groiseil-*

tiers ; puis les Chapelles de *la Trinité* de Brezolles-sur-Saint-Clair-de-Lasneville, la Chapelle de Ste-*Anne* (*ibid.*), de *Cornical* (*ubi, quæso ?* on ne sait où), de *Brucourt,* de *Drumare* (1), de *Gonneville*, du *Château de Reux,* du *Mont-Bottin* sur Angerville, etc., etc.

Le Diocèse possédait plus de 650 titres, ou Personnats, dont plus de 450 Paroisses.

Restait donc environ 200 Abbayes, Chapelles, Hospices, Prieurés.

Sur la totalité de ces titres divers, la Ste-Vierge était bien 160 FOIS PATRONNE ! Elle régnait donc *directement* sur un grand quart de l'heureux Diocèse, sans parler de ses statues, autels et chapelles dans chaque Eglise... Démonstration comme une autre de la diffusion du culte de Marie chez nos pieux ancêtres !.. (2)

---

(1) D'autres lisent *Dramare*; ce qui pourrait très-bien être le nom de la noble, pieuse et très-respectable famille de DRAMARD, à Gonneville-sur-Dives, qui pouvait avoir aussi sa chapelle au château. Heureux le pasteur qui voit ainsi marcher à la tête de son troupeau de tels modèles ! Aussi la foi toujours conservera dans Gonneville-sur-Dives de profondes racines.

(2) Il me resterait à me faire pardonner de mes bien-aimés confrères au moins une *apparence de témérité*, ce *coup de faucille* donné *dans leurs moissons*, en m'occupant ainsi de leurs Eglises ?... Je ne saurais m'en repentir.

Si l'on estime que j'aurais eu tort, qu'on me pardonne,

Et ne trouvez-vous pas encore une chose bien digne de remarque, quand vous viendrez à comparer aux *Patrons Religieux* nos Patrons et *Sel-*

à la bonne heure. Mais si, cédant à des instances honorables qu'il me fallait bien respecter, maçon, l'un des premiers, et par obéissance aussi, je me suis fait chroniqueur, historiographe, que sais-je ? Si la plupart de nos éminents Prélats, dans une pensée sage, féconde et toute religieuse, *exigent* de leurs prêtres des recherches, des études, des évocations du passé sur les monuments chrétiens, sur nos Églises : ô mes maîtres et mes amis, dignes confrères, ne manquez pas l'occasion de glorifier Dieu, vous aussi, en honorant son Église ! *Et tu fac similiter.*

Songez que *notre histoire est tout à refaire !...* Rappelez-vous qu'un philosophisme insensé autant que menteur et athée, a tout altéré et *tout dénaturé !!!* Je sais que la science archéologique a fait un pas, un pas immense. *L'impulsion*, sans doute, est donnée ; encore convient-il de donner la *direction...* Lisez la plupart de ces ouvrages de mains profanes et légères : Hélas ! dans nos temples catholiques, où, nécessairement, tout nous rappelle Dieu, tout nous parle de Dieu, ils ne trouveront pas à vous dire le plus petit mot de Dieu ! *L'élégance des formes*, par eux plus ou moins bien saisie, et souvent *pitoyablement interprétée* ; en un mot, *l'adoration de la matière !* Et voilà tout ! *Tout sera Dieu pour eux, excepté Dieu lui-même.* (Bossuet. — Disc. sur l'*Hist. Univ.*)

Êtes-vous entré quelquefois dans un temple protestant ? Le silence de ses murailles, par l'absence de nos images catholiques, me peint parfaitement la froideur glaciale de

gneurs temporels? A chaque instant on voit ceux-ci tombant et remplacés par d'autres: les Ducs de

certains livres d'*archéologie soi-disant chrétienne*, écrits par des mains païennes?

En pourrait-il être différemment? *La bouche*, comme la plume, *dit nécessairement le cœur...* Et c'est toujours la parole d'un savant Évêque: « Il y a loin de la *froide admiration* de certains artistes prétendus, en présence des sveltes colonnettes de nos monuments religieux et de leurs flèches aériennes, il y a loin de là à la foi de nos pères, qui les éleva à la gloire du Très-Haut... »

Heureusement, comme toujours, à l'heure annoncée par le Ciel, nos Prélats ont parlé, et l'Église a ressaisi le sceptre de la science, de la science qui la concerne, l'intéresse, ou bien n'intéresse personne. *L'Archéologie* devient une *partie intégrante de l'enseignement* de nos séminaires. Elle nous a donné déjà, avec leurs œuvres admirables, les Bourassé, les Piel, les Robert, et mille autres; brillantes pléiades de vrais savants, qui honorent la science et la foi.

Il n'est pas de curé de village aujourd'hui, de prêtre, de vicaire, qui ne puisse restaurer, embellir convenablement son Église. Plus capable et plus en mesure, pour la plupart, les Confrères nous rediront les merveilles du *passé*, du *présent* et de l'avenir de leurs Églises AU POINT DE VUE CHRÉTIEN, refoulant les profanes et leur appliquant ces paroles: *Quare tu enarras justitias meas et assumis testamentum meum per os tuum?* Pourquoi vous mêlez-vous de raconter mes justices? Pourquoi votre bouche profane touche-t-elle les mystères de mes temples sacrés? (Ps. 49—17.)

... Est-ce que nous serions pour les *exclusions*, souvent

Normandie remplacés par les Ducs d'Orléans; l'Abbé de Troarn ou de S'°-Barbe succédant à l'abbé du

injustes, odieuses toujours ?—Non : en Archéologie, comme en tout le reste, il y a *de très-savants laïcs ;* et pour n'en citer qu'un, la Normandie s'honore de posséder le très-illustre M. DE CAUMONT, dont le nom seul est un éloge.

Il y a mieux : et nous avons *des Archéologues pieux ?*

Et nous avons nommé M. LÉONCE DE GLANVILLE, PRÉSIDENT DE L'ACADÉMIE DE ROUEN, savant du premier ordre. M. L. de Glanville a fait l'histoire des SOIXANTE MIRACLES et plus, qui se sont accomplis dans la construction de l'Abbaye de Saint-Pierre-sur-Dives, miracles accordés à la prière naïve des enfants, non-seulement de St-Pierre, mais des localités environnantes : Mézidon, Ecajeul, Mesnil-Mauger, etc., etc.

Nous avons le bonheur d'en posséder plusieurs exemplaires reçus de la main de l'auteur, et nous déclarons n'avoir RIEN LU DE PLUS INTÉRESSANT, *de plus noblement pieux en fait d'histoire locale* de notre bien-aimé Diocèse.

Donc les laïcs peuvent fort bien écrire et parler des choses religieuses. Que tous le fassent comme M. L. de Glanville !

Mais depuis quand, comme le dit si bien Cicéron, n'appartiendra-t-il plus au laboureur, plus spécialement qu'à tout autre, de parler de ses bœufs, comme au soldat de ses batailles ? *De bello miles, et loquetur de bobus arator...*

(*Cicero de arte dicendi.*)

Et de même, le prêtre parlera de la Religion, de ses mystères, de ses temples: *De templo sacerdos.* (*Ibid*) *Suum cuique!*

Bec, ou de Bernay ; la plupart ne voyant pas la fin du siècle !.. Les Rois eux-mêmes disparaissant comme les autres de la scène du monde ! *Præterit enim figura hujus mundi...*

Il n'en est point ainsi de nos Patrons du Ciel : c'est S. Pierre, S. J.-B. ou N.-D. qui patronnent, sans interruption, nos Eglises depuis 600 ans, 800 ans, 18 siècles ! Et c'est la promesse infaillible du Christ ! *Christus heri, et hodiè ; ipse et in secula. Vos autem sicut homines moriemini... Sicut vestimentum veterascent... Tu autem idem ipse es, et anni tui non deficient !.. Ecce ego vobiscum sum, omnibus diebus, usquè ad consummationem sæculi.*

Courage donc, ô mes amis ! Relevons la gloire de nos Eglises, non-seulement par des restaurations matérielles, mais par l'histoire du passé et par des descriptions intelligentes, chrétiennes et pieuses. *Pietas ad omnia !*

SITUATION MORALE

DE NOS SOCIÉTÉS MODERNES :

SIGNES DU TEMPS.

Et maintenant, recueillons-nous encore : *Après les faits de l'Ancien et du Nouveau Testament*, a dit Mgr Dupanloup, *le fait de la Salette* me paraît un des plus incontestables. Toutes les preuves *d'autorité* et *de raison*, avec les *faits miraculeux* les plus éclatants sont venus à son appui. Argumentera-t-on contre les faits ?

Mais peut-être nous dira-t-on encore que les *prophéties* de la Sainte-Vierge ne se sont pas réalisées ? Eh bien, nous le demandons simplement à tout homme de bonne foi : depuis lors, les événements ont-ils, oui ou non, justifié les prédictions, *conditionnelles* du reste, de la *Reine des Prophètes* ?

Les bouleversements politiques qui, à peu d'intervalle, mirent l'Europe à deux doigts de sa perte, sont encore présents à tous les esprits et répondent surabondamment à cette question. On comprend, du reste, que je me borne à côtoyer ce sujet, laissant ici la politique de côté.

En même temps, les fléaux s'abbatirent sur le monde, comme le vautour sur sa proie.

Le choléra, les fièvres et des épidémies de tout genre, la mortalité des enfants; la peste bovine, les trychines et autres maladies contagieuses; l'oïdium et la maladie des pommes de terre, celle du froment, des noix et des olives; les ravages incalculables causés en certaines contrées par les sauterelles et autres insectes; des orages fréquents et d'affreuses tempêtes; des bourrasques désastreuses; des incendies formidables; le travail presque continuel des volcans; des inondations diluviennes (1); des pluies torrentielles ou un ciel de

---

(1) Cette appréciation de notre *état moral* était imprimée quand, à la suite du fléau des inondations nouvelles, nous est parvenue la nouvelle lettre de Mgr Dupanloup.

Nous ne nous permettrons aucun commentaire. Qu'on la lise seulement! On verra que l'éminent Prélat dit plus que personne n'aura pu dire avant lui. Malheureusement, IL PROUVE et IL DÉMONTRE d'une manière irréfutable, PAR LES FAITS... Ecoutons-le quelques minutes :

« Je le dis froidement : j'ai traversé bien des jours mau-
« vais ; je n'en ai point rencontré de plus menaçants que
« ceux où nous sommes...

« J'ai entendu dans ces derniers temps des cris d'irré-
« ligion comme je n'en avais jamais entendu... »

Et plus loin, il ajoute : « Et cependant Dieu avertit, ET
« ON NE COMPREND PAS!...

« Dieu nous frappe, ET L'ON NE COMPREND PAS!...

« Les pestes sur les animaux et sur les hommes, les

feu ; le ciel, la terre, les eaux, les plantes, les animaux : ne dirait-on pas vraiment que les éléments se

« guerres, les tremblements de terre, les inondations se
« succèdent, ET ON NE COMPREND PAS!..

« L'ordre moral et social sont bouleversés, ET L'ON NE
« COMPREND PAS!...

« Les doctrines les plus dévastatrices sont proclamées,
« les principes vacillent comme des astres égarés sur nos
« têtes; ET L'ON NE COMPREND PAS!!! (A).

« Et je ne dis pas tout... On comprendra un jour, mais
« trop tard !.....

« *A moins qu'on ne revienne à Dieu sincèrement.* » —
On calomnie,—ce qui est plus aisé, au lieu de lui répondre,
—on calomnie le Pontife éloquent : ses prophéties, ou ses
menaces, sont toujours comme celles de Dieu, de la Vierge
de la Montagne, de Jonas lui-même, *conditionnelles*. Il
s'en explique assez clairement : « Je sais, dit-il, les épreu-
« ves desquelles, *dans tous les temps, a triomphé l'E-
« glise* ; je connais *tout le bien* qu'il y a encore aujourd'hui
« en France, parmi nous... » Et là-dessus, Mgr d'Orléans
fait appel à ce qu'il y a d'intelligent et d'honnête dans
tous les partis.

D'ailleurs, J.-C. a promis assistance à son Eglise : lui
a-t-il jamais fait défaut? Voyez plutôt, l'histoire en main :
à la fureur et à l'infernale rage des bourreaux, il répond

(A) Qui ne serait frappé de la similitude d'expression répétée par trois fois par J.-C. lui-même dans l'Evangile : *Et ipsi nihil horum intellexerunt ;* — *et erat verbum istud absconditum ab eis ;* — *et non intelligebant quæ dicebantur....* (Luc, 18. 34.)

sont, d'un commun accord, insurgés contre l'homme, pour le punir de s'insurger sans cesse audacieuse-

par le courage et la gloire des Martyrs. A la mauvaise foi, à l'astuce des hérétiques, il oppose le génie, la science des Docteurs... Et aujourd'hui que l'Enfer, à bout de raisons même en apparence plausibles, semble s'en prendre à ce que j'appellerai *le matériel de l'Eglise (le pouvoir temporel,* qui achèvera de ruiner même les lâches spoliateurs) pour détruire, s'il le pouvait, le *pouvoir spirituel,* qui le gêne bien autrement ; *Dieu rétablit partout ! partout !* — Qui ne serait frappé de cette assez singulière coïncidence ? — Dieu, *partout, relève le matériel de nos Eglises,* pour sauver par ce moyen, croyez-le, le *spirituel,* bien autrement utile aux âmes...

Ainsi, avec le P. Félix, dans ses immortelles Conférences avec Mgr Dupanloup, que l'on calomnie, nous répétons : *Ou décadence et barbarie; ou bien résurrection de la foi.* — Comme déjà nous avons l'assez étonnante résurrection des Ordres Religieux ; oui, résurrection très-possible, sinon très-probable de la foi, par les *prédications* de nos nouveaux Apôtres ; par *la Vierge,* patronne de la France ; par la *restauration* merveilleuse de nos Eglises.

Ni optimiste, ni pessimiste, je demeure ainsi *dans le vrai.*

Tel est notre sort à venir, de cette fois inévitable et prochain ; et ce sort, notre conduite, bien mieux que tous les Discours, va le fixer : Songeons-y ! songeons-y ! et enfin choisissons, car il en est temps : *Optio vobis datur !* Dégageons au moins notre part de responsabilité personnelle, par *la prière, la parole et l'Exemple ! Exemplum, verbum, et oratio; tria hæc : major autem horum est oratio* (S. Bern.)

ment contre la Majesté divine?.... — Les guerres internationales et les guerres intestines et fratricides; les troubles, les soulèvements populaires les révolutions; les chutes des royaumes et des empires, s'effondrant dans l'abîme qu'ils se sont creusé eux-mêmes; les droits les plus sacrés méconnus et violés; les faibles écrasés et les justes opprimés; la trahison et le mensonge triomphants, voilà une faible partie du triste bilan que la Sainte Vierge apercevait avant son apparition.

Et qu'est-ce tout cela, si l'on nous considère sous notre aspect moral et religieux ? L'autorité de l'Eglise foulée aux pieds, les catholiques persécutés et traités en parias, le sang chrétien versé à flots dans les persécutions; le Saint Père couronné d'épines, les Évêques, les Prêtres et jusqu'aux simples fidèles pourrissant dans les prisons infectes; les Religieux traqués ; les Vierges arrachées par force de leurs paisibles retraites; les temples dépouillés; l'Eglise en deuil; des mœurs dévergondées, et, disons-le, putrides; une licence sans retenue; *l'adultère éhontement réhabilité* ; la vertu honnie; le vice régnant en maître; le succès adoré; un luxe effrayant; une soif insatiable de l'or; une ambition sans bornes ; l'Autorité agonisante; les liens de la famille brisés, ou près de l'être; une Presse, cette puissance formidable des temps modernes, cette engin terrible de destruction, une Presse sans honte et sans pudeur; et pour tout dire, en un mot, le scepticisme restauré. Est-ce assez? Non.

L'obscurcissement de l'esprit a suivi les égarements du cœur et les a surpassés. Tout a été remis en question et révoqué en doute, discuté, nié, raillé, bafoué, souillé: eh! quoi, n'a-t-on pas tenté d'escalader le ciel afin d'en bannir les saints? L'auguste Marie n'a pas même été épargnée. — Ni l'humanité sacrée du Sauveur non plus; que dis-je? Il n'est pas jusqu'à l'existence de Dieu qui n'ait été impudemment niée: *J.-C. n'est plus Dieu,* a dit Renan. — *Dieu, c'est le mal,* hurla Proudhon!

L'âme, le ciel et l'enfer ont été relégués au nombre des mythes. En même temps que la pureté du dogme catholique était battue en brèche par les Renan, la sainteté de la morale chrétienne était conspuée par l'abbé — vrai ou simulé, — par l'abbé ***, aux applaudissements d'innombrables lecteurs séduits et affolés. Devant ce spectacle désolant de toutes les passions abandonnées à elles-mêmes, sans règle et sans frein on demeure confondu et comme atterré.

Pauvre société! Si du moins, dans son délire, elle ne repoussait pas la main qui travaille à la guérir!

Véritable Babel de doctrines plus monstrueuses les unes que les autres, on voit tour à tour professés publiquement le Panthéisme, l'Athéisme, le Positivisme, le Scepticisme; le Rationalisme, le Naturalisme, le Matérialisme le plus abject; qui ont pris la place des vérités divines ; et par une contradiction aussi absurde qu'elle est humiliante pour l'orgueil humain, un faux Mysticisme, le Surnaturalisme, le Spiritisme, le Somnambulisme, l'abus du Magnétisme, ont rendu célèbres les tables tournantes, parlantes, écrivantes ; les frères Davenport, et *tutti quanti*. Jamais peut-être, depuis l'ère chrétienne, Satan ne s'était manifesté au grand jour avec une telle audace. Tout sans cesse est remis en question : Oui, c'est un vrai tohu-bohu tout à fait infernal !

Et, comme conséquences pratiques de toutes ces doctrines désespérantes, l'égoïsme, la haine et le hideux cortége des *libres penseurs* et *libres faiseurs*, et des solidaires, inspirés par la Franc-Maçonnerie agissant sous sa forme la plus séduisante, le libéralisme, tel qu'il est compris et pratiqué de nos jours.

Ah ! de grâce, qu'on ne vienne pas trop étaler en regard de ces misères incomparables les progrès matériels, que nous sommes loin d'ailleurs de contester ; la vapeur et l'électricité, les voies ferrées, les télégraphes et les câbles sous-marins, la prospérité même du commerce et de l'industrie, à côté de ces maux, que nous n'avons fait pourtant qu'indiquer sommairement.

Loin de moi de médire de mon temps ! Non ; mais de quoi servirait-il de se faire illusion ? C'est assez dire que je n'ai nulle envie d'atténuer la valeur des symptômes consolants qui font pressentir une RÉSURRECTION PROCHAINE : ils sont grands et nombreux, et si l'espace le permettait, je serais heureux d'en citer quelques-uns, ne fût-ce que pour éclaircir d'un rayon d'espérance le sombre tableau que nous venons d'exposer aux regards du lecteur.

A tout ce que nous avons dit, ajoutons la situation déplorable du Saint-Père, qui va s'empirant chaque jour, malgré les sacrifices héroïques des catholiques. (1)

Et, à présent, qui niera cette lutte terrible engagée entre adversaires à tout jamais irréconciliables, lutte formidable, lutte suprême peut-être, de laquelle dépend le sort du monde ?

Nous ne sommes, nous l'avons dit dès le début de ce petit travail, ni *optimistes*, ni *pessimistes*, gens à idées préconçues, qui ramènent tout à un *système exclusif* et *faux par là même* : nous voulons *rester dans le vrai* : pour cela, en constatant *le mal*, nous ne pouvons point ne pas apercevoir *le bien* : nous observons *les faits* et voilà tout.

D'ailleurs c'est un fait qui subsiste depuis l'origine des temps : *deux ennemis sont en présence* : le bien et le mal, la lumière et les ténèbres, le vice et la vertu. N'est-ce pas l'histoire de tous les temps, de tous les lieux du monde ?

(1) Voir le petit et très-intéressant *Journal de N.-D. de la Salette*, imprimé à Muret, n° du 7 septembre 1866.

Qui, de cette fois, l'emportera ?

C'est le secret de Dieu !...

Plus que jamais, NOUS MARCHONS VERS L'INCONNU !...

Mais nous marchons, et la solution est inévitable, prochaine...

Par les faits, nous l'avons trop facilement établi, il y a *immensément de mal :*

Et par les faits, nous l'avons pareillement démontré, il y a encore *considérablement de bien :*

Donc *espérances* d'un côté, *craintes* de l'autre.

Quel parti prendrons-nous ?... Notre sort en dépend, car :

D'abord un catholique, un honnête homme a-t-il le droit de se montrer étranger à la lutte ?

Je ne le pense pas : car il s'agit bien plus encore de la *Société menacée et malade,* que du sort de la *Religion toujours forte, toujours impérissable;* par celle-ci seulement celle-là pourra se sauver...

— Mais les moyens ?

— Nous les avons assez montrés.

Contre le mal, qui paraît à son comble, et se traduit, comme toujours, par trois plaies redoutables : *incrédulité, immoralité, luxe sans frein,* n'avons nous pas la *foi,* la *Vierge* et nos *Églises ?* La foi à *propager,* la Vierge à *aimer,* nos Églises à *restaurer ?*

O France ! ô mon pays, et toujours *le plus chrétien pays du monde !* Beau Diocèse de Bayeux, qui te console dans la mort(1); antique Plessis-Esmangard, *ma joie et ma couronne* (2), mais votre foi nous redit les beaux *siècles de foi :* de notre siècle, vous avez fait *le siècle de saint Louis* (3) *LE SIÈCLE DE MARIE :* vous êtes mon espoir ! Et je veux espérer quand même, *contrà spem in spem! speravi, et SUPERSPERAVI! Non confundar in æternum!!!*

Mais ces trois grands remèdes, à tant de maux, toujours à un seul se ramènent : l'ÉGLISE ! Comment *croire, espérer, aimer* hors de l'Eglise ?

Et si vous en doutiez, séparons-nous, non sans avoir entendu les nouveaux accents, les derniers échos de la parole peut-être la plus catholique et la plus magnifique des temps modernes.

Illustre, savant, non moins fervent défenseur de la vraie foi, A^{ie} Nicolas ! c'était pour nous, POUR DOZULÉ, n'est-ce pas ? que vous vous inspiriez d'écrire récemment :

« Un ancien a dit—c'est le païen Plutarque :—
« Plutôt vous trouverez une ville bâtie en l'air
« qu'un peuple sans Dieu, sans temples, sans au-

---

(1) Le Diocèse de Bayeux pleure un éminent et saint Prélat, dans l'espoir d'un Prélat non moins saint et non moins éminent.

(2) *Gaudium meum et corona mea.* (PHILIP. 4. 1.)

(3) Oui : le regard fixé sur *le Passé* comme sur *le Présent,* sur nos *Églises,* et sur la Vierge *Marie ;* mon dernier mot sera toujours : ESPOIR POUR L'AVENIR !...

« tels. Mais ces autels, ces temples, vous les trou-
« vez partout ; parce que partout, tous les peuples
« du monde, même les plus sauvages, croient à la
« Divinité.

« Mais ne disent-ils rien, ces autels, ces temples,
« à l'homme le plus dégradé ?

1° EXTÉRIEUR DE NOS ÉGLISES.

« Ne lui disent-ils rien ; poursuit M. A. Nicolas, ces
« édifices augustes, ces temples vénérés, lorsqu'ils
« apparaissent à l'extrême horizon dans leurs for-
« mes hardies et idéales, comme une vision de la
« patrie aux frontières de l'Éternité ; dans nos
« champs, comme l'expression de la nature ascen-
« dante vers son auteur qui la bénit du fond de
« ces sanctuaires ; dans nos villes, par les masses
« si fortement assises de leurs tours séculaires,
« comme l'image de la stabilité au sein de nos
« terrestres agitations ; ou, par le svelte élancement
« de leurs aiguilles, comme le symbole de l'âme
« qui le spiritualise en s'élevant, échappant à la
« terre tend au ciel : expressions diverses qui de-
« viennent plus pénétrantes, lorsque, prenant la
« voix des cloches, la religion semble nous dépê-
« cher un ange de miséricorde, dans le son ar-
« gentin qui tinte l'*Angelus* au sein du calme de
« la campagne ; un ange de justice dans le bourdon
« qui balance son tonnerre au-dessus du tumulte
« de nos opulentes cités.

2° CÉRÉMONIES DANS NOS ÉGLISES.

« Ne lui disent-ils rien, au visiteur le plus in-
« souciant, nos Eglises, lorsque, pénétrant dans
« leur intérieur aux jours de nos grandes solen-
« nités; il y voit les multitudes qui les remplis-
« sent, déposant toutes les distinctions qui les sé-
« parent dans la vie, fondues en une seule famille
« religieuse, en une seule nature humaine, atten-
« tive à l'orateur sacré qui lui rappelle ses grands
« destins; ou, prosternée dans l'adoration muette
« du grand Dieu qui en est le tout-puissant arbitre,
« ou chantant d'une voix unanime ces hymnes,
« ces psaumes, ces cantiques de pénitence, de
« triomphe et de deuil, de louanges, de joie, d'a-
« mour et d'espérance; si beaux de doctrine, de
« sentiment, de poésie, de mélodies, et auxquels
« semblent répondre les générations écoulées dans
« la tombe mais survivantes dans la foi?

3° SS. MYSTÈRES ET SACREMENTS DE L'ÉGLISE DE J.-C.

« Ne lui disent-ils rien, enfin, ces vieux temples,
« ces maisons de l'infini, lorsque, portant ses pas
« retentissants dans le vide de leur immensité, il
« s'y trouve seul livré à l'impression de toutes
« leurs parties, de leurs piliers, de leurs voûtes,
« de leurs dalles, de leurs profondeurs mysté-
« rieuses et de leur *vastité sombre*, comme dit
« Montaigne; plus particulièrement de cette chaire

« dépositaire d'une vérité invariable, de ces TRI-
« BUNAUX QUI JUSTIFIENT CEUX QUI S'Y ACCUSENT,
« *et où le plus grand bonheur de l'âme humaine at-*
« *tend quiconque a le courage d'y entrer;* de cette table
« où le pain des anges se donne aux hommes, et
« qui, dans un ineffable mélange de reproche et
« d'invitation, rappelle *le plus beau jour de la vie;*
« enfin, de ce sanctuaire, de ce tabernacle si doux
« et néanmoins si formidable, à raison de sa sain-
« teté, et d'où semblent partir des rayons de miel,
« avec des traits de foudre ?

« J'en appelle, dis-je, à la nature religieuse dans
« mon lecteur; et si, à ces diverses impressions,
« il ne sent pas s'éveiller en lui des échos mysté-
« rieux, des souvenirs d'enfance, des voix de pa-
« trie, des gémissements d'exil, des hontes d'es-
« clavage, des appels de liberté, des invitations
« de miséricorde, des terreurs de justice.

« Dans un pli de son cœur, de lui-même ignoré,
« Un peu de vieille foi, parfum évaporé;

« Il est bien malheureux ! »

(A^{te} NICOLAS.)

POUR TROIS CATÉGORIES DE PERSONNES
TROIS DERNIÈRES PAROLES

OU CHACUN TROUVERA SON COMPTE,

Les Indifférents, les Détracteurs, les Amis.

Et d'abord, aux indifférents.

A TOUS MES LECTEURS EN GÉNÉRAL.

Le but d'un livre, c'est d'être lu..... Sans t'avoir jamais vu, je te connais, ami lecteur... Que liras-tu dans mon livre?—*Les notes tout d'abord; puis les notes, et toujours les notes...* Oui, je te connais bien. Depuis Adam—d'autres prétendent depuis Eve seulement—que nous importe?—Depuis Adam ou Eve, depuis Eve et Adam, nous sommes *tombés...* n'est-ce pas? *tombés très-curieux* : entre autres aménités de notre aimable caractère, on veut savoir, et tout savoir. Qu'est-ce donc que cette *note?* Puis on lira bientôt le *texte* et tout le petit livre...

Car, autre effet de cette catastrophe originelle,

nous sommes *tombés... curieux,* curieux et *avec cela paresseux !..* Nous voudrions bien tout savoir, et guère étudier !...

Le remède à cette bizarrerie, à cette flagrante contradiction? car nous n'aimons ni les longs sermons, ni les livres prolixes, ni même les trop longs chapitres, ni les trop longs alinéas. — Le remède, s'il vous plaît, le remède?

Couper et recouper encore tout cela ; retrancher et retrancher toujours. Et puis, courtes phrases et beaucoup de notes (1) et d'alinéas ; en un mot, *la variété dans l'unité...*

Et vous me lirez, n'est-ce pas, ami lecteur?

C'est comme il vous plaira.

Mais, croyez une chose : c'est que si je désire vous être AGRÉABLE — et veuillez ne pas en douter — je désire infiniment plus vous devenir UTILE.

Et voyez donc ! Ah ! si je pouvais atteindre ce double but, on pourrait dire du petit livre : Il a uni l'utile à l'agréable ; *miscuit utile dulci !* — Combien nous en resterons loin ! Au moins aurons-nous eu la bonne volonté: *et... pax hominibus bonæ voluntatis.*

---

(1) On dit qu'*une femme d'esprit* (*Mme de Sévigné*), assez souvent, mettait *en notes,* ou gardait pour le *post-scriptum,* le *but principal* d'une lettre...

AUX CHARITABLES DÉTRACTEURS.

Ne vous étonnez pas de voir accolés ces deux termes : *Détraction — charité.* C'est que, d'abord, tout le monde, oui, un peu tout le monde, *même les plus mauvaises langues,* se disent et se croient quelquefois charitables ! Puis, très-sérieusement, nos adversaires, nos détracteurs, souvent sans s'en douter, *nous rendent d'éminents services...* services que les flatteurs et la plupart de nos amis ne nous rendront jamais : *ils nous corrigent malgré nous !...* Que Dieu est bon !...

Et depuis quand *le disciple* prétendrait-il s'élever *au-dessus du Maître ?*

Et quand Pie IX (1) envoie de l'argent aux Rouennais, aux Anglais, à tous les misérables de l'uni-

---

(1) Et croyez-vous, de bonne foi, que les spoliateurs de Pie IX vont faire de ses biens un plus noble usage que lui ? Ce serait pousser trop loin la niaiserie. Les spoliateurs eux-mêmes, en le disant, ne le croient pas. Demandez où vont tous ces biens usurpés par suite des Révolutions ?.......

(Voir sur ce sujet délicat une *lettre pastorale* de Mgr Plantier, évêque de Nîmes : PIE IX défenseur et vengeur de la vraie CIVILISATION. — PIE IX et la VÉRITÉ. — PIE IX et l'AUTORITÉ. — PIE IX et la LIBERTÉ. — PIE IX et les ARTS, — PIE IX et la CHARITÉ. — PIE IX et l'*administration des* FINANCES. Ici, comme partout, non moins capable et *plus honnête que qui que ce soit...*)

vers, et n'en est pas moins calomnié, déchiré, persécuté et spolié ; quand Napoléon, comme tout le monde, aura ses détracteurs ; quand, en un mot, les Empereurs, les Rois, les Impératrices (1), les

(1) Est-il, je le demande, dans les temps anciens et modernes, est-il une action plus belle, plus touchante et surtout plus chrétienne que la visite, on peut dire héroïque, ou rien ne mérite ce nom, que la visite de l'Impératrice Eugénie aux cholériques d'Amiens ? Imaginerait-on que l'on pourrait trouver quelque chose à redire à une pareille démarche ? Etonnez-vous, si vous voulez, comme j'ai dû être étonné moi-même et stupéfait ! Mais écoutez !

Deux personnes (supposez deux dames ou même deux messieurs) qui passent pour être intelligents, s'entretiennent mystérieusement. J'arrive, moi troisième, on se tait sur-le-champ. — « Qu'y a-t-il donc ? ma présence vous
« gênerait ? je vais me retirer ! — Mais non ! Ah ! c'est que,
« voyez-vous, Monsieur le Curé, mais, dans cette affaire
« d'Amiens, pour embellir les choses, on a beaucoup exa-
« géré ; car il paraîtrait bien que l'*ostentation*, certaine
« *vanité*, l'ORGUEIL y seraient pour beaucoup, sinon pour
« tout.. On a tenu à *faire parler en bien de soi*.— Alors
« on *s'est trompé*, repris-je vivement, vraiment indigné,
« on a *manqué son coup !* puisque, vous le prouvez, il se
« trouve des esprits assez mal faits, des caractères assez
« bas, des langues de vipères *capables de tout*, de tout em-
« poisonner ! L'Impératrice aurait eu bien tort de *tant s'ex-
« poser* pour un honneur que si lâchement on lui con-
« teste... — Mais on avait si bien *pris ses précautions* que
« le mal n'eût pu rien sur elle. — En vérité, lui ferez-vous
» un crime d'essayer de se conserver pour elle et pour la

Reines, et les Papes aussi, sans parler des Evêques

« France? Il n'y a que les frénétiques qui, pouvant éviter
« la mort, *se tuent pour le plaisir de se tuer !* » — On ne
répliqua pas : on parut me donner raison. Pourvu que
quelqu'autre, passant à son tour, n'ait pas ramené ces
beaux raisonneurs à leur première opinion.

Voilà les gens du monde, et *des meilleurs !*... Comptez
maintenant sur les jugements des hommes ! et agissez pour
plaire à un *monde aussi stupide que coquin !*

Ceux dont je parle ne sont pas, je le crois, *méchants*;
simple *fanfaronnade* pour se donner certain relief, afin
qu'on puisse dire d'eux : *Ce Monsieur est savant; car...
il a des idées avancées*, et il ne pense pas comme le vulgaire !

Et vous le voyez, mes amis, je ne suis pas sévère pour
de telles langues ! Je suis néanmoins dans le vrai, et j'ajouterai qu'il est triste de voir tant de gens qui trouvent
tout le monde méchant ! Qu'ils doivent vivre malheureux !
Et serait-on heureux sans la Charité, la belle Charité, qui
ferait de la terre un Paradis anticipé, si elle était mieux
respectée? Ne vaut-elle pas bien ce système infernal de
dénigrement ténébreux ?

Aimable Evêque de Genève ! où est le temps où vous
disiez : « *Une action de mon prochain eût-elle trente-
« neuf faces mauvaises, que je la regarderais de la qua-
« rantième qui pourrait être bonne.* » Enfin, seraient-ils
en droit de se plaindre, ces misanthropes intraitables, *qui
ne croient à la vertu de personne, si personne ne croyait
à la leur ?*...

Je vous en prie, pardonnez-leur ! Légèreté, humeur
atrabilaire, *crânerie* (passez-moi ce mot qui les peint),

(Mgr Didiot, v. g.), et des milliers de Prêtres, même voilà tout leur défaut, qui pourra paraître excusable, et qui n'est pas sans inconvénient pour la société... hélas ! et pourtant que ce mal est commun ! Empêchez-le, si vous pouvez !... Moi, je l'ai signalé ; et je défie que les observateurs intelligents viennent me dire : *Vous exagérez ! — Et je n'ai même pas tout dit...* Je ne nommerai personne, bien entendu ; mais vous en trouverez vous-même demain, si vous y faites attention, mille qui leur ressemblent.. (A).

(A) Nous donnons cette anecdote, d'ailleurs très-véridique, comme un *spécimen* de l'esprit du jour, de la société telle qu'elle est en ce moment — hélas ! et un peu ainsi de tout temps ! car voici le raisonnement — *vicieux comme ceux qui le font ou qui l'admettent :* Il y a des Magistrats, des Juges, des Notaires, des Médecins ; sans parler des Prêtres, des Rois, des Souverains eux-mêmes, qui sont injustes, corrompus, voleurs... Donc tous les Rois, Prêtres, Médecins, Avocats, Notaires et Magistrats sont *nécessairement* brigands, voleurs et corrompus ! — Qu'en pensez-vous ? — C'est toujours le raisonnement pitoyable : *Ab uno disce omnes !...* Il y a de la fausse monnaie ; donc toute monnaie est fausse : il y a de faux miracles. — Et qui jamais vous a prétendu le contraire ?... — Donc tous les miracles sont faux !... On irait loin avec de tels raisonnements.

Mais enfin, J.-C. l'a prédit : il y aura des scandales ! Impossible qu'il n'arrive pas de scandales !...

Hé bien ! il y a certains *scandales énormes*, que je redoute moins que certains *scandales plus communs :* ceux-ci ont plus d'entraînements et de suites funestes : ceux-là, on les abhorre, ils font frémir et ne séduisent pas... Ainsi des plus saints, des meilleurs ; quand *J.-C., plus durement, plus horriblement que personne* (1); quand tous, enfin, subissent un sort égal d'épreuves, de calomnies, d'ingratitudes et de persécutions (2), est-ce que je prétends être exempt ? Oh !

la foudre sur les flots, au sein de la tempête, n'atteint pas toujours les vaisseaux... Ainsi, dans la forêt, elle découronne quelques grands chênes, pour lesquels est plus dangereuse l'action lente, mais sûre et meurtrière de la hache du bûcheron... Bûcherons de l'Enfer ! *scandaleux de bas étage*, vous n'êtes pas la foudre, ah ! vous n'en aurez jamais ni l'éclat, ni la majesté ! Vous n'en faites pas moins l'affaire de Satan : je vous crains plus que les plus éhontés parmi les ennemis de la religion...

Malheur à vous ! *comme en coupe réglée*, vous abattez les âmes, pour entretenir, alimenter ce feu terrible, qui ne s'éteindra plus jamais ! *Vel homini illi !*...

(1) *Christus habuit adversarios et oblocatores, et tu vis omnes habere amicos et benefactores !..* (Imit. II. 2. 5.)

(2) Et qu'est ceci ? Que veut dire tout cela ? — *Parcelles très-précieuses de sa vraie Croix*, dont J.-C. ne manque jamais d'honorer ses intimes, ses vrais amis et ses élus... Loin donc de m'en fâcher, loin de m'en étonner, je veux dire à chaque épreuve nouvelle : *Merci !* mon Dieu ! merci de mes luttes, merci de mes mille combats, sources du triomphe et de la victoire, qui doivent amener la couronne et la récompense (A). Car *je suis roi !* entendez-vous ? Vous vouliez le savoir ? *Ergò rex es tu ?* vous l'avez dit ; oui, JE SUIS ROI ! *Tu dicis quia rex sum ego.* Chassé de mes états, mais né pour la couronne, *nam et ego in hoc*

(A) A vaincre sans péril, on triomphe sans gloire.

non ! tout au contraire, je me croirais damné ! *Erit in signum cui contradicebat...*

On pourrait vous citer tel père de famille que ses enfants feraient bien, s'ils l'osaient, *passer en curatelle,* pour de là l'envoyer à l'hôpital,— quoiqu'il ait conservé, dans sa verte vieillesse, plus de bon sens à lui seul qu'eux tous ensemble,—parce qu'il a eu le TORT, il faut en convenir, le TORT IMPARDONNABLE !

Quel est ce tort réel ?

Le tort de leur avoir abandonné de son vivant ses propres biens, qu'il aura le chagrin de voir passer avant sa mort en des mains étrangères !...

J'ai sous les yeux, et vous aussi, n'est-ce pas ? tels bienfaiteurs qui ont pu donner 10, 12, 15,000 francs ; d'autres, 100,000 fr., 150,000 fr. et davantage, assure-t-on, et qui auront peine à ne pas passer, au moins aux yeux des nigauds, et ils sont nombreux, pour des voleurs, peut-être, et des brigands ?... Faites donc du bien à des ingrats ! Tout

natus sum, mon trône est là haut, dans le Ciel, à sa place ! Il me faut le reconquérir. En temps de guerre, un monarque, un soldat ne fuit pas le combat : il ne demande qu'à *marcher sur l'ennemi !* Venez donc, ô mes terribles adversaires ! je vous attends, je vous défie. Et plus vous êtes formidables, plus vous serez dignes de mon grand courage, de ce courage surhumain que Dieu seul met au cœur de ceux qui l'aiment ; car ma force, sachez-le bien, est celle de Dieu même ! *IN EO OMNIA POSSUM !!!*

est croyable, et tout devient possible dans un siècle où *certaine femme*, qui n'est ni Princesse, ni Duchesse, ne peut compléter sa TOILETTE DE BAL à moins de 60 ou 80 mille francs !...

Et l'on s'exclame contre certaines dépenses pour nos édifices religieux ! A quels temps, juste ciel, étions nous réservés ! C'est toujours l'histoire de Moïse et de son *peuple à la dure cervelle, durâ cervice !*

Il manquerait quelque chose au vrai mérite, dit Lamartine, *s'il n'était exercé par la calomnie et la persécution.* Aveugle et insensé qui travaille pour la vanité, ou même compterait sur je ne sais quelle reconnaissance des populations !... (1)

Comptez, à la bonne heure, sur l'amitié sûre d'un *petit nombre*, sur les prières des saints, des âmes pures ; comptez sur Dieu : *Bonum est confidere in Domino !*

Oui, comptez par dessus tout sur Dieu ; sur ses promesses, sur sa grâce, sur sa parole. Et tel je veux être mon dernier mot à mes ci-devant adversaires, devenus mes amis : *Et respondebo EXPROBANTIBUS mihi verbum, quia SPERAVI in sermonibus tuis.*

---

(1) Le peuple ?.... Ah ! le *dimanche*, il vous porte *en triomphe*, et puis, le *vendredi*, il vous *crucifiera !*...

A MES AMIS.

Mais à vous, mes amis, est-ce donc que j'aurais une autre réponse à vous faire ? Non, non ! vous le savez bien : MA CONFIANCE EN DIEU, qui, par d'autres, aurait pu subir le persifflage, a constamment fait aussi et votre joie et votre confiance : *Qui timent te, Domine, videbunt me et lætabuntur, quia in verba tua SUPERSPERAVI !* Veuillez peser le mot *SUPERSPERAVI ! Au-delà de toute espérance !*

Aux méchants, comme aux bons, c'est la *même réponse,* avec cette diversité, cependant, que la colère, ou, si l'on veut, la rage des méchants, ces suppôts de l'Enfer, qui se trouvent partout, n'a pu m'empêcher d'*espérer, speravi !* Mais l'appui, l'union, l'amitié des bons, que j'ai toujours comptés assez nombreux, intelligents et dévoués parmi nos rangs, doublait et centuplait ma confiance : *SUPERSPERAVI !*

Car alors je ne me trouvais plus seul, mais appuyé sur un bras ami, je me sentais plus fort ! *SUPERSPERAVI !*

Car *le frère aidé de son frère est comme la citadelle inexpugnable, quasi civitas firma ! SUPERSPERAVI !*

Combien de fois j'ai senti ce bonheur, qui réjouissait mon cœur et le vôtre, ô mes amis ! *Videbunt me, et lætabuntur...* (1)

Redisons-le en finissant. Ce fut mon premier mot ; ce sera mon dernier : PAR LA V. M., CONFIANCE EN DIEU ! (2) tout nous viendra par ce moyen... Et je n'ai qu'un regret, je vous le dis, ô mes amis ! c'est de ne pas en avoir eu davantage : nous eussions mieux encore et MILLE FOIS MIEUX RÉUSSI !... Je vous l'atteste sur l'honneur et sur la parole infaillible de Dieu lui-même : *Si percussisses quinquies, aut sexies, sive septies....* (Voir cette charmante parabole : Livre IV des Rois, ch. 13, v. 19).

C'est la foi qui manque aujourd'hui... Ecoutez une voix plus autorisée que la mienne :

« Dans les siècles de réflexion et de foi vive,
« les hommes VOYAIENT PARTOUT L'ACTION DE
« DIEU ; dans nos temps de *légèreté* et de *rationa-*
« *lisme*, ILS NE LA VOIENT NULLE PART !...

---

(1) Aux reproches des uns, à l'amitié des autres, je n'ai et ne puis avoir qu'un seul mot de réponse, car ce mot est la vérité : *Vous m'accusez !* et moi, j'espère en Dieu ! SPERAVI ! — *Vous me félicitez !* et avec moi vous vous réjouissez, et vous avez raison, car en Dieu j'ai SURESPÉRÉ : *Lætabuntur, quia* SUPERSPERAVI !!!

(2) Jointe *à la défiance de soi-même*. Agir avec tout le soin, le zèle et la diligence possibles, comme si tout dépendait de nous ; puis remettre le tout entre les mains de Dieu, comme si le tout dépendait de lui seul ; ce qui toujours est parfaitement vrai...

« Les uns *ne croient pas du tout* à cette provi-
« dence paternelle, toujours occupée de nous et
« du soin de nous rendre heureux ; les autres, et
« c'est le grand nombre, *n'y pensent pas ;* presque
« tous se conduisent *comme si elle était étrangère*
« *à ce qui nous intéresse.*

« Dans les hautes régions de la société, on compte
« sur les développements de l'*industrie*, sur les
« conquêtes de la *science*, sur les progrès de la
« *civilisation* : mots ronflants, mots sonores qui ne
« trompent que les niais et *ne guérissent d'aucun*
« *mal, sans nous donner le moindre bien*... On croit
« pouvoir se passer de l'action de Dieu dans le gou-
« vernement des choses d'ici-bas ; et l'on s'égare.

« Dans les classes inférieures, l'ouvrier, le père
« de famille, s'appuie uniquement sur la force de
« ses bras, sur son habileté, sur ses spéculations,
« pour se préserver de l'indigence, ou pour en
« sortir... De là, ces inquiétudes païennes sur l'a-
« venir : *quid manducabimus, aut quid bibemus ?*
« De là, le saint jour du Seigneur profané par le
« travail et tant d'autres désordres, que nous res-
« terons impuissants à combattre tant que nous
« n'aurons pas ravivé dans les âmes la foi à la di-
« vine Providence, rétabli dans les cœurs la con-
« viction de cette vérité capitale : *que notre grand*
« *et unique intérêt est d'avoir DIEU POUR NOUS* (1);

(1) *Si Deus pro nobis qui contra nos ?* (Rom. 8. 31.)

« que *rien ne peut nuire à ceux qu'Il protège ;* que
« *tout concourt au bonheur de ceux qui l'aiment : Di-*
« *ligentibus Deum OMNIA cooperantur IN BONUM;*
« oui, *TOUT,* même la fureur de leurs ennemis !
« N'est-ce pas à la rage des tyrans que les Martyrs
« doivent leur gloire et leurs couronnes ? » (Voir P.
Chaignon, *Médit.*, t. 2, p. 347.)

Et d'où vient ce désordre ? ce *défaut de foi, de confiance véritable ?*

Eh ! mon Dieu ! c'est tout simple, et trop facile à comprendre :

Sans la foi, qui s'en va, qui s'éteint, pourrait-on *vivre de la foi ?*

Mais, *quand on ne vit pas de la foi,* comment vit-on ? — En vrai païen !

Et maintenant, comptons : combien, parmi les Chrétiens, et parmi les meilleurs, feront aujourd'hui *toutes leurs œuvres* d'une manière SURNATURELLE ? Il n'y a cependant que ce moyen de *plaire à Dieu* et d'avoir ainsi *le droit d'espérer en lui...* Nous le pourrions *par les actions les plus communes,* hélas ! et nous n'y pensons pas ! Ecoutons encore notre sage et pieux Auteur :

« Le mérite des choses SURNATURELLES sur-
« passe incomparablement celui de toutes les
« *choses naturelles du ciel et de la terre.*

« *Le moindre acte* de vertu chrétienne, fait par
« une *âme juste,* le seul nom de Jésus prononcé
« religieusement, le signe de la Croix fait avec

« foi ; moins encore : *un pas* (1), *un soupir, un re-
« gard vers le Ciel...* tout cela peut plaire à Dieu

(1) *Tu quidem gressus meos dinumerasti* (Job. 14. 16.)
Pendant près de dix ans, mille fois chaque année, j'ai fait
le voyage de la vieille Eglise : soit dix mille fois en ces
dix ans.

Depuis vingt ans, j'ai visité la nouvelle, par an, bien deux
mille fois : soit quarante mille visites à N.-S. et à N.-D. en
ces vingt ans. Quel profit en ai-je tiré ?

J'ai fait, pour la bâtir, bien 15,000 lieues ; soit 60,000
kilomètres, 60 millions de pas (A).

J'ai écrit, pour le moins, de 15 à 20,000 lettres (les mots
ne pourraient se compter que par milliards).

A ceux qui trouveraient futiles ces calculs, je demanderai s'ils sont moins sensés, moins permis que les calculs de certaines statistiques, aujourd'hui tout-à-fait à la mode ? Libre à vous de vous rendre compte du nombre des bœufs, des chevaux, des chiens — voire même des ânes — d'une commune rurale (sans compter ceux des

(A) *Un pas !* qu'est-ce qu'*un pas ?* Si mon sort en dépend, c'est quelque chose, un pas !

Or, *un pas* a fixé mon sort : c'est *le pas du Sous-Diaconat !...*

Je connais telle personne que cette pensée, *l'importance d'un pas !* et ranime et transporte. Dans les voyages, à chaque occasion, on marche à Dieu, on suit J.-C. par les pas de l'amour, *gressibus amoris.*

Tous ne comprennent pas cette parole : *Non omnes capiunt verbum istud;* mais le cœur qui aime me comprend, et cela me suffit.

« plus que toutes les actions PUREMENT NATU-
« RELLES des créatures PASSÉES, PRÉSENTES et
« A VENIR...
 « Et nous, quel avantage en recueillons-nous,
« de cette action qui n'aura duré qu'*un clin-d'œil?*
« — *Un poids immense de gloire pendant l'éternité!*
« *ÆTERNUM GLORIÆ PONDUS!*

grandes villes, des opulentes cités); mais libre à moi, je le pense, de préférer les goûts d'un très-saint et très-savant Evêque, Mgr de Vie, Evêque de Belley, nonogénaire, qui se demandait combien, depuis ses *soixante-et-six ans de sacerdoce* et ses *cinquante années d'épiscopat :* « Com-
« bien, dans ma si longue vie, combien de Messes et de
« *Dominus vobiscum ?* combien de signes de Croix? com-
« bien de génuflexions ? etc., etc.

 « Hélas! continue-t-il, et j'arrivais toujours à des mil-
« lions !...

 « Mon Dieu! si j'avais fait tout cela pour vous, en esprit
« de *foi et d'amour!...* »

 Il pouvait l'espérer, le saint Prélat! Mais nous, Seigneur, ah! nous n'avons d'espoir que sur votre infinie miséricorde!...

 C'est lui, celui-là même, qui CONNAISSAIT, disait-il, SES GENS *à leurs signes de Croix, comme à leurs génuflexions...* (A).

 (A) S. François de Borgia en faisait CENT chaque jour, et S. Patrice d'Irlande TROIS CENTS !
 Les saints savaient-ils bien ce qu'ils faisaient? Et serions-nous plus sages qu'eux?

 « Ne plaisantez jamais ni de Dieu, ni des saints. »

« O mon Dieu ! peut-on vous aimer, peut-on s'ai-
« mer soi-même, et ne pas tressaillir à cette pen-
« sée : « *Pour cette action si facile que je vais faire,*
« *je vous verrai plus clairement, je vous posséderai*
« *plus délicieusement TOUTE L'ÉTERNITÉ !!!* »

Mais, pour cela, ô mes enfants ! pas de mollesse, VIE DE RÈGLE (1) ! et vigueur bien soutenue ; car, du moment où *vous commencerez à vous relâcher, vous commencerez à être malheureux,* dit l'auteur de l'*Imitation ;* mais, en vous soutenant dans la FERVEUR et la FIDÉLITÉ aux plus PETITS DEVOIRS, vous jouirez d'une *paix profonde : Si incipis tepescere, incipies malè habere. Si autem dederis te ad fervorem, invenies magnam pacem.* (Imit., l. 1, ch. 25, n° 11.)

Tel est, mes bons amis, le chemin du bonheur !
Puissions-nous tous y marcher constamment !
FIDÉLITÉ ! FERVEUR ! PERSÉVÉRANCE !

---

(1) Je connais plusieurs Prêtres, qu'on peut très-bien qualifier, *Prêtres modèles,* qui tous les ans, à la suite d'une très-fervente Retraite, ne prennent que 3 mots de résolution : VIVRE EN SÉMINARISTE....

J'AI FINI.

Je l'ai dit: j'aime les aperçus larges et spacieux, les vastes horizons, les résumés clairs et pratiques.

Trois petits mots, lecteur, vous ont dit tout mon livre: l'amour de *Dieu*, le bonheur de *mes frères*, la pensée de l'*Éternité !*

La grâce de DIEU, son amour: Ah! s'il est dans mon cœur, tout contribue à mon bonheur: *Diligentibus Deum omnia cooperantur in bonum !*

Le bonheur de MES FRÈRES : Il ne périra pas celui qui aura procuré le salut d'Israël: *Ergone peribit Jonathas qui fecit salutem... in Israël.*

La pensée de l'ÉTERNITÉ ! Pèche-t-on, pourrait-on encore pécher quand on pense aux *années éternelles ? Memorare novissima tua, et in æternum non peccabis.*

Cela me remet en pensée une petite histoire, et l'un des souvenirs les plus gracieux de ma déjà longue existence. Il y a de cela de 30 à 40 ans; j'étais encore tout jeune prêtre.

La scène se passe aux environs de notre fière Capitale.

De cette Solitude, sur l'entrée de laquelle le bon père Mollevaut (1) avait fait inscrire ces douces paroles de saint Bernard: *ô beata solitudo! ô sola beatitudo!* O bienheureuse *Solitude!* O seule vraie *béatitude!* De cette Solitude *les solitaires* sortaient une fois la semaine.

C'était le jour aimé des écoliers, le jour désiré du congé:

Combien était heureux notre éminent Supérieur quand, dans les bois si connus de Fleury, les avenues royales de Saint-Cloud, ou dans les vastes champs, aux environs de Vanvres, de Clamart, de Fontenay-aux-Roses.—*Ce Fontenay si beau qu'embellissent les roses!*—Il nous faisait chanter, et nous chantions en effet, de tout cœur, de beaux cantiques à Marie! Il ne se possédait plus de bonheur quand nous répétions le refrain connu:

> Tendre Marie,
> O mon bonheur,
> Toujours chérie,
> Tu vivras dans mon cœur !   *(bis)*.

Or, donc, un beau jour de ces charmantes prome-

---

(1) M. Mollevaut, nouveau Bernard, dont la réputation méritée de science et de sainteté, et l'énorme *correspondance plusque Européenne* dirigeait nos Prêtres, nos Missionnaires, nos Apôtres d'Asie, d'Afrique et d'Amérique! Peu de temps avant de mourir, il vint à Dozulé, et me rappelait ce temps heureux, unique, de notre Solitude!...

nades; sur la porte d'un cimetière; il m'advint de lire ces deux vers :

PASSANT ! QUI QUE TU SOIS, FAIS TA PAIX AVEC DIEU !
CAR TOUT PAS QUE TU FAIS EST UN PAS VERS CE LIEU !

Ce dernier vers me rappelait le beau vers, *aussi 12 fois monosyllabique,* du grand Racine :

Le jour n'est pas plus pur que le fond de mon cœur !

Je voudrais bien que l'un fût non moins vrai que l'autre... Que mon cœur fût aussi certainement pur que la mort est inévitable !..

Et il le faut, après tout, me dis-je en même temps à moi-même *tout bas...* Oui ! il le faut ! (1)

(1) *Ero sanctus !.. non quicumque, et citò !* Et pourquoi ne pourrais-je pas ce qu'ont bien pu tant d'autres avant moi ? *Cur non potero quod isti et istæ ?* (S. Aug.)

Toute mon affaire se réduit donc à me demander et redemander sans cesse : Puis-je, oui ou non, *me constituer et me reconstituer* imperturbablement *dans l'état que je croirai être* LE PLUS PARFAIT ? (A) — Ste Thérèse, Mme de Chantal en avaient fait *le vœu !* comme S. François de Sales avait fait le vœu de dire tous les jours son Chapelet !.. —

(A) Mais quelle puissance au monde m'enlèvera ma liberté ? Par elle seulement l'homme est *un être moral.* Il blasphème celui qui nous parle sans cesse de hasard et de *fatalité...* Libre, et partout, et toujours libre, L'HOMME INTÉRIEUR, le Juste qui vit de la foi, n'a besoin ni d'attendre *les moments* ni de chercher *les lieux,* pour être

car tôt ou tard, et prochainement, *vers ce lieu où
que ce soit pour nous simple résolution*. — Mais résolution
sérieuse, énergique, durable ! Ce sera donc un *do ut des
continuel*, dans les petites choses ainsi que dans les grandes, *sicut in parvo, sic et in magno*, toujours et à toute
heure : *semper et in omni hora*. Car, ne l'oublions pas, il y
a une *équation très-réelle* entre nos efforts et la grâce :
*tantum proficies quantum tibi ipsi, vim intuleris...
violenti rapiunt...*

Et voilà comme j'entends *l'énergie* du progrès évangélique, *seul nécessaire : quid prodest !.. unum est necessarium !..* Il faut *vouloir ce que l'on veut, et marcher devant
soi*, à l'exemple de J.-C., dont la face tournée vers Jérusalem, où il a résolu de souffrir et de bientôt mourir, ne se
détournera plus de Jérusalem : *firmavit faciem suam ut
iret in Jerusalem. — Et erat facies ejus euntis in Jerusalem.* — Bon et spirituel *Curé Normand*, de Valsemé,
quand enfin seront vraies pour nous ces belles paroles
que nous appliquait votre encourageante paternité ?....

à son Dieu sans réserve. *Qui AB INTRA scit ambulare...
non requirit loca, nec expectat tempora, ad habenda
devota exercitia.* (Imit. 2. 1. 7.)

Dieu, après tout, est un père, et non pas un tyran ; nous
sommes ses enfants, et non pas des esclaves. Il a même
pour nous la tendresse de la plus sensible des mères. C'est
lui-même qui le déclare dans Isaïe : Une mère (A), nous dit-

(A) Se rappeler le trait héroïque de cette jeune mère qui,
sur les flots de l'Océan (vers 1815) en danger de périr, s'ouvrit les veines pour donner à boire... *à boire son sang à
son enfant !* qu'elle sauva ainsi... 2 fois mère !.. et pour
nous que ne fait pas J.-C. ?

tout autre pareil, j'arriverai ! Et je me rappelais le mot sublime de Bossuet : « Marche ! marche ! vers
« le BIEN, qui est DIEU ; car, malgré toi, il faut bien
« que tu marches ! Entre la tombe et le berceau,
« il n'y a qu'un instant ! Et c'est la rapidité de
« l'éclair ! la promptitude de la foudre ! Marche !
« marche ! » *Memorare novissima !* (1)

Il, peut-elle oublier son enfant ? Et quand elle l'oublierait, moi je ne vous oublierai point : Voyez ! Je vous porte écrit dans mes mains : *Ecce in manibus meis descripsi te !*.. Je chanterai toujours :

> *Homo, quiesce providi*
> *Securus in sinu Dei :*
> *Inter patres vel optimos,*
> *Se nemo tam probat patrem.*

Et si je tombe, je me relèverai, Dieu aidant : avec le Prophète couronné, je chanterai plus fort : *Persequar inimicos meos, et comprehendum illos, et non convertar donec deficiant !* Je poursuivrai mes ennemis, et je les atteindrai, et je ne me retournerai que quand je les aurai exterminés ! (Ps. 17. 41.)

(1) « La vie humaine, poursuit l'Aigle de Meaux, est
« semblable à un chemin dont l'issue est un précipice af-
« freux. On nous en avertit dès le premier pas ; mais la loi
« est portée ; il faut avancer toujours. — Je voudrais re-
« tourner en arrière. — Marche ! marche !

« Un poids invincible, une force irrésistible nous pous-
« sent, nous entraînent ; il faut sans cesse avancer vers le
« précipice.

« Mille traverses, mille peines nous fatiguent, nous in-

« Je confesse n'avoir jamais depuis oublié cette éloquence foudroyante, ni ces deux vers :

PASSANT! QUI QUE TU SOIS, FAIS TA PAIX AVEC DIEU !
CAR TOUT PAS QUE TU FAIS EST UN PAS VERS CE LIEU !...

« quiètent dans la route : encore si je pouvais éviter ce
« précipice affreux !
 « — Non, non ! il faut marcher, il faut courir ! car telle
« est l'inévitable rapidité du temps et des années... Vaine-
« ment on voudrait s'arrêter : Marche ! marche ! »

NOTE DE MAJEURE IMPORTANCE :

MON TESTAMENT.

Après les *quelques centaines de Messes* à acquitter pour *ma pauvre âme* (1), mon très-modeste

(1) Par son testament bien en règle, le chef vénéré de la famille, mon aïeul, mon homonyme, Pierre Durand, — *plus que nonagénaire*, ainsi que son vénérable père, mon bisaïeul, qui moururent l'un et l'autre dans la 92e année de leur âge, — simple laïc, et assez peu riche, notre respectacle aïeul, alors que l'argent était bien moins commun qu'il ne l'est aujourd'hui, réclamait par son testament *six cents Messes!!!*
Leçon pour bien des gens soi-disant chrétiens, et leçon surtout pour moi Prêtre!..
N. B. *Nonagénaire*, P. Durand, qui se rendit encore *de son pied* à la Messe de sa paroisse, à un grand kilomètre de sa demeure, le dimanche d'avant sa mort; récitait encore tous les jours *son Rosaire*, qu'il chargea sa fille, Mme de Ste-Chantal, (A) de placer à côté de lui dans son cercueil..... Avis encore à bien des gens...
Il était de ceux qui, suivant les paroles mêmes d'un savant

(A) Religieuse Bénédictine à l'Abbaye de St-Désir, à Lisieux.

mobilier ira, *distribué, non vendu* (1), à mes frères

Docteur, ont compris que : « composé de *ce qu'il y a de plus
« autorisé* et *de plus solide en fait de prières*, aisé à com-
« prendre, aisé à pratiquer, par une *invention admirable,*
« digne de la Vierge Marie, qui ELLE-MÊME L'ENSEIGNA
« à S. Dominique, LE ROSAIRE instruit, en les touchant, les
« âmes simples, comme les plus savants ; par la méditation
« facile *des grands mystères de la foi,* sans gêne et sans
« contention : pratique qui a produit et opère encore tous
« les jours *des biens incalculables,* dans les lieux où ce
« saint exercice se maintient contre l'indifférence et la dis-
« sipation du siècle. » (A).

(A) Par suite d'une mission donnée récemment à Saint-
Jean de Caen, par le P. Matthieu, Dominicain, on parle de
3,000 associés, *parmi les personnes les plus honorables,*
au Saint Rosaire ; 40,000 à Lyon ; 300,000 à Paris, à Rome
et ailleurs ; où partout on monte *une Garde d'honneur à
la Reine des cieux !..* Espérance ! Espérance !..

A Dozulé, nous passons 400...

Ubi sunt duo, vel tres...
Vir unita fortior...

Nous étonnerons-nous encore, après cela, d'apprendre
que non-seulement les saints Prélats, comme un S. François de Sales et tant d'autres, mais les savants du monde
et les Docteurs comme dans ces derniers temps, les Chateaubriand et les Récamier, disaient *tous les jours leur
Chapelet ?..*

Ne le récitez pas, à la bonne heure : on ne vous y oblige
point ! mais, au moins, ne condamnez pas..., ne méprisez

(1) Voir mon *Testament olographe,* depuis longtemps
bien arrêté.

et sœurs, neveux et nièces.—Je n'ai pas dû oublier la part de ma chère Eglise, de mes pauvres ni de la belle œuvre de la Propagation de la Foi, ni,

pas ! Et que venez-vous nous dire encore de *certains abus?* Car de quoi n'abuse-t-on pas? Et de quoi n'abusez-vous pas vous-même?.. Si vous n'avez tous les défauts que vous reprenez dans les autres, voyons, de bonne foi, et *la main sur la conscience*, n'en avez point vous-même souvent de plus considérables, hélas! et de bien plus choquants?.. Tout le monde s'en aperçoit, tout le monde les voit, s'en plaint, excepté vous; vous qui, avec vos yeux de *lynx* pour observer les défauts d'autrui, demeurez *taupe* et taupe très-aveugle pour les vôtres ! *Talpa in teipsum, et lynx in alios.* Il conviendrait pourtant d'avoir *l'esprit plus juste*, dit excellemment le fin et très-aimable Evêque de Genève, et *se faire acheteur en vendant, vendeur en achetant...* Et c'est toujours le mot du St-Esprit : *Intellige quæ sunt proximi tui ex teipso.* Mais, hélas ! nous serons toujours condamnés à vivre avec des êtres chez qui *l'orgueil* n'a rien qui l'égale, excepté *l'absurde*, et qui chargeront la nature, le tempérament, Dieu, peut-être !.. de leurs vices, de leurs défauts... Puis prêchent *la liberté*, la liberté *inaliénable?..* N'est-ce pas réhabiliter et le *parjure* et *l'adultère?..* Mon Dieu, pardonnez-leur! Ils ne savent pas ce qu'ils disent.

Et ces gens-là, croyez-le bien, *ne disent pas tous les jours leur Chapelet...*

Mais vous qui conservez la foi, vous êtes nécessairement dans l'un de ces trois états : la *ferveur*, la *tiédeur*, ou le *crime*;

De ce dernier état, vous ne sortirez que par la prière, la

même pour une fraction minime, l'Ecole de mes enfants de la Providence.

prière à Jésus par Marie. Oh ! ne l'oubliez pas ! Profitez-en !

De la triste tiédeur, vous ne guérirez que par le même moyen ;

O combien cet état, d'ailleurs très-dangereux, néanmoins est commun !

« Disposée, ce me semble, *à donner ma vie pour
« J.-C. !*... et le quart-d'heure d'après, pas capable, au
« besoin, de *lever une paille*... » nous dit en parlant d'elle-même une très-grande Sainte... (S¹ᵉ Thérèse).

Telle est notre inconstance, notre faiblesse extrême !

Mais êtes-vous dans la véritable ferveur ? — Elle consiste, non pas toujours dans le sentiment, qui change d'un instant à l'autre, mais dans une grande *fidélité*, nous l'avons dit, *aux plus petits devoirs*. — Alors fussiez-vous accablé de peines, de chagrins, de souffrances ; poursuivi par les atroces persécutions, les noires calomnies, devant Dieu, *vous êtes* et vous restez toujours *ce que vous êtes: ni plus saint, si l'on vous loue ; ni plus méprisable, si l'on vous blâme.*

Quod es, hoc es; non sanctior si laudaris, nec vilior, si vituperaris. (Imit. 2. 6. 3.)

Ah ! priez ! puis chantez, en toute confiance :

> O vous que l'infortune afflige
> Ne craignez pas votre douleur :
> L'AMOUR OPÈRE TOUT PRODIGE ;
> IL CHANGE LES MAUX EN BONHEUR.

Diligentibus Deum OMNIA cooperantur in bonum.
(Rom. 8. 28.)

S'il y a quelque préférence, ce sera pour les moins aisés de la chère famille, *que j'aime trop pour leur attribuer, quand je le pourrais, des biens sacrés, qui ne portent jamais bonheur, ni à ceux qui les recevraient, ni à ceux qui les donneraient indiscrètement.*

VARIÉTÉS COMPLÉMENTAIRES
ET
PIÈCES JUSTIFICATIVES.

1°
Petite Prière, très-agréable à Dieu.

J. M. J. ! noms sacrés, noms d'amour, que je prononce encore et que je suis, hélas ! depuis longtemps, très-indigne de prononcer ! je n'ai point cependant, *je n'ai point d'autre espoir qu'en vous :* Ô Jésus ! ô Marie ! ô Joseph !

2°
Acte d'Humilité, d'après le séraphique S. François d'Assise.

Avec les grâces que j'ai reçues de vous, mon Dieu ! le plus grand des pécheurs serait cent mille fois meilleur que moi ! — Et, sans les faveurs que vous m'avez faites, Seigneur, je serais aujourd'hui *mille fois pire* que le plus grand des scélérats ! (1)

---

(1) C'est aussi toujours le mot de S. Augustin : *Non est peccatum, nullum est peccatum, quod fecit aliquis homo, et quod statim facere non possit et alter homo, nisi Deus subveniat...*

3°

Conclusion pratique. (Voir Rodriguez, *Traité de l'Humilité*, ch. 34, p. 182.)

De ces deux paroles nous concluons, avec l'autorité de la parole de Dieu lui-même, que *la prière de celui qui s'humilie pénétrera les cieux.* C'est la pensée dominante de *notre histoire* et de tout le *petit livre : Humilité et confiance, Défiance de soi-même et confiance en Dieu.*

Tel est le double et tout puissant levier, le moyen par lequel on arrive à TOUT, sans lequel on ne fera RIEN ! Et c'est encore la pensée de notre épigraphe :

O Deus ! ô Jesu ! sine te nihil omnia tecum !

Puis, écoutez S. François Xavier : « *Le plus re-* « *doutable danger*, écrivait-il un jour, c'est *de* « *manquer de confiance en Dieu, au milieu des plus* « *grands dangers...* » — Les saints s'entendent, se comprennent : en effet, nous retrouvons là le mot sublime et presque incroyable de Thérèse, compatriote de Xavier : TOUT VA ON NE PEUT MIEUX, CAR... TOUT VA ON NE PEUT PLUS MAL !.... (1) — Pie IX a donc raison de toujours espérer beaucoup. *Je marche avec Dieu*, dit-il souvent, *j'arriverai...*

(1) Et le *Vendredi Saint* n'est séparé du *jour de Pâques* que par un jour, un jour déjà joyeux, un jour d'*Alleluia!*..

4°

Toujours DOUCEUR et FERMETÉ.

Nous ne connaissons rien de pareil à la sagesse de ces paroles de S. Grégoire-le-Grand (*Moralium*, lib. 20, cap. 8), comme *règle de conduite :*

Miscenda est lenitas cum severitate, faciendumque ex utráque quoddam temperamentum ; ut neque multá asperitate exulcerentur subditi, neque nimiá benignitate solvantur. Sit itaque amor, sed non emolliens : sit rigor, sed non exasperans ; sit zelus, sed non immoderatè sæviens : sit pietas, sed non plusquàm expediat parcens. Nous traduisons :

« A la sévérité, il faut savoir unir une sage dou-
« ceur : de l'une et l'autre composer un habile
« mélange ; de manière à ne blesser personne par
« une rigueur excessive, à ne perdre qui que ce
« soit par une bonté sans mesure. Ce sera donc
« de l'amour, mais non de la mollesse ; de la ri-
« gueur, non de l'exaspération ; du zèle, mais un
« zèle qui ne sévit pas outre mesure ; de la dou-
« ceur enfin, mais qui ne passe pas sur le devoir. »

(S. Grég.-le-Grand).

5°

Encore Saint-Pierre de Caen (1).

Dans cette magnifique église, on vient de res-

---

(1) Et pourquoi pas *Saint-Pierre-de-Lisieux ?* Car par-

taurer avec magnificence la chapelle de S. Joseph, en y plaçant aussi des vitraux d'une grande beauté. Nous sommes heureux et justement fiers de constater, d'après le sentiment même de M. l'abbé Hugot, l'éminent curé (aveu impartial, rare et bien généreux), qu'à ces verrières n'ont rien à envier celles de notre incomparable Rosaire de Notre-Dame-du-Plessis; verrières bien connues de M. l'abbé Hugot, qui a pu comparer et prononcer pertinemment entre les deux termes de la comparaison.

La différence et le mérite consisteraient en ce que nous avons eu affaire à des artistes connus de tout le monde, MM. Laurent et Gsell, l'une des maisons les plus célèbres de la capitale, et que nous avons *payé plus cher !* — Merci à nos intelligents bienfaiteurs ! (1)

tout, partout ! même mouvement, même ardeur de restaurations et reconstructions (A): 100,000 fr. votés par l'intelligent Conseil municipal de Lisieux ! 100,000 fr. promis par le Gouvernement pour l'antique Cathédrale ! 80,000 fr. assurés au digne Pasteur pour l'achat d'un orgue déjà commandé !

Heureuse ville ! Plus heureuse paroisse ! 3 fois heureux Pasteur !!!

(A) 40,000 fr. viennent aussi d'être votés, *rien que pour l'achat d'un terrain*, pour la construction d'une nouvelle Eglise dans la petite ville de Vimoutiers (Orne), diocèse de Séez.

(1) En ces travaux comme en beaucoup d'autres, trois

6°

Sentiment de feu M⁰ʳ Didiot sur les peintures exagérées dans les Eglises.

« La ferez-vous peindre, votre Eglise, me dit
« un jour, chez M⁰ʳ Didiot, le très-vénérable M. Mi-

choses font nécessairement à peu près tout pour le succès : *le prix, l'artiste* et *le choix du sujet.*

Le choix du sujet ! Mais comment mieux choisir que d'accepter *le choix de la Vierge* offert *à S. Dominique ?* Car dans ce choix incomparable je n'ai pas seulement un article du dogme catholique, un point de la morale chrétienne ou bien l'exemple d'un saint, comme pourrait être S. Pierre, S. Jean-Baptiste ou S. Joseph.

J'AI TOUT ENSEMBLE, et je ne cesserai de le redire, parce que c'est la vérité, et que jamais je ne puis trop le répéter. J'ai dans le S. Rosaire TOUS LES ARTICLES DU SYMBOLE depuis *Credo, Je crois,* jusqu'à *vitam æternam, la vie éternelle;* TOUT ! enfin depuis l'*Annonciation* jusqu'à *la Résurrection,* que prend pour lui le Rédempteur et qu'il donne à sa Mère et à Son Eglise, à nous tous dans son *Assomption* et *couronnement* dans le Ciel.

J'ai TOUS LES POINTS DE LA MORALE, TOUT LE DÉCALOGUE, très-admirablement, DIVINEMENT prêché *dans les faits,* bien plus éloquemment que par des paroles, dans les exemples de Jésus et de Marie ! JÉSUS, qui se fait DOCTEUR et MODÈLE !

Après cela devrai-je m'étonner de tous les prodiges opérés dans tous les temps, dans tous les pays, depuis son institution, dans l'ordre *temporel* et *spirituel :* conver-

« chel? — *Pour 30 raisons*, non, Monsieur le Doyen,
« lui répondis-je, pour 30 raisons, dont la 1re est
« que *je n'ai pas d'argent*... je ne le ferai pas. Dis-
sions, guerres appaisées, hérésies déjouées et anéanties,
guérisons, *résurrections même*. (V. le *Manuel*, pour la
récitation du Rosaire.)

Aussi, quand je veux faire un bon catéchisme, instruire
même les plus instruits de mes paroissiens et aussi les
étrangers, je les conduis droit à la belle chapelle! et c'est
fête, j'allais dire délicieuse récréation, récompense magnifique pour tous : je leur explique simplement, pieusement,
dévotement, les quinze mystères du Rosaire.

Aussi, je ne suis plus surpris de voir des hommes,
même des plus savants et des mieux posés, ici comme
à Lyon, comme à Caen, à Paris et à Rome, faire leurs délices de réciter *tous les jours le Rosaire*!...

Ainsi LE CHOIX DU SUJET (A), tout d'abord : n'avons-

(A) *Le choix du sujet!... Cui lecta potenter erit res:
Nec facundia deserat hunc nec lucidus ordo.*

(HORACE).

Qui sait bien se fixer par un choix vigoureux,
Tient l'ensemble parfait d'un ordre lumineux.

Le choix du sujet! Res lecta potenter!.., N'est-ce pas
la moitié du succès, sinon le succès assuré?... Ainsi, voulez-vous bien bâtir? — Avant tout, donnez-vous *un bon
plan*... Combien est heureux le chrétien d'avoir pour PLAN
et MODÈLE de sa conduite UN DIEU; JÉSUS-CHRIST même!
Aussi, parmi les SS., les plus SS. et les plus parfaits, toujours seront ceux qui se rapprocheront d'avantage du *MO-
DÈLE DIVIN!...Quos enim prædestinavit conformes fieri
imaginis filii sui... Estote ergò vos perfecti!... Inspice*

« pensez-moi des 29 autres.—N'écoutez donc pas ce
« *curé normand*, reprit l'Evêque : pour de l'argent,
« nous savons assez qu'il n'en manquerait point ;
« mais il a trop de *bon sens*, je vous l'affirme,
« pour *badigeonner* ainsi son Eglise. » — Hélas !
cruel souvenir ! nous étions six ce soir là, six bien
joyeux à table, et des six nous restons deux !....
Il n'y a que 6 ans !

nous pas, *dans le Rosaire*, un *sujet*, ou, si l'on aime
mieux, un *objet*, non pas simplement *fantaisiste*, et d'imagination d'ailleurs respectable et pieuse, mais un *objet de fond*, un sujet parfaitement *catholique, traditionnel, évangélique*.

Ensuite, nous avions affaire à des ARTISTES SÉRIEUX, MM. Laurent et Gsell, dont la réputation européenne et dont les preuves sont faites à Bon-Secours de Rouen et dans combien d'Eglises de la province et de Paris.

Enfin LE PRIX est arrivé : une famille honorable, riche et pieuse, autant qu'intelligente et généreuse, grande propriétaire de Dozulé, habitant la capitale, a surveillé le travail et largement payé.

et fac secundum exemplar... Voilà le modèle et le *plan !...*
Le prix sera le sang d'un Dieu ! Or, avec de tels éléments, comme les saints de tous les pays, de toutes les époques, devenons de bons ouvriers ; faisons-nous habiles *artistes* pour élever à Dieu *des temples de vivantes pierres* dans nos âmes.

7°

Inscriptions diverses.

Nous n'en citerons que quelques-unes. Elles sont pour la plupart une *pensée pieuse*, une *courte prière*. Ainsi :

Au socle de l'une des trois statues de la jolie chapelle de la Vierge, on lit : *O Notre-Dame des Victoires ! faites-nous triompher de l'ENFER, du MONDE et de NOUS-MÊMES !*

Sur un des côtés du piédestal de Notre-Dame de la Salette : *Nous autorisons une fête annuelle EN MÉMOIRE DE CETTE APPARITION.* (Pie IX). (Donc il y croit... 9° décret en faveur de l'apparition ; 2 décembre 1862.) Impossible de dire et faire davantage pour *un FAIT qu'on ne donne pas pour un DOGME.* Aussi Pie IX ainsi clôt le débat.

Enfin, sur le tronc de la même chapelle, au-dessous d'un tableau de l'Assomption, du haut du ciel, la Vierge ne paraît-elle pas vous dire : *Dans ce lieu, NUIT ET JOUR, je vous laisse, je vous donne MON FILS... Pour son amour et pour votre âme, refuserez-vous UNE OBOLE ?*

Et ce *tronc de la Vierge* reçoit, lui seul, incomparablement *plus que tous les autres ensemble*... Vierge, bénissez vos enfants !

8°

Grands effets de petites causes.

LA RUINE DES MÉCHANTS arrivera presque toujours par le *mépris des plus petits devoirs* (1). Et *vice versâ*, les bons se sauvent par leur *fidélité complète !* (2)

Se rappeler la *goutte d'eau* dont parle le P. Rodriguez : 1re goutte sur une poutre ; ce n'est rien,

---

(1) Et qu'on ne nous parle pas ici de *bigoterie* : c'est du simple *bon sens*. Concevrait-on quelqu'un qui craindrait de voler *un centime* et qui volerait *mille francs ?* même un franc ?..

A la raison vient s'adjoindre l'autorité de Jésus-Christ dans l'Evangile : *Celui qui sera injuste dans les plus petites choses, le sera dans les grandes.*

C'est la loi du progrès : trouvez-le donc ailleurs que dans la foi ! Mais la foi n'est que dans l'Eglise.

Donc l'*Eglise* est le vrai *progrès.*

De même, si vous dites bien votre *Chapelet*, qui n'est pas d'obligation, assisterez-vous mal à l'*Office*, à la *sainte Messe*, quand elle vous oblige *sub gravi ?*

Qui viendra soutenir un pareil paradoxe ?

(2) Entre la *fidélité à la Règle* et la *vie de dissipation* dans le monde, nous faisons la même différence qu'entre *l'observance relâchée* et la *stricte observance* dans les monastères. (V. *Abbaye du Val-Richer*, par M. G. Dupont, *passim*). La différence est prodigieuse : il y a toute la distance de la terre au ciel, et du fini à l'infini !..

vraiment rien, moins que rien ! Attendez ! goutte à goutte, voici l'humidité, et, avec le temps, la pourriture de la poutre, qui cède et entraîne la chute de la maison... *Principiis obsta*. — Le remède ? — VIVRE EN SÉMINARISTE... On vous montrera tel pasteur qui, depuis 50 ans, n'a pas manqué trois fois à dire chaque jour son Chapelet (1). Il est bien beau, même encore aujourd'hui, le beau Clergé de France ! oui, le plus beau Clergé du monde ! — Mais il y a des ombres, direz-vous, au tableau. — Que fait Judas contre les Douze ? Quel état, quelle profession n'a pas ses traîtres et ses déserteurs ?

9°

Comptons-nous !..

Et maintenant, s'il vous plaît, COMPTONS-NOUS !
J'ai dit que l'on nous calomnie, avec l'Evêque d'Orléans, quand on prétend que nous prêchons *le désespoir et la peur*. Nous prêchons *l'Evangile*, qui promet *à chacun selon ses œuvres*, et voilà tout.

Dans tous les cas, oui, comptons-nous :
Un seul prêtre, une seule âme selon le cœur de

_____
(1) Dans son *Examen sur les Tentations*, qui, comme la plupart des autres, est un petit chef-d'œuvre de bon sens et de sage direction, le P. Tronson, Sulpicien, donne la *fidélité à la Règle*, comme le plus puissant remède contre la *tiédeur*, cette *peste des âmes*...

Dieu, une âme parfaite, un Vincent de Paul, une Thérèse, une bergère ou de Pibrac ou de Nanterre, font des prodiges et sauveraient des mondes, entendez-vous ?..

Par chacun de leurs soupirs, unis aux MÉRITES INFINIS du Rédempteur, ils posent des actes qui ont leur RETENTISSEMENT AUX QUATRE VENTS DU CIEL, *aux quatre coins du monde.*

Mieux encore : de ces horribles profondeurs des gouffres embrasés où s'achèvent de purifier les âmes saintes, jusqu'aux hauteurs du firmament, où triomphent les Bienheureux, leur *action* est *comprise, efficace* et *continuelle...*

Mais il n'y a pas qu'une âme sainte, ou un seul prêtre dont Chrysostôme a pu dire : *Christianus,* mais surtout, *sacerdos alter Christus :* Tout prêtre, toute âme chrétienne est un autre J.-C. O chrétien ! comprends ta noblesse ! apprécie ta grandeur : *agnosce, ô Christiane, dignitatem tuam.*

Et je compte en France seulement, de prêtres, au moins 50,000, ci. . . . . 50,000.
De Religieux et Religieuses, moitié plus : 100,000.
De Catholiques, en France, pr le moins : 30 millions.
De Catholiques, dans le monde, près de : 300 millions.
A chacun d'eux, (de par la foi catholique), autant
    d'anges Gardiens. . . . . 300 millions (1).

(1) « Si Dieu, dit le grand Bossuet, (avec S. Augustin,
« S. Chrysostôme, S. Thomas), ne comprimait la fureur
« des démons, *le moindre d'entre eux tournerait le*

Assez belle armée de, par conséquent : 600 millions !

Que dire des milliers et des milliards d'Esprits célestes qui assistent au Trône du Grand Roi ? Car, *millia millium ministrabant ei et decies millies centena millia assistebant ei.* (Dan. 7. 10.)

Nous avons donc raison de redire, avec un autre prophète : Ne craignez pas ; nos amis sont plus nombreux que nos adversaires : *plures sunt nobiscum quam cum illis.*

Appellerez-vous cela prêcher le découragement ou la peur ?.. Alors surtout qu'à cette *troupe assez respectable* se joint en tête Celle qui vaut, Elle seule, *toute une armée en ordre de bataille ?*... Alors que le Seigneur des armées, dès que nous l'invoquons, combat aussi pour nous ? *Quis contrà nos ?..* Serrons nos rangs ! — Armons-nous de la

« *monde entier* avec la même facilité qu'un enfant, dans
« sa main, fait tourner *une petite boule,* instrument de
« ses jeux. Or, si telle est, *même après la chute,* la puis-
« sance des mauvais Esprits, quelle ne sera pas toujours
« pour nous celle des bons ? »

(BOSSUET, Serm. *sur les démons*).

Et n'oublions pas le défi porté par le grave Tertullien aux païens de son temps, défi solennel, de lui amener un possédé quelconque, que *le premier venu* d'entre les Chrétiens, *A QUOLIBET CHRISTIANO,* ne puisse délivrer à l'instant même, par un simple signe de croix ; et si le Chrétien ne réussit, ajoute fièrement Tertullien : qu'on le massacre sans délai, là même, là même ! *Ibidem ! Ibidem !*
(BOSSUET, *ibid.*)

foi, de la pénitence, de la prière ! (1) puis, en avant ! *Quis est Deus ?..*

Non! grand Evêque, vous n'êtes point lâche comme ceux qui n'ont que le *triste courage d'accuser !* et d'accuser sans preuves, sans raisons. D'un regard d'aigle, vous avez mesuré l'abîme, vous avez vu la profondeur du gouffre !.. et vous avertissez des insensés qui, les yeux bandés, marchent sur des volcans, et sont bien loin de s'en douter.

Il est d'un grand cœur comme le vôtre d'envisager en face le péril, ce grand PÉRIL SOCIAL, L'ATHÉISME PRATIQUE (2); oui, l'envisager en face, seul moyen de le conjurer. Vous criez au secours ! au feu ! car vous n'êtes point le seul menacé. Qu'on vous entende ! qu'on réponde ! Dieu, appaisé se lèvera ! L'ennemi sera confondu ! Une fois de plus, la patrie, la société, rendues à Dieu, PAR L'EGLISE, seront sauvées ! Et, après tout, ne périra que *le fils de la perdition...* Comment s'en désoler, craindre ou perdre courage ? De notre grand Dieu, ainsi que la bonté, tôt ou tard, la justice ne doit-elle pas avoir son cours? *Justus es, Domine, et rectum judicium tuum.*

Et n'est-il pas de la plus élémentaire équité que les méchants, puisque, *par le bienfait de la liberté,* ils peuvent trop souvent triompher ici bas, soient

(1) L'APOSTOLAT DE LA PRIÈRE, dans ces jours mauvais, nous le savons et l'avons démontré, fait encore des merveilles, de vrais prodiges.
(2) Dieu n'est plus *connu:* comment serait-il *aimé?..*

punis dans un autre monde, comme les bons, opprimés sur la terre, seront, au ciel, récompensés? Comment! Est-ce que vous oserez dire cruel le magistrat qui purge la société du meurtrier, du brigand et du parricide, en leur faisant *à tous justice?...* LA JUSTICE! LA JUSTICE!... crions-nous tous les jours, au contraire, en applaudissant des deux mains à des mesures sévères, mais indispensables, et sans lesquelles la société, le monde entier n'est plus qu'un repaire de brigands.

De même ce grand Dieu, obéi et servi, non par des automates, mais par des *êtres moraux* et *parfaitement libres*, est glorifié non pas seulement par les bienheureux, qui, dans un bonheur sans fin et sans mesure, exalteront sa BONTÉ et sa miséricorde infinies; mais glorifié aussi par les rebelles, enfin vaincus, qui ne pourront attribuer qu'à eux-mêmes, et à eux seuls, leur malheur, rediront éternellement SA JUSTICE ; attribut non moins essentiel à son être divin que sa miséricorde! *Justus es, Domine, et rectum judicium tuum!*

Est-ce que la joie et le bonheur des Elus, soit ici-bas, soit dans le ciel, en seraient le moins du monde troublés (1)? Au contraire, ils répéteront : *Justus es, Domine! et rectum judicium tuum!*

(1) Dites-moi : il y a toujours à Brest, à Toulon, des forçats malheureux qui traînent le boulet... Ils sont à plaindre; mais *quelqu'un d'entre nous en dormira-t-il moins tranquille?..* Tout au contraire, ce me semble... LA JUSTICE! LA JUSTICE!!! pour le repos du monde.

Vous êtes juste, Seigneur, et tous vos jugements sont équitables !

En quoi cela ressemblerait-il, s'il vous plaît, à la peur ou au découragement ? — La paix donc, la *joie véritable*, le vrai bonheur, s'il se trouve ici-bas, seront toujours le partage de ceux qui aiment Dieu. Même au milieu des plus effroyables calamités, et particulières, et publiques (1), eux seuls

---

(1) « Et si Dieu contre nous, pour notre amendement, paraît pour un temps irrité, ah ! nous en avons le doux espoir, bientôt il nous pardonnera : *sed iterum reconciliabitur servis tuis*. Tandis que vous, qui que vous soyez, persécuteurs de ses enfants et de son Eglise, n'allez pas vous enfler de vaines espérances : *noli frustrà extolli vanis spebus*, ô les plus criminels et les plus scélérats des hommes ! vous n'échapperez point à sa colère, aux jugements terribles du Tout-Puissant qui pénètre tout de ses infaillibles regards. » (2 Mach. 7. 33.) — Jamais la différence du sort des bons et des méchants, même pour cette vie, ne fut plus magnifiquement, plus *divinement définie !*...

Si l'impie semble avoir quelque joie, ce n'est qu'une joie de démon ; semblable au ricanement infernal de VOLTAIRE, ce grand *professeur de mensonge*, le plus vil des mortels, le plus sale et LE PLUS LACHE DES FRANÇAIS (A) ; trois fois indigne de ce beau nom, son rire af-

(A) Qui ne connaît ses bassesses, ses révoltantes platitudes vis-à-vis de l'orgueilleux Frédéric II, roi de Prusse ?
« Les Français, lui écrivait-il, *les Velches*, ne sont que *le résidu, les excréments du genre humain !*.. »
Voilà les philosophes *à la mode !*
Voilà des gens qui vous parlent d'indépendance !!
Voilà le monstre à qui le *Siècle* élève *des statues !!!*

connaîtront le secret de *toujours se réjouir* : *Gaudete in Domino SEMPER !*

10°

Trois Ouvrages nouveaux : 1° l'art de se réjouir toujours; 2° l'Abbaye du Val-Richer; 3° l'Abbaye de Saint-Pierre-sur-Dives.

A ce propos, nous pensons rendre un vrai service à notre *société malade*, à l'humanité tout entière en indiquant un petit livre, ancien déjà, traduit récemment de l'italien, par M. Maxime, de Mont-Rond : L'ART DE SE RÉJOUIR TOUJOURS (1).

Ireux est *un rire* de Satan. Il commence son enfer ici-bas ; alors que, même ici, le juste a l'avant-goût du Paradis. Dans l'infortune, comme Job sur son fumier, dans les tourments, comme les Martyrs, comme J.-C. sur la croix, il est comme dans un festin continuel (A).

L'univers, en tombant, pourra bien l'écraser ; mais l'effrayer ? — Jamais (B) ! Sa mort est le soir d'un beau jour.

(A) *Secura mens quasi juge convivium.* — *Nunquàm adeò jucundè sumus epulati.*

(B) *Impavidum ferient ruinæ* — (horat.) *Non contristabit justum quidquid ei acciderit !* Il ne se démonte jamais. Ainsi Pie IX : Il est bien entendu que, *quand tout appui humain aura disparu*, ALORS DIEU PARAITRA !...

(1) Pour vous donner envie de vous le procurer, il m'aura suffi de copier ici le titre de quelques-uns de ses 15 ou 16 admirables petits chapitres :

Ainsi, Ch. 1ᵉʳ. Que la paix doit se chercher AU DEDANS

par le R. D. Alphonse de Sarasa. — Lille : 1847. — Lefort, imprimeur.

___

et NON AU DEHORS DE NOUS. — L'unique cause de nos inquiétudes dans le monde, c'est l'idée que *rien ne s'y opère justement.* — Pour avoir la paix de l'âme, il faut *se corriger de cette folie.* — Persuadez-vous que *tout va à votre gré*, et vous aurez la paix, la joie du cœur.

Ch. 3e. Que le monde est régi par la Providence. — Que DIEU PREND SOIN DES PLUS PETITES CHOSES...

Ch. 6e. Que DIEU TOURNE EN BIENS LES MAUX DE L'UNIVERS...

Ch. 7e. Qu'on ne doit pas s'indigner de la FÉLICITÉ DES IMPIES, *Dieu la permettant avec* GRANDE SAGESSE...

Ch. 9. Ce qu'on doit penser *des calamités publiques*...

Ch. 11. Qu'on doit se réjouir même *dans la douleur.*

Ch. 15-16. Et même *dans la mort.* — Donc *partout et toujours paix inaltérable* : GAUDETE IN DOMINO SEMPER !

___

Je veux encore citer 2 *Ouvrages nouveaux*, dont tout le pays, avec bonheur, saluera l'apparition :

C'est d'abord l'ABBAYE DU VAL-RICHER — *Etude historique;* par M. Gustave Dupont, Président du Tribunal de Valognes.

Avec un charme incomparable, l'auteur, dans cette Esquisse très-savante, nous fait assister aux faits les plus intéressants de l'*Histoire de l'Eglise et de France pendant 700 ans*, sans perdre un seul instant de vue son monastère vraiment célèbre du Val-Richer.

___

Puis, c'est L'ÉGLISE DE L'ABBAYE DE SAINT-PIERRE-SUR-DIVES, par M. l'abbé J. Denis, curé d'Authie.

Il faut lire en entier ces deux ouvrages. Et je défie qui-

Tirée de l'Evangile même, et de la plus droite raison, c'est la plus douce, la plus belle, la plus

conque les touchera de ne pas les dévorer par entraînement, tout d'un trait!

De ce dernier nous citons uniquement, comme spécimen, les quelques lignes qu'on va lire :

« Dans les gracieuses légendes, il y avait, dit M. de
« Beaurepaire, une part intéressante pour la rivière de la
« DIVE, la DIVINE, DIVA! Au jour où les hommes affluè-
« rent pour élever sur ses bords une Basilique digne de
« Dieu (à Saint-Pierre-sur-Dives) digne du Dieu, leur
« Créateur et le sien; quand les travailleurs se présentè-
« rent pour la traverser et lui demander passage, voilà que
« les ondes du petit fleuve se replièrent des deux côtés
« sur elles-mêmes, comme jadis les vagues de la Mer-
« Rouge, et les eaux du Jourdain !..

« Ce fait est mentionné au *Grand Recueil des historiens*
« *des Gaules et de la France.*

(« *Revue de Rouen*, année 1850. »)

Ce fait, bien de nature à exciter des étonnements, m'étonnerait beaucoup s'il n'excitait des incrédulités. Pour moi, je ne suis pas assez incrédule pour m'étonner qu'il se trouve trop d'ignorants qui ne connaissent pas mieux leur *histoire locale* que l'*histoire de France.*

Comment connaîtraient-ils l'*histoire de l'Eglise?*

D'autre part, ils ignorent *les miracles de l'Evangile,* comment connaîtraient-ils les merveilles de notre histoire?... On ne doit pas trop exiger de leur intellect borné...

Quoiqu'il en soit, dans tous les temps, dans tous les lieux du monde, voire même dans nos contrées jadis so-

consolante philosophie que l'on puisse enseigner jamais.

11°

LES DEUX RÊVES.

1° *Le rêve terrible.*

C'était le soir. Nous étions à la veille de la fête du Saint-Rosaire 1866 : le temps était obscur. Tout-à-coup, vers le sud, le ciel se couvre de nuages transparents. Au milieu se dresse un trône, un trône merveilleux ; sur ce trône vient s'asseoir une grande Dame !

La Sainte-Vierge ! la Sainte-Vierge ! s'écrie-t-on à l'instant de toutes parts.

Avec une douce majesté mêlée d'une apparence

lidement chrétiennes, le ciel se plut à renouveler, *même sur un petit fleuve (dont toutes les gouttes d'eau devraient aujourd'hui se changer en autant de larmes)* les prodiges des temps anciens... (A).

Et, dans ce petit livre, ami lecteur, sans viser à *l'esprit*, ni même à *la malice*, je vous aurai dit bien des choses. De la malice ? mais je n'en eus jamais !.. De l'esprit ? moins encore.

Ah ! *l'esprit court les rues*, a dit un homme de *véritable esprit* ; mais le bon sens ?... *attrape qui peut :*
      Qui potest capere, capiat.   (Matth. 19. 12.)

(A) Ne pleure plus fleuve béni ! Applaudis plutôt des deux mains à ces merveilles de restaurations pieuses que tu vois enfin s'opérer sur tes rives et partout ; pour rappeler partout, ainsi que parmi nous, la foi antique et bienfaisante de nos pères !
    FLUMINA PLAUDENT MANU. (Ps. 97. 8.)

de tristesse, la Grande Dame vers nous s'incline légèrement, puis se redresse. C'était bien la Vierge Marie !..

Miséricorde ! Miséricorde pour tous ! s'écrie-t-on encore de tous côtés.

Sur un fauteuil, à côté de la Vierge, est déposé, par un ange au visage sévère, un meuble enveloppé.

De son doigt, la Vierge le touche, et c'est un drap mortuaire ! qu'elle jette étendu sur la terre !

Un cri par moi poussé à l'instant me réveille. — J'avais rêvé... (1)

2° *Le rêve rassurant.*

Heureusement, quelques jours auparavant, j'en avais fait un bien plus consolant. De cette fois, c'était au lever de l'aurore, *dans la fraîcheur d'un beau matin :*

Un brillant arc-en-ciel aux mille couleurs variées, éblouit nos regards. Bientôt sa forme *cintrée* devient *ogivale ;* et, par un prodige également subit, également éblouissant, tout le ciel, dans un horizon parfait, qu'il m'est donné de contempler d'une tour élevée sur une très-haute montagne, le ciel tout autour de nous resplendit de cent millions de ces arcs-en-ciel, sous la forme ogivale !!!

(1) Il est une *miséricorde sévère,* comme aussi une *justice miséricordieuse...* La Vierge clémente annonce-t-elle par le châtiment un retour au bien ? Tout semble encore le présager,... Espérons !

Une immense ouverture, à leur point de jonction supérieure, laisse entrevoir, ou soupçonner quelque chose des merveilles du Paradis. Je me réveille de nouveau ; et j'avais encore rêvé...

Image ! Image de nos Eglises, qui se reconstruisant un peu partout aujourd'hui dans ce **STYLE CÉLESTE ET TOUT DIVIN**, style qui seul rend la pensée chrétienne et catholique, nous ouvriront le ciel !...

. . . .

Rêve ! direz-vous, pur et très-simple rêve ! — Et qui vous a dit le contraire ?.. *Je ne vous parle que d'un rêve...* Et depuis quand tout citoyen, *même français,* n'aurait-il son plein droit de rêver ?.. *Ni prophète, ni fils de prophète, je ne vous parle point de prophétie...* Mais patience, attendons...

Ne m'écoutez pas : écoutez le *Bâtard-Conquérant,* encore à demi barbare, et qui vous crie néanmoins :

« *Les Monastères, les Eglises, les Abbayes seront*
« *les forteresses de ma Normandie !..* Relevez ces
« vieux monuments ! Par là, honorant Dieu et la
« Vierge, et propageant la foi, vous éviterez les
« terreurs du premier Rêve, pour jouir des mer-
« veilles du second...

12°

Je dis ce que je veux ; ne me faites pas dire
Ce que vous voudriez ; je ne veux pas médire.

(Mis DE BOISSY.)

EXEMPLAIRE CHATIMENT

D'UN

DÉTRACTEUR INSIGNE

DE NOTRE SAINTE DÉVOTION.

(Extrait du *Manuel* du Très-Saint Rosaire, p. 379, par le R. frère André Fradel, des frères Prêcheurs.)

S'il est bon et avantageux de pratiquer la dévotion du Rosaire et d'en insinuer l'amour aux autres, il est funeste, au contraire, de la mépriser et d'en détourner son prochain. L'exemple suivant nous le prouvera.

Le bienheureux saint Dominique prêchait publiquement le Rosaire à Carcassonne (1). Le peuple

(1) Ancienne et belle ville du Languedoc, aujourd'hui chef-lieu du département de l'Aude. Un fait de cette nature accompli en présence de tous les habitants d'une grande ville, pourrait-il être contesté, quand d'ailleurs il est rapporté par les historiens de l'époque?
Mais rien ne doit plus étonner :
Il est des gens qui nieront le soleil en plein midi...
Qu'y faire ? — Les enfermer à Charenton.

accueillit avec faveur sa parole, et commençait à pratiquer cette nouvelle manière d'honorer Marie, quand un hérétique albigeois, jaloux des succès de l'homme de Dieu, diffama le Saint, l'accabla de calomnies, et, son insolence croissant, alla même jusqu'à le contredire en présence de tout le monde; ce qui détourna plusieurs hérétiques de bonne volonté de se convertir et de se consacrer au culte de la Mère de Dieu.

La Providence ne laissa pas impunie la malice de cet homme. Par un terrible décret, elle le livra aux mains des puissances infernales : une multitude d'esprits impurs entrèrent dans son corps et le possédèrent. Dès lors, saisi d'une rage frénétique, il déchirait ses habits avec fureur et se livrait à une foule d'extravagances. Ses parents voulurent le contenir par la force. Mais de simples cordes ne leur suffirent pas pour se rendre maîtres de sa personne : il leur fallut des chaînes de fer. Dans cet état, le malheureux hurlait, blasphémait, et, ce qui ne plaisait pas à tous, il découvrait publiquement les péchés d'un grand nombre.

Alors ses parents et ses amis résolurent de le conduire à saint Dominique. Il leur fit une opposition violente ; mais ils le traînèrent en la présence du Saint, un jour qu'il adressait au peuple une grande prédication sur la place publique.

Saint Dominique demanda aux démons : « Pourquoi êtes-vous entrés en cet homme ? » Ils répondirent : « C'est premièrement à cause de son irrévérence envers la Vierge Marie. C'est ensuite pour son incrédulité. Depuis un mois cet hérétique t'a entendu prêcher le culte de la Vierge : il n'a pas voulu croire à ta parole ; au contraire, il t'a fait tout le mal dont il était capable. C'est pourquoi, forcés par un juste jugement de Dieu, à qui nous ne pouvons résister, nous sommes entrés dans le corps de ce blasphémateur. C'est bien malgré nous. Nous ne voulons pas le tourmenter : il nous gagnait tant d'âmes ! — Pourquoi donc, répliqua saint Dominique, n'avez-vous pas empêché que l'on m'amenât cet homme ? — Une force supérieure nous contraint, répondirent-ils. Dieu veut nous confondre. Nous sommes obligés de nous avouer vaincus. Oh ! que nos intérêts vont en souffrir ? »

Alors saint Dominique leur demanda : « Tout ce que j'ai prêché publiquement du culte de Marie est-il vrai ? » Les démons firent entendre des voix affreuses, et ils s'écrièrent : « Maudite soit l'heure à laquelle nous sommes entrés dans cette boue impure ! Malheur à nous éternellement ! Pourquoi n'avons-nous pas suffoqué ce misérable avant qu'on l'amène ici ? Maintenant il est trop tard, nous ne pouvons plus rien contre lui ; car tu nous retiens, ô Dominique, pour nous brûler avec des flammes ardentes. Des chaînes de feu épouvantables nous contraignent à publier la vérité malgré les pertes certaines qui vont en résulter pour nous. Chrétiens et chrétiennes, écoutez donc, et sachez-le bien : Tout ce que Dominique a prêché de Marie et de son culte est entièrement conforme à la vérité. Si vous n'ajoutez pas foi à ses paroles, de grandes calamités vous attendent. »

Après plusieurs autres questions, saint Dominique leur dit enfin : « Quelle est dans le ciel la créature la plus redoutable pour vous et la plus digne en même temps de l'amour et du culte des hommes ici-bas ? » A cette demande les démons jetèrent un cri perçant, et les assistants, terrifiés, tombèrent à la renverse. Mais le Saint, imposant silence à ces esprits, rendit le courage au peuple. Toutefois saint Dominique pressait les démons de répondre. Mais eux de se plaindre et de se lamenter. « O homme de Dieu, s'écriaient-ils, pitié pour nous misérables ! nous te promettons de ne jamais te nuire. Tu es bon à l'égard des pécheurs, et, tu le sais bien, nous sommes les plus grands et les plus maudits. Pourquoi donc te plaire aux tourments qui nous dévorent ? Ah ! contente-toi des peines de l'enfer que nous endurons, et laisse-nous tranquilles. »

Le Saint dit : « Je cesserai de vous tourmenter quand vous aurez satisfait à ma question. »

« Au moins, répliquèrent-ils alors, laisse-nous le dire à toi seul, en secret, nous t'en conjurons ! et non devant cette multitude d'hommes et de femmes : nous y perdrions trop ! — Peine inutile ! dit le Saint, hâtez-vous de parler à haute, claire et intelligible voix. »

Mais ces esprits rebelles se taisaient toujours, et se livraient à de tristes lamentations. Saint Dominique, les voyant obstinés à ce point, se prosterna à terre, et adressa cette invocation à la Reine du ciel : « Très-sainte Vierge Marie ! ah ! par la vertu de votre Rosaire, forcez les ennemis du genre humain à répondre à ma question. » Il parlait encore, et l'on vit sortir des flammes des oreilles, du nez et de la bouche du possédé. Personne des assistants néanmoins n'en éprouva de dommage. Le peuple, tremblant de crainte et de frayeur, se munit du signe de la croix. Et les démons disaient : « Nous t'en conjurons, ô Dominique, par la passion de Jésus, par les mérites de sa très-sainte Mère, par les prières de l'Eglise, laisse-nous sortir d'ici. Lorsque tu le voudras, les anges t'instruiront. Pour nous, nous sommes menteurs et trompeurs. Les chrétiens n'ajoutent aucune foi à nos paroles. Laisse-nous donc tranquilles, aie pour nous un peu de compassion. »

« Vous ne méritez pas d'être écoutés, » répondit le Saint. Puis se mettant encore à genoux, il fit cette prière : « O très-sainte Mère de la Sagesse incarnée, ce peuple connaît déjà ce culte du Rosaire, qui vous est si cher. Ah ! pour le salut de ces âmes, je vous en prie, forcez vos adversaires à dire clairement la vérité sur ce que je leur demande.

A ces mots apparurent soudain une multitude d'anges couverts d'une armure d'or, et au milieu la bienheureuse et glorieuse Mère du Sauveur, qui, avec un sceptre d'or frappant le possédé, lui enjoignit de répondre aux questions de son serviteur Dominique. Le peuple ne fut pas témoin de ce spectacle. Le Saint seul fut favorisé de cette vision.

Les démons s'écrièrent : « O notre ennemie et notre perte ! Ô notre confusion ! Pourquoi êtes-vous descendue du ciel pour nous tourmenter ici ? Ah ! c'est vous qui empêchez l'enfer de se remplir. Vous priez pour les pécheurs en puissante avocate, et vous êtes pour eux la voie du ciel très-sûre et très-certaine. Il faut donc vous répondre sans retard. Nous ne voulons pas ; nous résistons, et pourtant à nous de découvrir la vérité, de publier nous-mêmes le moyen et la manière de nous confondre ! Ô nécessité cruelle ! ô affreuse malédiction ! Ecoutez donc, chrétiens, ajoutèrent-ils : la Mère de Jésus est toute-puissante pour préserver ses serviteurs de l'enfer. Le soleil chasse les ténèbres ; ainsi dissipe-t-elle nos machinations et nos piéges. Aucune de nos tromperies ne lui échappe, elle anéantit toutes nos ruses. Hélas ! nous sommes forcés d'en faire l'aveu : Nul ne se perd avec nous qui se consacre au culte de Marie et y persévère. Un seul de ses soupirs offert à la très-sainte Trinité surpasse en excellence et en vertu les prières et les vœux des autres saints. Aussi nous la craignons elle seule plus que tous les autres ensemble. Impossible de vaincre un seul de ses serviteurs fidèles. A l'heure de la mort, s'ils l'invoquent, elle en sauve malheureusement pour nous un grand nombre de ceux qui nous appartiennent. Si cette femme (1) ne nous retenait et ne réprimait nos efforts, poursuivirent-ils en exhalant leur rage, dès longtemps nous aurions exterminé l'Eglise ; souvent nous aurions fait perdre la foi à toutes les classes de la société chrétienne. Mais nous sommes contraints de vous le révéler : Aucun de ceux qui persévèrent dans la dévotion prêchée par Dominique ne subira les tourments de l'enfer. Marie obtiendra à ses serviteurs fidèles une vraie contrition de leurs péchés et la grâce d'en faire une confession salutaire. »

Après ces aveux horriblement pénibles à l'enfer, le Saint invita les assistants à réciter à haute voix le très-saint Rosaire en entier, et il commença lui-même. Or, à chaque *Ave* récité par le Saint et le peuple à la fois, une foule de démons sortaient du corps de l'infortuné en forme de charbons ardents. Marie était présente, quoique invisible au peuple. Le Rosaire terminé, elle donna sa bénédiction à l'assistance et disparut. Quant au possédé, entièrement délivré, il resta sain et sauf devant saint Dominique (2).

(1) Textuellement : Si cette *mariotte*.
(2) B. Jordanus, B. Alan, Rup. et alii.

. Cette manifestation convertit une multitude d'errants. Elle nous enseigne à nous-mêmes non seulement les châtiments réservés aux blasphémateurs du Rosaire, mais encore les trésors de grâce et de salut renfermés dans cette dévotion, si redoutable aux puissances infernales.

A PROPOS
DE L'ANNONCE DU PETIT LIVRE:

L'ART DE SE RÉJOUIR TOUJOURS.

« Un des reproches les plus communs que les
« incrédules font à la religion, c'est que ses dog-
« mes, sa morale, ses pratiques semblent faits pour
« nous attrister, pour nous interdire toute sorte de
« JOIE et de plaisirs ; que la piété, ou la dévotion,
« n'est dans le fond qu'un accès de mélancolie ;
« qu'un chrétien régulier et fervent doit être le
« plus malheureux des hommes. Telle est, dans
« toute sa force, l'objection qui paraît spécieuse
« et séduit un grand nombre de gens irréfléchis,
« Nous y répondons aisément, promptement.
« Cette prévention ne s'accorde guère avec le
« langage de nos livres saints (1). Continuellement

(1) Voir la *Concordance*, au mot LÆTITIA, répété 90 fois, et au mot GAUDIUM, son synonyme, répété 150 fois dans l'Ancien et le Nouveau Testament.

« le Psalmiste exhorte les adorateurs du vrai Dieu
« à *se réjouir*, à se livrer aux plus doux transports
« de la JOIE ; il invite tous les hommes à *goûter*
« *combien le Seigneur est doux ;* il ne regarde
« comme *heureux que ceux qui servent le Sei-*
« *gneur, qui connaissent et méditent sa loi, et qui*
« *y conforment leur conduite* (1). S. Paul exhorte
« de même les fidèles à *se réjouir,* et à SE RÉJOUIR
« TOUJOURS *dans le Seigneur* (2) ; à *chanter de tout*
« *leur cœur des hymnes et des cantiques pour louer*
« *Dieu ;* il dit que le *royaume de Dieu* en ce monde
« ne consiste *point dans les voluptés sensuelles,*
« mais dans la *JOIE et la paix du Saint-Esprit* (3). Il
« proteste qu'*au milieu des travaux et des peines*
« de l'apostolat, il est *comblé et transporté de joie,*
« IL SURABONDE DE JOIE (4) !!!

« Les saints, dans tous les siècles, ont répété la
« même chose. Ceux qui avaient mené d'abord
« une vie peu chrétienne ont attesté, après leur
« conversion, qu'ils jouissaient d'un sort plus heu-
« reux, qu'ils goûtaient une JOIE plus douce et
« plus pure qu'ils n'avaient fait lorsqu'ils se li-
« vraient au plaisir. Tous ces hommes vertueux
« ont-ils été des imposteurs, ou le christianisme

---

(1) Philip. 3. 1.
(2) Ephes. 5. 19. Coloss. 3. 16.
(3) Rom. 14. 17.
(4) II. Cor. 7. 4.

« a-t-il changé de nature pour devenir *une reli-*
« *gion triste et lugubre ?*

« Que Dieu, touché de compassion envers le
« genre humain, ait daigné envoyer et livrer son
« Fils unique pour nous sauver ; que, par les mé-
« rites de ce divin Rédempteur, il distribue plus
« ou moins abondamment à tous les hommes des
« grâces pour les conduire au salut ; que nous
« ayons pour juge un Dieu qui a voulu être notre
« frère, afin d'être miséricordieux (1) ; que les
« souffrances inévitables à la nature humaine
« puissent devenir pour nous le principe d'une
« éternité de bonheur : voilà des dogmes qui ne
« sont certainement pas destinés à nous effrayer
« et à nous attrister, mais à nous réjouir ; et ce
« sont précisément les dogmes fondamentaux du
« christianisme.

« Nous convenons que, pour en établir la
« croyance, il a fallu que les apôtres et les fidèles
« fussent exposés aux plus rudes épreuves, à per-
« dre la vie dans les tourments : ce sont là des
« sujets de tristesse et de larmes que Jésus-Christ
« leur avait annoncés ; mais il leur avait prédit
« aussi que *leur tristesse serait changée en JOIE* (2):
« il ne les a pas trompés.

« Si le sentiment d'un philosophe païen peut

(1) Hébr. 2, 17.
(2) Joan. 16. 22.

« faire plus d'impression sur les incrédules que
« celui des auteurs sacrés et des saints de tous les
« siècles, nous les invitons à lire le Traité de Plu-
« tarque contre les Épicuriens, dans lequel il dé-
« montre qu'*on ne peut être heureux en vivant au
« gré de ses passions ; qu'il y a de la folie à se pri-
« ver des consolations que donne la religion*, MÊME
« PENDANT LA VIE. Le philosophe était-il un enthou-
« siaste, un insensé, ou un esprit faible, tel que
« les incrédules ont coutume de peindre les saints
« du christianisme ? Ils devraient essayer du moins
« de répondre aux arguments de Plutarque ; au-
« cun d'eux ne l'a encore entrepris. » (1)

Ce serait essayer l'apologie du crime, même contre un païen !

O chrétiens du siècle XIXe, n'en êtes-vous pas arrivés à cette énormité ?...

Hé bien ! faisons parler les *temps*, les *lieux* et les *personnes* :

Que vous disent les siècles depuis Lucifer, Adam, Caïn, Esaü, Saül, Antiochus, et toute la race des méchants, des pécheurs ? Sont-ils dans la JOIE ?...

Et si vous parcourez toutes les parties du monde ancien ainsi que du monde moderne, comptez, si vous y parvenez, les calamités, les désastres et

---

(1) Voir Bergier, *Dictionnaire théologique*, au mot JOIE.

les ruines amoncelés par l'avarice, la volupté, l'orgueil? Y voyez-vous beaucoup de JOIE?...

Ferez-vous parler les *personnes?* Demandez à l'*individu* les ravages étranges qu'exerce le crime sur son *intelligence,* sur son *cœur,* SUR SON CORPS MÊME !... c'est à frémir! Puis, passez au foyer domestique, interrogez la *famille :* est-elle dans la JOIE en même temps que dans le crime? Mais voyez les *sociétés,* les *gouvernements* et les *nationalités?* Ah! partout il vous sera dit : L'ennemi du peuple est le crime; oui, son seul ennemi, c'est le péché, *miseros facit populos peccatum.*(Prov. 14. 34.)

Et encore, tenez pour certain que je n'ai rien dit. Nous n'avons parlé que de la *terre ;* et le péché, le mal moral, ennemi acharné de l'homme, est encore l'ennemi juré de Dieu lui-même, qu'il attaque jusque sur son trône dans le *ciel !...* Faites parler aussi le *Calvaire,* le *Purgatoire,* l'*Enfer...*

Et la *paix,* et la JOIE ne reviendront à la terre que le jour où, vainqueur de l'enfer et triomphateur de la mort, qu'il engloutira dans la sienne, en prenant sur lui les péchés de tous les hommes, de tous les pays, de toutes les époques, enfin ressuscité, le Christ entonnera notre *Alleluia* catholique, en attendant l'*Hosanna* éternel... Donc, la JOIE ne se trouve que dans l'ÉGLISE, en attendant le CIEL !!!

L'ANCIENNE PRÉFACE DE LA DÉDICACE

Finalement, par où pourrions-nous mieux terminer que par quelques mots et simples réflexions sur notre ancienne et justement regrettée *Préface diocésaine* de la *Dédicace de l'Eglise ?*

Je ne trouverais nulle part, ami lecteur, à vous présenter un plus suave *bouquet spirituel*.

C'est l'histoire de l'homme sur la terre. (1)

Qu'est, en effet, l'homme, le chrétien, ici-bas dans l'Eglise ? — *Voyageur, matelot, soldat !* — Il cherche un *toit*, le *port*, la *paix*. *Voyageur* : Il cherche le repos, un toit et sa demeure. Or, l'Eglise, qu'est-elle pour nous tous, sinon notre maison, *Domus ?* — *Hæc est enim verè Domus orationis, visibilibus ædificiis adumbrata, templum habitationis gloriæ tuæ, sedes incommutabilis veritatis sanctuarium æternæ caritatis.*

Que pourra-t-il ici manquer à l'homme *voyageur ?* Dans l'Eglise visible, image, dans ses murs, d'une Eglise invisible, meilleure et plus parfaite, il a pour son *Esprit*, *la Vérité* immuable, qui siége

---

(1) L'Eglise le prend au *berceau* pour ne le quitter qu'au *tombeau...*

dans nos CHAIRES *chrétiennes*, il a pour son *cœur* cette éternelle *charité* qui n'est autre que Dieu lui-même, (*Deus caritas est*), trônant sur nos AUTELS, d'où il se livre à l'homme sans réserve ; il a partout la présence de la gloire du Très-Haut qui se manifeste merveilleusement, par la vertu divine de la Croix, des FONTS du Baptême à nos saints TRIBUNAUX ! vraie *maison de prière*, où tout nous vient par la prière.

Matelot, l'homme ne voyage pas toujours sur la terre ferme : dans ses mille tempêtes, de ses vœux, sans cesse il voudrait atteindre le port, et l'Eglise est bien surtout cette arche sainte dont celle de Noë n'était que la figure : *Hæc est arca quæ nos à mundi ereptos diluvio in portum salutis inducit.* Ah ! l'arche de Noë sauvait des eaux Noë, le juste, et sa famille ; mais l'Eglise, en nous arrachant à un vrai déluge de flammes, nous conduit au port du salut, qui est le Ciel : *in portum salutis inducit.*

Voyageur, matelot, l'homme est de plus *soldat*, surtout *soldat* : c'est ici-bas sa condition, sa raison d'être : *militia est vita hominis super terram.* Et dans l'Eglise, il est armé de pied en cap : bouclier de la foi, chaussure évangélique, et casque du salut.

Ah ! qu'il remporte la victoire ! et comment ne vainquerait-il pas pour et par cette Epouse du Christ, à lui conquise au prix de tout son sang, vivifiée de son Esprit divin ? N'est-ce pas dans son sein que nous puisons et le lait de l'enfance, et le pain des forts, et toutes les inventions de son ineffable miséricorde ! *Hæc est dilecta et unica sponsa, quam acquisivit Christus sanguine suo, quam vivificat spiritu sancto : cujus in sinu renati per gratiam tuam verbi pascimur, pane vitæ roboramur, misericordiæ tuæ subsidiis confovemur.*

N'est-ce pas Elle, enfin, qui, sous les auspices de son Epoux divin, combat vaillamment sur la terre, en attendant que dans le ciel de ses mains elle reçoive l'immortelle couronne ? *Hæc fideliter in terris sponso adjuvante militat, et perenniter in cœlis ipso coronante triumphat !*

En vérité, je ne sais ce qu'on pourrait dire ou imaginer de plus magnifique sur l'Eglise, cette *Epouse unique* du Christ; bonheur indispensable de l'humanité sur la terre, son espoir dans une vie meilleure ! Cité de Dieu ! Jérusalem ! Heureux tous ceux qui t'aiment ! *Beati omnes qui diligunt te !* Jérusalem ! plus heureux ceux QUI TE BATISSENT ! *qui te construisent dans leur cœur !* et se réjouissent de ton bonheur ! *et qui gaudent super pace tua ! Jérusalem, civitas Dei !* BENEDICTI ERUNT QUI ÆDIFICAVERINT TE !!! (Tob. 13. 18.)

Mon Dieu ! je veux que CHAQUE MOUVEMENT DE MA RESPIRATION, chaque battement de mon cœur, soit toujours une nouvelle expression et VÉRITABLE ACTE D'AMOUR pour vous, pour la douce Vierge Marie, pour votre chère épouse la sainte

Eglise Catholique Romaine, à laquelle nous tenons, et entendons tenir inviolablement PAR LE FOND DES ENTRAILLES.

ACTE UTILE D'HUMILITÉ.

Domine Jesu Christe, nihil sum, nihil possum, nihil habeo, nihil valeo, præter peccatum; servus inutilis sum, naturâ filius iræ, novissimus virorum et primus peccatorum : mihi igitur confusio et ignominia; tibi autem honor et gloria, in sæcula sæculorum. Amen!

Seigneur Jésus-Christ, je ne suis rien, je ne puis rien, je ne possède rien, excepté le péché ; je suis serviteur inutile, le dernier des hommes, mais des pécheurs le premier, le plus grand : à moi donc honte et confusion comme à vous tout honneur et toute gloire, dans les siècles des siècles. *Amen!*

LA PAIX DE LONDRES.

11 Mai 1867.

En terminant cet opuscule, nous sommes heureux de constater, une fois de plus, la paix rendue au monde *par la douce Vierge Marie,* par suite d'un traité signé à Londres par toutes les grandes Puissances Européennes, le 11 *mai* 1867 (1).

Tout en ne pouvant nous dissimuler le mal réel, bien trop réel, effrayant même, d'une incrédulité comme d'une immoralité toujours croissantes, nous n'avons cessé d'espérer, à raison du bien très-incontestable qui se fait encore, d'abord par l'œuvre merveilleuse de la *Propagation de la foi,* ensuite par cette extension prodigieuse du *culte de Marie,* et enfin par ces reconstructions et *restaurations*

---

(1) Qu'on se rappelle les victoires de Lépante et de Sébastopol, les 16 août et 8 septembre 1855 :

La Vierge y était-elle ?... Oui : N.-D.-DES-VICTOIRES !

Et c'est aussi dans *son mois béni* que nous avons *la paix de Londres...* Victoire à N.-D.-des-Victoires !!!

universelles de nos *Eglises* (1). J'ai donc espéré et toujours espéré, et je veux espérer toujours!!!

Non confundar in æternum,

Non prævalebunt...

SPERAVI ET SUPERSPERAVI!...

(1) Voir l'*Avant-propos* de cette *Notice,* p. 13.

TABLE

ANALYTIQUE DE TOUT L'OUVRAGE.

	Pages.
NOTICE SUR L'ÉGLISE N.-D. DE DOZULÉ...	1
But de l'Ouvrage.	2
Titre Dédicatoire à N.-D. de la Salette.	3
A Mgr Ch.-P.-N. Didiot.	5
AVANT-PROPOS.	7
Réponse à une Objection.	14
J'obéis à mon Evêque.	16
Motifs et intentions de l'auteur.	17
NOTICE. — Au point de vue *historique*, *artistique* et *moral*.	19
1re PARTIE.—Point de vue HISTORIQUE.	ibid.
Dédicace : compte rendu à S. G.	21
1° HISTOIRE DU DÉBUT.	25
Allocution du jour de Pâques.	26

Commencement de l'Opposition 29
Mgr Robin avec la famille Auger à Dozulé. . . 31
Voyage du Curé Durand avec le Maire Candon
    à Paris pour le terrain. 32
Vœu d'aller à pied à N.-D. de la Délivrande. 33
21,000 fr. obtenus par suite de ce vœu. . . . 34

2° HISTOIRE DE LA BELLE GRILLE. . . . . . . *ibid*
Le bœuf dans l'Eglise à *Magnificat*. 35
Le jeune Charre (Noël), tué à Paris en 1849. . *ibid*
Le père foudroyé en 1855 à Dozulé 36
Mme Charre (Noël), à Dozulé. 37

3° HISTOIRE DE LA CHAPELLE DE LA T. S.
    VIERGE. 38
Opposition motivée 38
Puis vote unanime, sous la responsabilité de
    M. le Curé 41
La Chapelle debout et couverte en 7 semaines. 42
Vote de 1,500 fr. par le Conseil ravisé. 47
Admirable Dame de Vendes. 50
Sa lettre d'une exquise délicatesse . . . . . . *ibid*.

RÉSUMÉ des principaux faits de notre cons-
    truction, par *ordre Chronologique*. 52
18 septembre 1838. — Visite à Mgr Matthieu,
    à Pont-Audemer. . . . . *ibid*.
16 décembre 1841. — L'Eglise enfin votée par
    la moitié du Conseil municipal, contre
    l'autre moitié, le maire prépondérant . . 53

17 octobre 1843. — Mgr Robin vient poser la première pierre. 54
3 novembre 1846. — DÉDICACE ! détails curieux. 55
Digression de piété filiale sur une famille chrétienne. 56
22 juillet 1847. — Mgr Robin vient *confirmer*, *célébrer* et *prêcher* en personne une 1re Communion dans la belle Eglise 62
19 février 1847. — 1re Retraite donnée par M. Herdieu. 63
1er octobre 1848. — 2e Retraite par M. l'abbé Rauval. .... *ibid.*
9 octobre 1858. — Belle Mission par le P. Letellier, Dominicain .... *ibid.*
3 novembre 1858. — Pose de la 1re pierre de la Chapelle de la T. S. V. 65
15 mai 1859. — Consécration du Grand Autel, par Mgr Didiot. 66
Un mot sur quelques-uns des principaux bienfaiteurs. .... *ibid.*
Les 12 *grands noms*. 67
Les 12 *noms généreux*. .... *ibid et suiv.*
Les 100 principaux souscripteurs ... *ibid et suiv.*

INCIDENTS CURIEUX sur quelques bienfaiteurs et quelques adversaires de notre Eglise 75
§ 1er. Mention honorable à M. LEGRAND. ... *ibid.*

§ 2. A M. LEGOUEZ, reconnaissance 75
§ 3. Incidents graves à l'occasion du TESTAMENT GALLARD. 77
§ 4. De même pour le TESTAMENT MONTÉE. 78
§ 5. Mort inattendue, bien regrettable pour l'Eglise, de MM. AUGER et LABBEY. . . 79
§ 6. Dangers courus dans divers voyages à LISIEUX, à CAEN, à PONT-AUDEMER, à l'occasion de cette construction de notre Eglise. 80
§ 7. Incident moins sérieux du 13 *janvier* 1841. 81
§ 8. Fait amusant et très-comique: *contradiction flagrante, de eodem et sub eodem respectu*. 82
§ 9. Délation à deux Ministres de Louis-Philippe. 84
§ 10. Impôt *à 90 pour 100* 86
§ 11. Grande menace de me ficher à la figure l'Eglise, avec 100,000 fr. 87
§ 12. Un drôle, à son tour, menacé de la pointe de la botte de M. V. 90
§ 13. Mon grand cri de détresse vers Mgr Affre, le futur martyr des barricades. . . . 93
§ 14. Conclusion des précédents 97

2ᵉ PARTIE. — Point de vue artistique.

L'Eglise de Dozulé. 101

3ᵉ PARTIE. — **Point de vue religieux, ascétique ou moral.**

Quelques chiffres seulement d'abord 115
§ 1. Trois positions à prendre pour bien juger le monument 117
§ 2. Idée succincte du saint Rosaire qui résume la foi Chrétienne 120
§ 3. Admirable Oraison de l'*Angelus* rappelant aussi les trois séries de ces quinze mystères : *Incarnation, Passion* et *Résurrection.*
§ 4. Faveurs exceptionnelles. — Grandes Indulgences du saint Rosaire. 123
§ 5. Facilité de gagner ces étonnantes Indulgences. 124
§ 6. Conditions indispensables mais faciles. 127
Description de la Chapelle et des 4 tableaux d'entrée. 129
§ 7. Quelques mots et tout-à-fait irréfutables en faveur de l'Apparition 131
§ 8. Faveurs, prodiges, guérisons, opérés sous nos yeux (1). 133
§ 9. Réponse à une objection banale de gens irréfléchis. 134

---

(1) Voir l'histoire de la guérison, presque *subite et radicale*, de Mˡˡᵉ Hauton, de Branville (*Journal de N. D. de la Salette,* nᵒˢ des 16 juin, 1ᵉʳ et 10 juillet 1866).

§ 10. Point de morale sans la Religion, sans la foi 136
§ 11. Inconséquences curieuses de nos partisans de la morale indépendante et *logique terrible du peuple*. 140
§ 12. Point même de société sans la foi, *sans nos églises*, où elle est enseignée à tous les âges, à toutes les conditions. 142
§ 13. Pas davantage de Gouvernement qui tienne sans la foi. 143
§ 14. Exemples des temps anciens et modernes. 144

APPENDICE.

Trésors, richesses spirituelles et faveurs obtenues au sanctuaire de N.-D. du Plessis.

CONFRÉRIES.

§ 1. Le saint Rosaire. 147
§ 2. Le Scapulaire ordinaire de N.-D. du Mont-Carmel. 151
§ 3. Le Scapulaire bleu de l'Immaculée Conception . . . . *ibid.*
§ 4. Confrérie de la Bonne-Mort 152

RELIQUES, STATUES, IMAGES, OBJETS D'ART . . . 154

§ 5. Vraie Croix . . . . *ibid.*

§ 6. Voile de la T.-S. Vierge 160
§ 7. Le beau Christ en ivoire. 166
§ 8. Propagation de la Foi. 172
§ 9. Sainte Enfance 173
§ 10. Heure sanctifiée. . . . . *ibid.*
§ 11. Trois Indulgences plénières accordées par Pie IX à la visite de l'Eglise de Dozulé. 174

Sept dons délicieux, offerts avec une délicatesse aussi exquise que pieuse . . *ibid.*

CONCLUSION. 177

1° LA VIERGE DANS LE MONDE ET DANS DIEU TRINITÉ. 179

§ 1. Marie *tête, cœur* et *diadème* de l'Eglise de J.-C. Comme elle est *ciel, terre* et *mer* au sens spirituel 181
§ 2. Marie *fille* du Père, *Mère* du Fils, *épouse* du Saint-Esprit. 182
§ 3. Grandeurs étonnantes de la V. M. résultant de ces titres divers. 186
§ 4. Magnificence de langage de tous les SS. DD. pour louer la T.-S. Vierge 187
§ 5. Rapports merveilleux entre l'âme fidèle et la Vierge Marie. 189
§ 6. Marie non moins BONNE que PUISSANTE. 191

§ 7. Conséquences à tirer de ces consolantes
vérités. 193
Petite parabole. 196

2° LES AMES DANS LA CHARITÉ 198

§ 1. La Charité, l'aumône aux *pauvres,* aux
hospices, aux *Eglises.* . . . . *ibid.*
Réponse à une objection triviale et maladroite:
encore une quête ? Toujours des
quêtes. 202
§ 2. Grands exemples donnés dans tous les
siècles. — 1° par Napoléon Ier et par
Napoléon III. 206
§ 3. 2° par saint Louis. 207
§ 4. 3° par Guillaume-le-Conquérant 209

3° NOUS-MÊMES SAUVÉS PAR L'ÉGLISE ET DANS
L'ÉGLISE (*Pour nous l'Eglise de N.-D.
de Dozulé*) 214

§ 1. La prière du soir, à l'Eglise, en commun. 216
§ 2. Vie de Règle, même au milieu du monde. 219
§ 3. Facilité étonnante d'arriver à ce but,
quand on le veut sincèrement 221

ORIGINES DE DOZULÉ. — Etymologie. 225

§ 1er. Incendie du Plessis-Esmangard ou le
vieux Dozulé. 226
§ 2. Le *Dozulé intermédiaire.* 227

§ 3. Le *nouveau Dozulé* 228
§ 4. Très-curieuse et très-authentique statistique sur notre ancien Diocèse de Lisieux. 230
§ 5. Renseignements non moins positifs sur le Plessis-Esmangard. 232
§ 6. Etymologie du vieux mot *Pouillé* 233
§ 7. Conclusion des précédents. 235

ÉPILOGUE 236

§ 1er. Exemples du saint curé d'Ars. . . . . . . *ibid.*
§ 2. Et de Mgr Clausel de Montals. 238
§ 3. Conclusion pratique. 239
    Mon dernier vœu 242
    Un dernier mot à la ci-devant opposition. 243
§ 1er Utilité même matérielle de l'Eglise . . . *ibid.*
§ 2. Folie, crime et malheur des ennemis de l'Eglise. 245
§ 3. Appel à mes chers paroissiens. 246
§ 4. Grand désir de mon cœur. 248

RÉPONSE à deux ou trois petites objections. 251

Le culte de Marie, dévotion de *peuple*, de *femme* et d'*enfants* 252
Abandon filial dans les SS. CC. de J. et de M. 225

COUP D'ŒIL AUTOUR DE NOUS sur l'impulsion heureuse, le mouvement donné de

constructions nouvelles et restaurations de nos Eglises, depuis un quart de siècle. . . . 257
   CANTON DE DOZULÉ 260
Un mot sur Beuzeval, localité en progrès. . *ibid.*
St-Samson; St-Léger-du-Bosq 261
Danestal (1); Gonneville-sur-Dives; Goustranville-St-Clair. 262
Branville; St-Jouin; Brucourt. . . . . *ibid.*
14 Sanctuaires (huit Chapelles et six Eglises anciennes démolies) depuis 93, *tout près de nous*. 263
   CANTON DE CAMBREMER. 264
Cambremer, Saint-Aubin-Lebizey, Auvillars, Beaufour, Beuvron, Bonnebosq. . . . . *ibid.*
Formentin, Hottot-en-Auge, St-Ouen-le-Peingt, Rumesnil, Valsemé 265
   CANTON DE TROARN . . . . *ibid.*
Troarn, Argences, Amfréville, Bavent, Banneville 266
Bures, Cabourg, Cléville, Petiville, Robehomme et Ranville. *ibid.*
   CANTON DE PONT-L'ÉVÊQUE 267
Pont-l'Évêque, Beaumont, Canapville, Saint-Martin, Tourgéville 268

(1) Cette intéressante, quoique assez petite paroisse, outre de grosses réparations à son Eglise, vient de se donner des vitraux d'une beauté remarquable.

Touques, Trouville, Hennequeville, Deauville. . 269

Coup d'œil sur le DIOCÈSE DE BAYEUX ET
     LISIEUX. 270
 —   et sur la FRANCE. 272
 —   et sur la CATHOLICITÉ. 273

COUP D'ŒIL RÉTROSPECTIF 277

DECANATUS DE BEURONE (Doyenné de Beuvron). 278
Ecclesia de Auvillaribus,—de Bonnebos,—S^{ti}-Sansonis,—de Putot,—de Altaribus,—de Viquetot. 280
de Hayno,—de Creseveulla,—de Barnevilla, —S^{ti}-Leodegarii-de-Bosco 281
de Guiroz,—de Ponte-Foli (1),—de Calidâ-Muciâ,—S^{ti}-Albini-Lesbizay . . . . *ibid.*
de Boemesnillo,—de Fourneto,—de Aquâ-partitâ,—S^{ti}-Clari-in-Algiâ . . . . *ibid.*
de Claromonte,—de Strez, seu de Trabibus, de Repentigneyo,—Sanctæ-Eugeniæ. . . . 282
de Bellofago,—de Hottot-in-Algiâ,—S^{ti}-Nicolai-de-Corbon,—de Roquâ. . . . . *ibid.*
de Gotranvillâ,—S^{ti}-Martini-de-Corbon,—S^{ti}-Eligii-de-Lyveto, de Druvalle. . . . . *ibid.*
S^{ti}-Jouvini,—de Fourmentino,—de Bricotes, —de Gousselliers. 283

(1) Clocher neuf, sous la direction de M. le curé Bretteville, actuellement curé de Goustranville, près Dozulé.

DECANATUS DE BELLOMONTE (Doyenné de
    Beaumont) 284
Ecclesia de Bellemonte,— de Cauquainvillari.
    — de Tortâ-Quercu. .... *ibid.*
de Petrâ-Fictâ,— de Rotis, — S⁺¹-Ymeri, — de
    Dru-Becco,— de Claro-Becco. 285
de *Valle-Seminatâ,* seu, de *Valle-Satâ,* — de
    Ponte-Episcopi............................... *ibid.*
de Capella-Herfredi, — de Onnebanco, — de
    Tilleyâ, S⁺¹-Arnulphi. .... *ibid.*
de Benervillâ,— de Turgivillâ,— de Vauvillâ,
    — S⁺¹-Petri-des-Id. 286
de Borgelvillâ, — de Branvillâ,— de Glanvillâ,
    — de Danestallo. .... *ibid.*
de Houlanto,— S⁺¹-Vedasti,— de Villaribus (1),
    — de Osbervillâ. .... *ibid.*
de Beuzevalle, — de Gonnevillâ, — de Cresse-
    nevillâ,— de Granguez. 287
de Divâ,— de Piris,— de Brucourt de Angovillâ. *ibid.*
de Kerkevillâ,— de Douvillâ, — de Angervillâ. 288
de Blonvillâ,— de Runtiâvilla,— de Deauvillâ. *ibid.*

SITUATION MORALE.

De nos sociétés modernes — SIGNES DU
    TEMPS. 294
La lettre admirable (*ad hoc*), de Mgr d'Orléans. 295

---

(1) Villers-sur-Mer est, comme Beuzeval et Cabourg, en très-grand progrès (M. Rohée, curé).

Deux belles pages de M. Auguste Nicolas. . . 303
Pour trois catégories de personnes, trois dernières paroles 307
A tous mes lecteurs en général . . . . *ibid.*
Aux charitables détracteurs 309
A mes amis. 316

J'AI FINI : Petite histoire d'un cimetière aux environs de Paris: *Memorare novissima.* . 325
Note de majeure importance: *Mon testament.* 329
Variétés complémentaires et pièces justificatives 334
1° Petite prière très-agréable à Dieu. . . . . . *ibid.*
2° Acte d'humilité, d'après le Séraphique S. Fr. . . . . *ibid.*
3° Conclusion pratique : TOUT en DIEU; RIEN sans lui. 335
4° Toujours DOUCEUR et FERMETÉ. 336
5° Encore St-Pierre de Caen — et de Lisieux. *ibid.*
6° Sentiment de Mgr Didiot sur les peintures des Eglises. 338
7° Inscriptions diverses. 341
8° *Grands effets de petites causes.* 342

9° COMPTONS-NOUS, s'il vous plaît ! 343

10° 3 *Ouvrages nouveaux :* 349
   1° *L'art de se réjouir toujours.* . . . . *ibid.*
   2° *L'Abbaye du Val-Richer* 350

3° *L'Eglise de Saint-Pierre-sur-Dives*. . . 350
11° Les 2 Rêves : 1° Le rêve effrayant. 352
       2° Le rêve rassurant. . . . 353
12° Parole du M¹⁸ de Boissy. 354
Châtiment exemplaire d'un Détracteur insigne
  de la Sainte Vierge et de son Rosaire. . . 355

13° A propos de l'annonce du petit livre :
   L'art de se réjouir toujours. 363

14° L'ancienne Préface de la Dédicace . . . 368

15° Acte utile d'humilité. 371

16° La paix de Londres — 11 mai 1867. . . . 372

TABLE

DES NOTES PRINCIPALES

1° Point de *culte intérieur* possible, sans *le culte extérieur*. 8
2° Piété généreuse des Religieuses de Chartres pour l'Eglise de Dozulé. 23
3° MM. les Trésoriers Cauvin et Cailloué. — MM. les Maires Candon et Noël. 42
4° Prêtres, Curés, Religieux et Religieuses d'une *famille lévitique, sacerdotale* 58
5° Temps et argent perdu à bâtir des temples *purement matériels*. 115
6° Un dilemme, vrai glaive à 2 tranchants, en preuve de l'apparition. 132
7° Statistique assez curieuse, à l'honneur du beau sexe 138
8° Les *Fonts*, les *Tribunaux*, la *Chaire*, l'*Autel*, c'est-à-dire *toute la religion* dans nos Eglises. 145
9° A la Vierge qui enfantera: *Virgini pariturœ!* 157

10° Marie toute puissante : *Omnipotentia supplex*... 183
11° Harmonie touchante des fêtes de N. S. avec celles de la T. S. V............. 184
12° Maternité toute spirituelle des Vierges.. 193
13° Défi aux Protestants de former une seule sœur de Charité....................... 199
14° PRÉSENCE RÉELLE, dogme générateur de nos belles constructions religieuses.... 212
15° Le Pasteur, *vrai religieux, au milieu du monde*................................... 214
16° Sentiments de M. Olier, S. Vincent de Paul, etc., sur la *Vie de Règle*....... 217
17° S. Joseph, *portant le bon Dieu*, en Egypte. 219
18° *Fermeté, douceur, persistance : firmiter et suaviter*............................... 220
19° Les *Chanoines — Comtes de Lisieux*.... 231
20° Tombeaux des d'Harcourt à Beuvron... 234
21° Mme de Cheverus *excommuniant* les enfants méchants......................... 239
22° 1,400,000 âmes du Purgatoire délivrées par un saint Religieux................. 241
23° Les PP. Abbés de la Trappe (1) et d'Aiguebelle : longévité due à la sobriété... 245

. . . .

(1) Voir aussi Vie de *Louis Cornaro*, noble Vénitien, qui, avec une complexion très-délicate, vécut plus que le siècle, grâce à son extrême sobriété.

24° Voyez-vous ce *galérien*, cette *tour*, ces *pierres brutes ?*.................. 247
25° *Pierre-Gabriel Durand*, martyr au Thibet. 248
26° Mgr de Belzunce, Mgr Affre et Mgr d'Amiens................................ 249
27° La Sainte Vierge et S. Jean-Baptiste, constamment mes patrons bénis d'*Orbec*, de *Caen*, de *Dozulé*..................... 250
28° Saint Thomas de Cantorbéry, patron de Touques............................ 269
29° *Six millions* votés pour la Métropole de Rouen............................... 271
30° Mouvement catholique en Angleterre... 274
31° Importance monumentale de l'Eglise de Dives : triste état de ce monument..... 287
32° Drumare, à Beaumont, ou Dramard à Gonneville-sur-Dives?............... 289
33° L'archéologie redevenue *enseignement de nos Séminaires*.................... 290
34° *Athéisme, ou péril social* — par Mgr Dupanloup........................... 295
35° Curieuse anecdote relative à l'Impératrice Eugénie......................... 310
36° Fausse application du mot connu : *Ab uno disce omnes*...................... 312
37° *Elus, Saints et Rois*, par la *Croix*..... 313
38° Réponse aux Adversaires : SPERAVI ! — Aux amis : SUPERSPERAVI !........ 317
39° Importance d'*un pas bien fait*: petit calcul. 320

40° *Ero Sanctus : vie intérieure. — Energie et perfection. Marche ! Marche !* (Bossuet) . . 325
41° Pierre Durand. *Son testament :* 600 messes. 329
   Son Rosaire : Les savants et les ignorants ; les impies et les saints. 330
42° Le *prix*, l'*artiste* et le *choix du sujet*. . . 338
43° Différence de la joie des bons et des méchants : Voltaire et les 7 Machabées . . . 348
44° Ainsi que le Jourdain, la *Dive*, *Diva*, *la Divine*, suspendant, à Saint-Pierre-sur-Dives, le cours de ses eaux. 350

Caen, imp. PAGNY, rue Froide, 27.

www.ingramcontent.com/pod-product-compliance
Lightning Source LLC
Chambersburg PA
BHW051824230426
671CB00008B/830